DE

LA GUYANE FRANÇAISE

ET DE

SES COLONISATIONS.

DE LA

GUYANE FRANÇAISE

ET DE

SES COLONISATIONS,

PAR LABORIA,

CAPITAINE D'ARTILLERIE DE MARINE, OFFICIER DE LA LÉGION D'HONNEUR.

> Il ne s'agit pas d'inventer la Guyane, mais seulement de la rappeler au souvenir de la France.

PARIS,

J. CORRÉARD, ÉDITEUR D'OUVRAGES MILITAIRES,

RUE DE TOURNON, N° 20.

1843.

AVANT-PROPOS.

Pour justifier la publication tardive de cette notice, achevée depuis plus d'une année, nous croyons nécessaire d'en dire l'origine, le but et les vicissitudes.

Quelques mots tracés au bas d'une aquarelle représentant une vue de la ville de Cayenne, prise sur les lieux en 1832, furent remarqués à Paris, et donnèrent lieu à la foule des *pourquoi?* des *comment se fait-il?* dont, en France, la Guyane est l'objet depuis bientôt un siècle.

Pour répondre à ces questions, fort embarrassantes pour ceux mêmes qui en ont pu étudier l'objet sur les lieux, et aussi parce que de leur solution pouvait dépendre quelque essai agricole qu'on aurait tenté sur l'un des nombreux points incultes de la Guyane, on voulut s'éclairer : on consulta les meilleurs ouvrages publiés pour ou contre cette vaste et magnifique contrée.

La plupart de ces anciens écrits, dont les auteurs ont administré, exploré ou cultivé la Guyane, nous ont convaincu de nouveau que nos pères, en fait de colonies comme en bien d'autres découvertes, nous ont dérobé nos idées nouvelles.

Ainsi, comme depuis la pompe à feu de Chaillot (placée cependant sous les yeux de Paris), il a fallu cinquante ans au moins pour inventer la vapeur; de même nous cherchons encore aujourd'hui le moyen d'employer les Européens à tirer parti d'une terre fertile, inépuisable, qu'une poignée de Normands et de Parisiens ont commencé à défricher, et ont cultivée de leurs mains, il y a deux siècles.

Nous cherchons des théories, quand les parties cultivées de la Guyane française offrent, en défrichements, en canalisation, ainsi qu'en culture coloniale et nourricière, des faits accomplis, des modèles parfaits, dignes de servir d'exemples à ceux mêmes qui nous en ont donné les premiers principes.

En effet, les terres y sont desséchées et arrosées, les eaux canalisées avec art; l'exécution des travaux est admirable; tous sont conduits avec ordre, méthode et *humanité*. Enfin une habitation bien dirigée de la Guyane, comme ferme, village et fabrique, pourrait servir de modèle à bien des établissements d'Europe, quant aux constructions, aux emménagements et à la culture.

Il ne s'agit donc pas d'inventer la Guyane, mais de la rappeler à la France, toujours oublieuse, quand il est question de ses richesses *acquises*.

Il ne reste donc aux commissions et aux individus, qu'à trouver les moyens d'employer l'incontestable expérience des colons actuels de la

Guyane à l'éducation coloniale des travailleurs que l'on pourra plus tard leur envoyer d'Europe pour cultiver les bonnes terres, encore désertes, c'est-à-dire, quand on voudra progressivement faire passer le travail du noir au blanc.

Le premier pas est difficile dans cette voie nouvelle; le but est haut et loin; le temps, la prudence et l'argent peuvent seuls y conduire...

Quant à nous, comme il ne s'agissait d'abord que de la fondation d'un village, qu'on aurait peuplé de *laboureurs* d'Europe, nous avions bien aussi l'intention d'invoquer l'expérience locale, mais (comme on consultait les oracles) sans montrer aux adeptes le travail qui l'a fait acquérir; sans mettre en contact, ou plutôt en présence, les deux couleurs, les anciens et les nouveaux ouvriers; l'intérêt des professeurs et celui des élèves l'exigent.

Plut tard, quand le rideau de forêts que nous voulons tirer entre les deux classes de travailleurs pourra tomber sans danger, alors la Guyane continuera Surinam jusqu'au Brésil, sa frontière de l'est, et donnera un nouveau Canada à la France, que nous tâcherons de garder cette fois.

Et nos petits-neveux, tout en jouissant de la tardive splendeur de la Guyane, n'auront qu'une bien faible admiration pour le *progrès* des grands-oncles qui auront tardé si longtemps à se donner cette nouvelle France équinoxiale, par suite de leur dédain endémique pour toute entreprise facile, pour toute conquête sans combats, pour tout gibier pris au lacet, ou dans les toiles enfin.

Nous avons emprunté aux *Malouet*, aux *Leblond*, aux *Lescalier*, la plupart des arguments que nous employons dans l'intérêt de la Guyane (qui est aussi celui de la mère patrie): nous le disons pour qu'on lise et qu'on nous pardonne un *mémoire* à consulter, entrepris sans mission et sans le moindre espoir qu'il fasse faire un pas à la question, presque séculaire, sur la possibilité du travail blanc à la Guyane française.

Quant au projet de village, qu'il soit abandonné, ou seulement ajourné, nous l'ignorons. Mais quoi qu'il en soit, nos remarques subsistent, notre siége est fait.

TABLE DES MATIÈRES

CONTENUES DANS LA PREMIÈRE PARTIE.

AVIS.

Les ouvrages qui suivent ont en partie fourni les renseignements dont on s'est servi dans cette notice. Les procès-verbaux et les passages de ces ouvrages qui doivent être étudiés comme des principes de colonisation, ont été transcrits exactement.

Collection de mémoires sur les colonies, par Malouet. Paris, an X.

Moyens de mettre en valeur la Guyane française, par Lescalier. Paris, an VII.

Description de la Guyane, par Leblond. Paris, 1824.

Tableau de la Guyane, par Galard de Tarraube. Paris, an VI; etc.

Pour expliquer quelques termes employés à la Guyane française particulièrement, voir aux notes et éclaircissements, deuxième partie, la note 9, page 14.

ERRATA.

—

PREMIÈRE PARTIE.

Page 20, ligne 15, *au lieu de* : on l'appelle l'été tant qu'elle dure: le temps, etc; *lisez :* on l'appelle l'été. Tant qu'elle dure, le temps, etc.

Page 55, ligne 20, *au lieu de :* je laissai; *lisez:* je laissais.

Page 56, ligne 13, *au lieu de :* il y en a; *lisez:* il y a.

Page 116, ligne 17, *au lieu de :* les marées; *lisez :* des marées.

Page 138, ligne 6, *au lieu de :* comme à fait; *lisez :* comme a fait.

Page 138, ligne 25, *au lieu de :* on en voyait; *lisez :* on envoyait.

DEUXIÈME PARTIE.

Page 9, ligne 17, *au lieu de :* les parties antérieures; *lisez:* intérieures.

Page 14, ligne 10, *au lieu de :* les branches si serrées; *lisez :* les branches sont si serrées.

Page 25, ligne 27, *au lieu de :* et travaille!! *lisez :* mais travaille!!!

Page 61, ligne 6, *au lieu de :* jusqu'à la mer ; *lisez :* jusqu'aux montagnes.

Page 110, ligne 25, *après le mot* concession ; *ajoutez :* on spécifiera, etc.

CONSIDÉRATIONS

GÉNÉRALES

SUR LA GUYANE

FRANÇAISE (*).

A MONSIEUR ***.

MONSIEUR,

Lorsque vous me fîtes demander quelques renseignements sur la Guyane française, les souvenirs à demi-effacés de cette belle colonie se ravivèrent en moi ; ils s'offrirent en foule à ma mémoire, et je n'eus besoin pour en faire la base d'un premier travail que d'en discipliner

---

(*) Les notes indiquées par des chiffres entre parenthèses se trouvent dans la deuxième partie.

le nombre et d'en affaiblir la couleur locale; ne voulant pas, par des images pompeuses, brillanter un sujet positif et sérieux : écueil qu'il est bien difficile d'éviter quand on a vu et qu'on se rappelle la Guyane; car cette belle contrée, presque par tout, semble être encore dans toute sa pureté primitive, telle qu'elle était enfin au jour où la nature s'est plue « à y étaler toutes ses merveilles, à y rassembler sous un même point de vue ce dont on ne trouve partout ailleurs que des échantillons épars et imparfaits. »

Aussi en voyant, ou en se souvenant d'une création si pompeuse et si belle, l'homme le plus froidement exact ne peut-il en parler sans colorer son récit d'un reflet de tant de poésie native.

C'est sans doute un peu pour cela, monsieur, qu'après un séjour de près de cinq années à la Guyane, et bien que porté naturellement à bien voir ce que je regarde, la Guyane, cette belle œuvre de Dieu, si négligée par les hommes, n'était encore pour moi, lorsqu'il fallut la quitter, qu'une magnifique énigme dont je renonçais à chercher le mot.

Votre désir de la connaître m'a fait entreprendre en France ce que je n'avais pu faire à la Guyane (à raison d'occupations spéciales assez importantes); et pour étudier un pays qui se cache en lui-même, j'eus recours à ceux de mes prédécesseurs, dont la mission, avant d'écrire sur la Guyane, avait été de la gouverner, ou d'en coloniser quelque partie.

Nous fîmes alors la part des passions humaines, dont l'irritation, là, s'élève d'ordinaire avec la température; nous tînmes compte des positions et des temps où ces écrivains les occupaient; puis, ces précautions prises, ils devinrent nos guides, ou plutôt nos oracles ; car bien souvent nous les laisserons parler.

Après avoir étudié leurs renseignements, leurs maximes coloniales, leurs projets ; après nous être aidé d'un peu d'expérience personnelle et des réflexions qu'elle nous inspirait, nous avons cherché les causes d'un fait malheureusement incontestable.

La Guyane française est de toutes nos colonies (en y comprenant celles que nous avons perdues) la plus vaste en étendue, la plus riche en éléments de prospérité agricole et commerciale, et cependant elle en a toujours été une des plus pauvres et une des moins commerçantes.

Quelles en sont les causes? nos fautes?..... Elles sont graves sans doute ; mais une fois reconnues, et elles ne tardèrent pas à l'être, il était facile de les éviter ; on ne l'a pas fait d'accord ; mais on peut le faire..... Et cependant qui ose espérer de voir la Guyane française devenir ce qu'elle devrait être depuis quatre-vingts ans?..... Il existe donc des obstacles naturels qui, se joignant à ceux que les inconséquences de notre caractère national (en fait de colonie au moins), ont toujours soulevés pendant l'exécution des anciens projets, empêchèrent la Guyane de devenir pour la France l'équivalent des nombreuses colonies qu'elle a perdues *par ses conquêtes* et de celles qu'elle pourra chercher encore, aux risques de recommencer ce que nous avons fait pour les anciennes : batailler pour les prendre, dépenser pour les embellir, et puis les rendre à la paix !....

Ainsi, pour ménager un peu notre amour-propre de nation, sa part une fois faite dans les fautes passées, on pourrait attribuer l'abandon de notre vaste portion du continent américain (*enrichie d'îles à coloniser*) à quelques vices cachés d'une terre en apparence si riche et si belle?.....

Mais Surinam, créé sur le même sol, sous le même climat, nous enlève toute excuse, surtout quand du parallèle établi entre les deux Guyanes il résulte que la nôtre est la plus naturellement favorisée des deux.

Il faut donc encore chercher ailleurs les causes de nos insuccès.

Nous croyons (à peine osons-nous le dire) que plusieurs de ces causes proviennent de l'immensité même de cette belle colonie, de l'agglomération de tous les éléments de prospérité qui en couvrent l'étendue, de cette étrange circonstance d'y avoir trouvé des côtes, des fleuves, des eaux stagnantes, des montagnes et des forêts, tout disposés, canalisés, emménagés par la nature pour les besoins et même pour le superflu de l'homme. Car tous ces résultats obtenus en Europe par suite de nos travaux primitifs, de notre industrie et de nos arts, et qui sont innés à la Guyane, paraissent n'avoir servi qu'à faire croire aux premiers colons que la nature ayant déjà tant fait, elle devait achever sa tâche; ou peut-être encore qu'en voyant ces travaux *humains* de la création que n'avaient fait ni leurs bras ni leur génie, les hommes ont craint d'en payer par des fléaux inconnus la valeur incalculable.

Tandis que les Hollandais, en se bornant d'abord à coloniser le premier marais boueux qu'ils ont rencontré, terrain mouvant, dépourvu d'eau douce, éloigné de tous les matériaux nécessaires aux constructions, semblent y avoir été portés (on serait tenté de le croire) par la rencontre sur un même point de tous ces obstacles naturels, faut-il donc table rase, pénibles labeurs aux hommes, pour qu'ils s'encouragent aux travaux créateurs? On serait fondé à le croire, quand on voit les plus mauvaises terres être les mieux cultivées, et les plus pernicieuses colonies être les plus riches et les mieux peuplées. La colonie hollandaise de la Guyane en est une nouvelle preuve : tout y était à faire, les matériaux, l'eau douce y manquaient...; mais la tâche était visible : l'orgueil humain y voyait une création à tenter, les travailleurs se touchaient, ils pouvaient se compter ; et, la persévérance nationale aidant, les Hollandais, vous le verrez, ont réussi à couler, d'un seul jet, une grande colonie sur un lac de boue.

Tandis que nous au contraire, en voyant dans notre Guyane de nombreux fleuves, coulant parallèlement vers la mer, communiquer entre eux par des rivières qui les coupent à angles droits; des îles fertiles garanties par des caps, faisant l'office de *forts avancés* et de brise-lames, et qui ne sont séparées du continent que par des rivières; en voyant les berges de ces cours d'eau bordées d'allées d'arbres et d'une haie de *moucous* jouant la charmille, le tout taillé aux ciseaux à faire illusion, à se croire dans un de nos jardins royaux; en rencontrant partout des montagnes de pierres à bâtir, couvertes de bois propres à la charpente, à l'ameublement; montagnes rafraîchies constamment par la brise, dominant des plaines de terreau et les arrosant de leurs sources...; ajoutez, monsieur, des prairies sans limites visibles, des lacs d'eau douce (une île habitable dans l'un de ces lacs), des vivres dans toutes ces eaux, dans tous ces bois et sur ces côtes inoffensives; riches *d'un port de guerre!....* En voyant, disons-nous, tant d'avantages *tout faits,* les anciennes expéditions de la métropole n'ont rien trouvé de mieux à faire que d'admirer tout cela et de mourir de faim ou faute d'abri au milieu de tant de richesses natives, qu'un travail modéré, bien dirigé, aurait fait sortir du chaos végétal et diluvien, où elles se trouvent plutôt cachées qu'elles ne sont enfouies... (a)

Mais, monsieur, laissons ces causes morales d'insuccès pour en chercher de plus positives.

Une des principales causes qui depuis un siècle font mourir la Guyane de langueur, c'est l'isolement, c'est l'éparpillement des premiers colons lors de leurs premières tentatives de colonisation.

Qu'ils aient en effet commencé, je suppose, par la plaine de Kaw, plus favorable cent fois que le marais où la Hollande fit pousser Surinam, et la France aurait à présent, on doit le supposer, la plus belle ville agricole et la plus vaste sucrerie du monde.

Mais il n'en a pas été ainsi. Après et malgré les résultats de cette première faute des premiers colons, on l'a reproduite à chacune des époques où l'on a tenté d'utiliser quel-

---

(a) Tout ce qui précède sera expliqué dans le courant de la Notice; toutefois, et pour commencer à justifier des assertions qui peuvent paraître fort étranges, nous indiquerons les objets qui les justifient. Entre les neuf fleuves qui se jettent dans la mer sur les côtes de la Guyane française, deux sont liés par une rivière, nommée *Du Tour de l'Ile*, et forme avec les rivières la *Cayenne* et le *Mahuri*, les trois côtés de l'île de Cayenne; la mer achève son encadrement. La même singularité se remarque dans l'encadrement de toutes les Guyanes; le Rio-Négro lie l'Orénoque à l'Amazone, et le quatrième côté, comme pour l'île de Cayenne, est la mer; ainsi cette île est le diminutif de la grande île nommée la *Guyane*.

L'île *garantie par un cap* est celle nommée *Vincent Pinson*, les lacs d'eau douce n'en sont pas très-éloignés. Le reste s'expliquera plus tard.

ques parties des *trente-six milles lieues carrées* de surface de la Guyane française. Et le modèle, l'exemple visible, palpable, que Surinam offre à la France depuis bientôt un siècle, n'a été qu'une lettre morte pour qui pouvait l'imiter, le surpasser peut-être.

Au lieu d'imposer la concentration sur un point, on a suivi les premiers errements de quelques émigrants sans impulsion gouvernementale, sans liens entre eux, sans chefs, et qui, faute de moyens suffisants autant que par cupidité de propriétaire, voulaient posséder *chacun* l'étendue d'une province, quand l'espace d'une modeste ferme aurait suffi à leurs moyens restreints, pour ne pas dire à leur impuissance.

Et, en continuant ainsi d'éparpiller sur de grandes surfaces les forces humaines et les trésors de la métropole, on s'est appauvri, à force de richesses territoriales.

Ainsi, en concédant à plusieurs reprises de trop vastes terrains, en permettant de les choisir parmi les plus mauvais, parce qu'ils sont ordinairement les plus faciles à défricher, on a perdu les anciennes entreprises, et les colons, faute d'une tutelle protectrice, armée pour le bien d'une volonté ferme et persévérante à laquelle ils auraient obéi, ont vainement arrosé de leurs sueurs une terre fertile; leurs labeurs mal dirigés n'ont produit que d'injustes calomnies et l'oubli, qui paralysent une contrée possédant tout ce qui enrichit les plus populeuses colonies, moins les fléaux qui bouleversent ou qui déciment périodiquement la population de ces dernières.

C'est remonter bien haut, monsieur, l'échelle des causes pour redescendre à la modeste fondation d'un village modèle, qu'on peuplerait de laboureurs blancs; mais c'est que, en fait de colonie, nous croyons qu'il faut toujours traiter grandement les petites choses ; et la Guyane, entre autres, mérite d'être exploitée d'après ce principe. En effet elle offre une telle quantité et une telle variété de territoires, que chacune de ces variétés locales a été *tirée*, pour ainsi dire, à un grand nombre d'exemplaires de tous *formats*. Il en résulte que la Guyane, qui peut offrir au gouvernement une île et de vastes plaines noyées pour y fonder tout autant de Surinam qu'il voudra, possède d'autres îles, d'autres plaines noyées, en tout point semblables aux premières, mais réduites à des proportions qui permettent à toute société particulière et même à tout capitaliste isolé de tenter soit un village, soit une ferme modèle. La réussite d'un essai semblable pourrait en encourager d'autres, et si la métropole, se souvenant du passé, avait la force d'imposer aux survenants la condition vivifiante de se grouper autour des premiers arrivés, la ferme pourrait bien devenir village, le village se ferait ville, et nos *Jean sans-terres* en viendraient posséder à la Guyane qui ne coûteraient ni sang ni larmes à la métropole. Car dans cette Guyane, grande, dit-on, comme le cinquième de notre France, la matière du travail est partout, l'ouvrier seul y manque; qu'il y vienne donc, ou plutôt qu'on l'y envoie, l'œuvre est déjà commencée. Nous avons dit comment Dieu s'est plu à y dégrossir l'ouvrage.

Toutefois, monsieur, je suis loin de vous assurer que nous serons plus heureux que nos devanciers : on sait bien ce qu'il faut pour réussir, mais on ignore les obstacles imprévus qui peuvent venir se jeter en travers des meilleures mesures. Toute idée nouvelle doit se heurter contre les vieilles idées qu'elle peut remplacer, et parmi celles des contemporains elle doit craindre toutes celles qu'elle menace d'une concurrence.

Toutefois nous supposons qu'un plan sorte triomphant de la mêlée; il faut l'exécuter... C'est ici que le mauvais génie de la Guyane vous attend. Il écrit ou parle, et tous les obstacles abattus par le raisonnement se redressent, les abus fauchés par hasard repoussent, et la fantasmagorie d'un passé dont cette Guyane ne fut jamais coupable vient avec ses tableaux sinistres vous barrer la route que vous alliez parcourir, et on s'arrête encore une fois devant les souvenirs décourageants que tant d'essais et tant d'exilés y ont semés depuis près d'un siècle.

Je sais bien que les obstacles poussent partout; mais en Europe les parties adverses, les juges, les pièces du procès se touchent, pour ainsi dire, tandis qu'entre la Guyane en travail de projets et la métropole qui les fait la distance est si grande, qu'elle dénature les choses, ou étouffe les voix. Et d'ailleurs, quand il s'agit d'établissement colonial, « Il faut » (disait-on en 1777, et on peut le répéter encore aujourd'hui) « un grand courage joint à un plan imperturbable, puis l'exécuter, en marchant à découvert au milieu des passions, des préjugés et des intérêts personnels qui gênent votre marche.

» On sait bien que cette manière d'agir provoque, multiplie les obstacles, parce qu'elle met en évidence les fausses démarches et les erreurs de toute espèce; mais on sait aussi qu'en les combattant, pour ainsi dire, en rase campagne, en les affichant publiquement, on les empêche de se reproduire. »

M. Malouet, qui pensait ainsi en 1777, ne se doutait guère que malgré ses grandes qualités administratives et coloniales, son zèle désintéressé et sa remarquable fermeté, il n'en échouerait pas moins dans la noble tâche qu'il s'était imposée de réhabiliter la Guyane, et ce fut même par ces obstacles qu'il avait cependant, comme il le dit, exposés en pleine place publique.

Tout cela n'est pas encourageant, monsieur; mais cela est vieux, et les hommes peuvent avoir changé.

Nos progrès en tout nous portent à le croire au moins, et l'époque actuelle ne paie plus en même monnaie sans doute les idées non officielles, la franchise d'allure, et les travaux de colonisation, qui sont bien les plus rudes et les plus abreuvés d'absinthe, entre tous ceux qui ont la conduite et le gouvernement des hommes pour but.

Pénétré de cette idée consolante, nous redirons avec calme et réserve les pensées de M. Mallouet sur la Guyane, celles d'autres hommes qui l'avaient *vue* aussi, et un peu des nôtres. Ces idées n'apprendront rien de nouveau, nous le savons bien; mais elles peuvent rappeler quelque chose, et c'est beaucoup.

La Guyane française a besoin, comme les victimes innocentes des jugements humains, qu'on recommence souvent à plaider pour elle en réhabilitation; à force d'offrir son magnifique *mémoire justificatif* de tant de myriamètres de surface, si bien *écrit*, si richement *illustré* par le premier rédacteur du monde, peut être la France finira-t-elle par le lire, et même par le comprendre.

Quand notre pays en sera là, monsieur, et qu'il voudra sérieusement tirer parti de sa Guyane, il ne sera pas nécessaire de se creuser l'esprit pour chercher du nouveau; mais « il s'agira de ne rien employer d'anciennement mauvais; » la colonie n'est pas à créer, mais il faut l'étendre. » Ses forces actuelles s'éteignent sous les phrases imprudentes d'une philanthropie qui chez bien des gens ou des nations n'est pas toujours sincère; il faut songer d'avance à les remplacer par les forces mêmes qui ont les premières fertilisé la Guyane et une grande partie de l'Amérique.

De tous les produits des régions équinoxiales qui jadis donnaient la fortune à ceux qui les faisaient cultiver, les uns ont disparu des marchés d'Europe, par suite des caprices de la mode; la suppression du monopole a avili le prix des autres, tels que les parfums, les médicaments, les épices. D'autres produits, malgré une consommation toujours croissante, ont vu descendre leur prix au-dessous de celui qu'ils coûtent, par suite d'immenses défrichements soit dans l'Inde hollandaise, soit au Brésil, ainsi que dans nos possessions, et par une concurrence élevée en Europe même contre la denrée la plus prospère des anciennes colonies.

Il faudra donc désormais que toute nouvelle colonie ou tout accroissement de colonie ancienne ne compte plus, comme autrefois, sur ses produits coloniaux pour s'enrichir rapidement, puis revenir en Europe y semer sa fortune en se reposant d'un travail *forcé* : l'époque actuelle n'en est plus là. Il faut à présent défricher et cultiver les terres tropicales comme les terres de la Touraine ou de la Beauce ont été défrichées par nos pères, et les cultiver comme elles le sont aujourd'hui par nous; c'est-à-dire, pour vivre d'abord, puis pour échanger ensuite. Il faut faire produire aux terres coloniales tout ce que leurs climats adopteront de nos plantes utiles : le nécessaire avant tout. Après où plutôt en même temps on y joindra le superflu qui, sur ces terres inondées de soleil et de principes fécondants, pousse, branche à branche et feuille à feuille, avec les plants strictement nourriciers.

Ces produits-là ne craignent point les caprices de la mode, encore moins l'avilissement de prix, faute de consommation; la raison en est simple : c'est que ces fruits consommés enfantent de nouveaux consommateurs, et que toute terre s'amende et produit en raison du nombre d'hommes qui la couvrent et la fécondent de leur travail et *de leur présence* (a).

La Guyane française, monsieur, est celle de toutes nos colonies qui se prête le mieux à un système imposé par la nécessité des temps, et avec lequel la prudence recommande de se familiariser dès à présent. Cette vaste contrée, à peine explorée, offre déjà, dans ce qui nous est connu, des ressources qu'on va chercher bien loin, et souvent sans les trouver; on les croit profondément enfouies; elles ne sont que voilées, et par quoi encore? par des eaux qui *fument* les terres depuis la création, par des forêts!...

On peut aussi faire à notre Guyane les reproches ordinaires que l'on fait aux vieillards qui ne sont pas riches et qui ont pu l'être. Certes, à cette heure, la Guyane ne pourrait guère répondre victorieusement par des faits; elle est loin d'être prospère : ce qu'elle avait a disparu dans les travaux que nécessita son changement de culture. Entre ses épices,

---

(a) Pour prouver cette influence de la population sur le sol, nous citerons ce fait, publié récemment. Un terrain de 40 hectares d'excellentes terres, situé dans le département de Maine-et-Loire (le jardin de la France, comme on dit), se trouve à présent n'avoir pour population que cinq personnes et un enfant. Ils n'y gagnent que des journées de 1 fr. 60 c. et 40 c. Ce terrain est loué 50 fr. par an.

Aux environs de Marseille, la même surface de terre rocheuse, cultivée en jardinage, etc., est travaillée par 169 personnes, qui gagnent de 2 fr. 50 c. à 2 fr. 70 c. par jour, et rapporte de fermage seulement 35,200 fr.

ses matières tinctoriales dépréciées, et son sucre actuel plus déprécié encore, il y a un gouffre profond que toutes les sueurs de ses laborieux colons n'ont pu combler.

Ce qui lui reste lui échappe, et ce qu'il lui faudrait doit encore longtemps se faire attendre.

Que l'on s'étonne après cela, si dans cette Guyane, que nous disons si fertile, ses cinq ou six mille habitants libres (*a*) ont quelque peine à trouver sur l'unique marché de son unique ville ce qu'il faut pour dîner sobrement, et de la diplomatie qu'il faut dépenser pour un dîner exceptionnel. Ce ramazan perpétuel existe bien (à Cayenne au moins); mais qui l'impose? Les *cinq à six mille habitants* libres de la Guyane! qu'il y tombe du ciel ou d'Europe un, cinq, dix millions de dîneurs, non par torrents, mais par pluie ou rosée, c'est-à-dire avec sagesse et méthode, les laboureurs les premiers, tous bien choisis, tous armés de force et de persévérance, et bientôt la Guyane leur servira avec abondance, luxe, recherche, enfin tout ce qu'il faut pour bien dîner, et le commerce, qui satisfait les caprices, naîtra des miettes qui tomberont de la table.

Mais, monsieur, cette pluie humaine n'est pas près de tomber sur la Guyane, et il faut en revenir à notre projet d'y planter un village qui un jour, par la force de l'exemple, peut en produire d'autres et justifier ainsi notre métaphore.

Comment ne pas espérer dans l'avenir, quand il a été reconnu, depuis un demi-siècle, qu'à la Guyane deux hectares plantés en maïs, en riz, en diverses racines excellentes,

---

(*a*) Les 15 à 16,000 noirs esclaves se nourrissent de leurs jardins, etc.

donnent de trente à quarante milliers de substance nutritive, et qu'une famille de vingt personnes pourrait s'en nourrir et en nourrir ses animaux pendant un an. « Mais il ne » faut pas que cette famille se compose de fainéants d'Europe » recrutés dans les villes, ni d'hommes habitués à travailler » à l'ombre ; il faut des familles élevées dans les habi- » tudes des champs, des familles pauvres sans doute, mais » honnêtes et laborieuses : parce que les mœurs et le tra- » vail sont les éléments et presque les seuls moyens d'ef- » fectuer une bonne colonisation à la Guyane. »

Ces paroles d'un homme qui connaissait bien le pays et la vie coloniale serviront de conclusion à cette lettre, monsieur, qui n'est en définitive que la préface de ma Notice, ou plutôt celle d'un nouveau *mémoire à consulter*, à propos du procès en calomnie qui s'agite entre l'opinion égarée de la métropole et la Guyane française depuis bientôt un siècle, procès qu'elle ne peut poursuivre faute de pouvoir en payer les frais. Elle a bien quelques millions d'hectares de terres fertiles, des îles, des fleuves et autres fonds, qui ont quelque valeur dans tout pays favorisé d'hivers, d'années stériles et de fléaux causés par l'eau, l'air et le feu ; mais cette pauvre Guyane, qui au lieu de tout cela ne peut offrir que douze mois de récoltes par an, dont la belle saison ne dure aussi que douze mois, voit ses *immeubles* méprisés, même à la bourse, qui cependant a spéculé sur des contrées *emprunteuses* un peu moins solides, j'imagine.

Je ne puis clore cette lettre, monsieur, sans vous dire toute ma pensée (quelque bizarre qu'elle soit) sur la colonisation des parties encore désertes de notre Guyane.

Dans cette légende, que j'improvisai sur l'aquarelle qui a causé ma Notice actuelle, je disais tout crûment que la Guyane déserte se peuplerait rapidement si des naufragés s'y trouvaient poussés, jetés par la mer, avec tout ce que Robinson put en sauver en échouant sur son île imaginaire. Depuis cette étrange assertion (qu'au besoin on pourrait appuyer de *faits réels, existants*), j'ai quelque peu étudié le passé et le présent de la Guyane; eh bien! en fait d'entreprises nouvelles pour en coloniser les contrées incultes (et, à part le gouvernement, qui pourra tout ce qu'il voudra), nous sommes presque tenté de finir par où nous avons commencé. Non pas que nous proposions d'imiter les quelques sauvages (1) qu'on voit encore à la Guyane jeter leurs enfants à l'eau pour leur apprendre malgré eux les premiers principes de la natation; non pas que nous conseillions au chef de l'entreprise d'imiter Fénelon, en faisant, aux abords du cap d'Orange, précipiter tous ses administrés à la mer pour les rendre industrieux et sages : non; le bon sens, les lois et l'humanité s'y opposent. Mais si l'on pouvait atteindre le même but en suivant une voie moins excentrique?...

C'est ce qu'il faudra chercher, après avoir lu comment ont échoué toutes les expéditions rassemblées, conduites, et enfin débarquées sur les terres de la Guyane par les moyens ordinaires (*a*).

(*a*) En 1816, entre Sainte-Hélène et les côtes du Brésil, nous apparut une masse de rochers inabordables qu'on nous dit s'appeler la Trinité. Cette petite île n'offrait ni eau courante se jetant dans la mer, ni apparence de végétation. Deux énormes baleines y furent vues tout près des rochers; l'une paraissait être aux prises avec un espadon. Sur les apparences, on jugeait cette île inhabitée, et elle fut condamnée à la stérilité perpétuelle. Mais il est arrivé qu'un navire anglais, revenant

Il est important, monsieur, de bien se pénétrer, en lisant cette Notice, que les mots *désert, colonisation,* etc., ne s'appliquent qu'aux terres *non concédées* et aux *colons futurs,* qui peuvent les obtenir un jour pour les cultiver ; que les mots *fautes*, *inertie,* toutes les misères enfin, que nous citerons d'après les écrivains qui nous en ont laissé l'effrayante histoire, ne peuvent sous aucun rapport atteindre les habitants actuels de la Guyane. Ceci est une remarque importante.

La population industrieuse de cette colonie n'est que faible en nombre ; elle a reçu dans le temps des principes de culture qu'elle a suivis, et même qu'elle a perfectionnés, malgré tous les événements qui causent sa détresse actuelle. Cette population (ses travaux immenses depuis quarante ans le prouvent) est admirable de travail, d'industrie coloniale, de patience et d'abnégation. Perdues, pour ainsi dire, dans un océan de forêts, de cours d'eau et de terres noyées, séparées entre elles par de grandes distances qu'augmentent encore l'absence de voies frayées, et cent obstacles qui, partout, sont produits par la dépopulation ; toutes les habitations de la Guyane, disons-nous, qu'il faut considérer

---

de Sainte-Hélène en Europe, chargé entre autres de quelques soldats et de plusieurs femmes de troupe, fit naufrage sur la masse de rochers ; les naufragés, après avoir franchi la barrière où notre courte vue s'était arrêtée, trouvèrent dans l'intérieur tout ce qu'on trouve dans la Guyane, et le dénûment de toutes choses, joint à quelques débris sauvés de la mer, fit les miracles ordinaires. Une charmante et fertile colonie est sortie d'un désastre, comme beaucoup d'autres sont nées de persécutions civiles ou religieuses.

sous le triple point de vue de village, de ferme et d'usine, vivent depuis quelques années comme vivent en temps de guerre les places assiégées à bout de provisions, à raison de l'ennemi possible qui les bloque en dedans, et des arsenaux de désordres que la même mer arrose. Leurs capitaux immobiliers (on n'en connaît guère d'autres aux colonies) subissent le sort des ateliers qui les fécondent : ils échappent à la culture en même temps que l'agriculteur. Un mot, une idée peuvent agiter les fermes solitaires comme la brise agite la feuille de leurs banànniers, les bouleverser comme ferait l'ouragan.

Et cependant, comme une brave garnison, cette population de chefs se maintient au milieu du feu croisé des différents systèmes qui s'agitent, se heurtent, non pas sans produire des étincelles dangereuses. A force d'ordre et de courage, elle impose le respect de la propriété et le travail aux forces qui l'entourent; et par cette conduite prudente et généreuse quand même, elle parvient à conserver à la France des postes maritimes avancés, que de simples mots, sans son énergique persévérance, pourraient gravement compromettre.

Notre préface est faite, et nous passons aux pièces *à conviction;* à notre Notice enfin, vous priant toutefois d'en pardonner la forme en faveur du fond. Un soldat illettré a droit à quelque indulgence.

Et cependant la Guyane française est digne d'avoir des historiens *patentés* et des poëtes, comme cent autres pays bien moins favorisés, par la nature au moins; mais, on le sait, la Guyane est pauvre; elle attend encore un poëme ou des impressions de voyage qui la mettent à la mode et en fassent un royaume, une nouvelle France : *la matière s'y trouve partout; il n'y manque que l'ouvrier.*

CHAPITRE PREMIER.

TOPOGRAPHIE DE LA GUYANE FRANÇAISE.

La Guyane est cette vaste contrée de l'Amérique méridionale située entre la rivière des Amazones et celle de l'Orénoque; le Rio-Négro et la mer sont ses deux autres limites, et achèvent d'en faire une île de plus de 200 lieues de largeur sur une profondeur de 300 lieues au moins. Elle possède une étendue de côtes de 250 lieues.

La partie française, qui fut une des premières terres du Nouveau-Monde reconnues par Colomb, renferme la partie du continent comprise entre le Maroni à l'ouest, et l'Oyapock à l'est, le Rio-Négro au sud, et la mer au nord (*a*). Son étendue, réduite par le déplorable abandon fait par insouciance au Brésil, est de 70 lieues, sa profondeur s'étend jusqu'au Rio-Négro.

(*a*) Ces bornes sont celles que notre insouciance a laissé frauduleusement poser. Voir aux éclaircissements, 2e partie, la note 2.

L'île de Cayenne n'est séparée du continent que par les rivières la *Cayenne*, le Mahuri, et par un canal naturel appelé Rivière du Tour de l'Ile, et qui communique aux deux rivières latérales déjà nommées; la mer, où elles se jettent toutes deux, achève de former l'île de Cayenne (3).

Son étendue est d'environ 16 lieues de circuit; elle est coupée en deux parts inégales, dans sa largeur, par une crique canalisée qui communique dans les deux rivières latérales. C'est dans cette île qu'est la ville qui porte son nom; elle est située par les 54° 5″ de longitude et 4° 56′ 15″ de latitude.

L'année, dans cette partie de la zone torride, se partage en deux saisons : l'une sèche, l'autre pluvieuse; la première commence à la fin de juillet, et dure environ cinq mois; on l'appelle l'été tant qu'elle dure : le temps n'est jamais couvert, la brise est plus forte, et les insectes sont moins incommodes; on est quelquefois plus de trois mois sans voir tomber une goutte d'eau. La saison pluvieuse est de sept à huit mois : les eaux alors tombent par torrents, l'air est plus frais; mais il a une fraîcheur lourde, humide et relâchante, ressemblant à celle des temps orageux de l'été de France (4).

Ce n'est pas l'excessive chaleur, c'est sa continuité qui incommode à la Guyane. Le thermomètre, à l'ombre, dépasse rarement 24° (Réaumur); mais il ne descend guère au-dessous de 18 à 19° la nuit.

La température, à Cayenne, ne varie donc que de 4 à 5° de différence, et les nuits semblent ne différer des jours que par l'absence du soleil.

Dans la saison sèche il règne, comme nous l'avons dit, une brise du large plus forte que rafraîchissante qui dilate l'air et le rend plus supportable (*a*). La chaleur est moindre dans le continent (les observations citées y ont été prises), dit Lescalier, administrateur qui a régi des colonies pendant trente ans, que dans nos autres colonies. J'y ai observé pendant trois ans le thermomètre, et je l'ai vu se soutenir entre le 19ᵉ et le 25ᵉ degré Réaumur. Cette température peu ardente est encore mitigée par la fraîcheur que répandent dans l'air et l'influence des vents alizés de l'Océan auxquels cette partie de la Guyane est merveilleusement exposée et la multitude des rivières qui l'arrosent de toutes parts.

Au surplus ce qui précède sur les degrés de chaleur du continent se rapporte au climat des côtes et au voisinage des bords de la mer. Quand on s'éloigne de ces bords et du

---

(*a*) Observations météorologiques faites en 1820, pendant quarante-trois jours :

Degrés.	Nombre de jours.
20	1
20 ½	3
21	8
21 ½	1
22	11
22 ½	4
23	5
23 ½	6
24	4
TOTAL.	43

Moyenne 22, celle des Antilles est de 29, celle du Sénégal de 38.

bas pays de 10 à 15 lieues, il y a toujours deux degrés de chaleur de moins.

L'air y est bon et sain (dit Laborde, qui a été médecin en chef de la Guyane pendant plus de quarante ans), et les plaines, momentanément desséchées, sont beaucoup moins malsaines que toutes autres plaines des autres pays, parce que l'air n'y est pas sensiblement infecté de cette odeur hépatique qui se manifeste dans les pays marécageux où abonde la chaux, substance dont la Guyane est privée. Voilà pourquoi les fièvres endémiques (double, tierce), qui sont si communes dans les plaines marécageuses, sont rares à la Guyane, et n'y sont pas généralement meurtrières.

Les typhus et la fièvre jaune n'y sont point connus, et quand la fièvre jaune y a été apportée, elle ne s'est point communiquée à ceux qui entouraient les malades.

Enfin il résulte du relevé des tables de mortalité, pour les militaires, fait en 1820, que sur cent soldats il en meurt :

Au Sénégal (par an).	22
Aux Antilles.	15
A la Guyane.	5

Et on sait que la vie fort irrégulière des troupes dans les colonies leur occasionne une mortalité plus considérable que dans la classe des officiers et des autres étrangers employés aux colonies (*a*).

(*a*) De 1829 à 1834, sur un détachement de 66 hommes d'ar-

Du sol de la Guyane.

C'est sur le sol de la Guyane que la nature étale toute sa magnificence ; nous ne savons rendre la terre fertile, productive, qu'avec des bras et des charrues, comment n'éprouverions-nous pas un sentiment d'admiration au milieu des immenses déserts où s'exerce, sans bras, sans charrues, la puissance d'une éternelle végétation? où l'homme, véritablement étranger à cette multitude d'êtres animés qui y vivent en propriétaires, a l'air, au milieu d'eux, d'un monarque détrôné? C'est pour un Européen un autre univers ; c'est sous d'autres formes et dans d'autres proportions qu'il y retrouve les quadrupèdes, les reptiles, les oiseaux, les insectes. En général les animaux y sont plus faibles et les plantes plus robustes. Les bois y ont plus de majesté ; ils représentent, par leurs différents âges, la succession des siècles. Les terres, qu'ils couvrent de leur ombre impénétrable, se recomposent de leurs débris ; leurs espèces, tantôt semblables, tantôt mélangées, indiquent la qualité du sol, selon que leurs racines pivotent ou s'étendent horizontalement. Le grand ordonnateur de ce beau jardin (6) semble s'être soumis aux règles de la perspective dans la distribu-

---

tillerie, j'ai perdu 8 hommes, ce qui est au-dessous du chiffre officiel. Il est vrai que l'artillerie, *travaillant plus que l'infanterie,* perd moins d'hommes. Voir aux renseignements, 2e partie, la note 5.

tion des sites, des plantations, des claires-voies, des massifs. On dirait que la nature du sol, le cours des eaux, ont été consultés pour l'emplacement des prairies, des forêts, et que chaque famille de végétaux a cherché avec intelligence le terrain qui lui est propre. Les beaux fleuves qui arrosent cette contrée à 5, 10, 15 lieues de distance les uns des autres sont des limites qui ont servi à tracer les quartiers où la faible population de la Guyane est si clair-semée.

On trouve bien véritablement dans ces déserts de la vanille, de la salsepareille, de l'encens, du caoutchouc, des arbrisseaux fort inférieurs au cannelier, mais qui en ont le goût et le parfum. Il n'y a au surplus que l'histoire naturelle et la botanique qui puissent s'enrichir de ces découvertes (*a*); c'est à de plus utiles cultures qu'une terre aussi féconde invite les hommes industrieux.

Toutefois, lorsque de ces bois magnifiques on passe sur les terrains qui en ont été dépouillés pour la culture, on ne trouve souvent qu'un sol usé, infertile, sablonneux ; et c'est dans les plaines d'Approuague, de Kaw et de Mahuri, toutes inondées dans les grandes marées, qu'on aperçoit le sol précieux dont on peut attendre les plus riches récoltes.

(*a*) **Pourquoi ? Qui empêcherait, par exemple, de cultiver cette vanille dont personne ne s'occupe en Amérique ? Je sais bien que la culture en avilirait le prix, mais elle se conserve, et peut permettre d'attendre.**

Particularités remarquables du sol de la Guyane.

Pour donner une idée des travaux que la culture du sol de la Guyane exige, nous allons décrire la position, la qualité et le gisement des terres basses indiquées dans les lignes qui précèdent et qui bordent les côtes depuis la rivière de l'Orénoque jusqu'à celle des Amazones, phénomène qui, à notre connaissance, n'avait pas été noté avant M. Malouet(*a*).

Le courant de l'Amazone et des autres fleuves qui se jettent dans cette mer dépose incessamment sur ces rivages et partout où les marées se font sentir une multitude de graines qui germent dans la vase marine, et produisent en moins de dix ans des arbres de haute futaie, appelés *palétuviers* (*b*). La côte et les rivières en sont bordées jusqu'à la distance où peut monter l'eau salée; des racines énormes et profondes attachent ces arbres à leur base, et chaque marée les couvre de six, huit, ou dix pieds d'eau, suivant l'élévation ou le niveau du terrain; on aperçoit pendant le *flot* d'immenses et superbes forêts au milieu des eaux qui, pendant le *jusant*, sont inaccessibles à raison de la vase molle qui les produit et les entoure.

Sur la côte, ce spectacle varie presque toutes les années.

(*a*) Voir, pour achever de bien connaître les terres hautes et les terres basses, la note 7, qui confirme ce qu'en dit M. Malouet.

(*b*) Voir pour cet arbre et d'autres dénominations locales, les notes 8 et 9.

Lorsque les courants portent des sables sur le rivage, et que les flots les amoncellent sur les vases couvertes de palétuviers, cet arbre meurt rapidement, la forêt disparaît et on aperçoit au loin les débris voiturés par les eaux; mais ces révolutions sont moins fréquentes dans les rivières, où l'apport des sables de montagne est poussé au large par les courants.

Sur les 400 lieues de côtes comprises entre l'Orénoque et l'Amazone, il n'y a, d'une terre à l'autre, de différence locale que le rapprochement ou l'éloignement des montagnes du bord de la mer; mais dans tout cet espace et dans les lieux mêmes où les terres basses sont entrecoupées de hauteurs, comme dans la Guyane française, on trouve en quelque sorte uniformité d'accidents.

Partout se présente sur le rivage un rideau de palétuviers, alternativement détruit ou renouvelé par la vase ou par le sable.

Derrière ce rideau, à quatre ou cinq pas, sont des savanes noyées par les eaux pluviales qui n'ont pas d'écoulement, et ces savanes se prolongeant toujours latéralement au rivage dans une profondeur plus ou moins considérable.

Après les savanes, en s'enfonçant dans les terres, si elles s'élèvent, on trouve des forêts de bois dur propres aux constructions et dont le sol argileux n'est point propre à la culture. Si au contraire il y a continuité de terres basses, les *pinotières* ou arbres mous qui les couvrent en désignent la fertilité, lorsqu'elles sont desséchables par la proximité d'une rivière. Mais nous considérons ici le gisement et la qualité des terres, en partant du bord de la mer, en sorte qu'il faut se figurer cette inspection faite entre deux rivières, lesquelles, dans cet espace de terre, sont à plus de dix lieues de distance les unes des autres (*a*).

Entrons maintenant dans l'une de ces rivières, nous la verrons bordée jusqu'à six à sept lieues de palétuviers; mais si les montagnes se rapprochent de la mer, comme à Cayenne et dans quelques autres parties de la Guyane française, alors les savanes noyées, les pinotières, qui en sont entrecoupées, présentent au voyageur un accès plus facile; il peut mettre pied à terre dans un lieu sec et élevé, d'où il considère les environs et fait son plan d'établissement.

Pour Cayenne, ce plan s'est réduit bien longtemps à rester dans le lieu sec, sans oser attaquer ces terres basses, qui ne sont autre chose cependant que ce que nous connaissons en Europe sous les noms de plaine et de vallée; avant que la main de l'homme eût réprimé les écarts de la nature, les plaines que nous habitons aujourd'hui étaient dans tous les pays de l'Europe ce qu'elles sont en Amérique : couvertes de bois et d'eaux stagnantes ou inondées seulement par intervalles dans les débordements des rivières au flux des marées.

Celles de la Guyane française une fois desséchées, sont propres à tous les produits, et récompensent bien mieux le cultivateur; toutes les grandes habitations actuelles en sont la preuve, et il n'a pas tenu aux colons que le nombre en fût plus grand : car ils ont depuis longtemps perfectionné le système hollandais, emprunté à Surinam en 1777.

(*a*) Il y a des distances qui sont moindres; il faut ajouter que ces rivières sont quelquefois reliées entre elles par d'autres rivières ou canaux naturels, qui les coupent souvent à angle droit; le Rio-Négro et la rivière qui forme l'île de Cayenne sont de ce nombre.

Rivières et criques.

En jetant la vue sur les cartes de la Guyane, on est frappé de cette multitude de canaux naturels et de leur direction; ils semblent presque tous se rapprocher d'un centre commun vers leurs sources et diverger, en se rendant à la mer, à peu près comme les branches d'un éventail. D'autres cours d'eau coupent ces rivières et semblent des canaux de communication creusés par la main des hommes. Quelle facilité une pareille conformation ne semble-t-elle pas promettre pour remonter dans l'intérieur, en rapporter rapidement et sans frais les produits à la mer, et établir des communications entre ses différentes parties, par le moyen de tant de canaux navigables!

Mais malheureusement un obstacle constant et qu'on peut regarder comme insurmontable s'y oppose.

Le cours de toutes ces rivières est intercepté par des *sauts* ou cataractes plus ou moins multipliés, plus ou moins considérables, mais qui, dans tous les cas, suspendent la navigation. Les pirogues légères se tirent à terre, on les conduit à force de bras au-dessus de la chute, et l'on continue sa route sur le niveau supérieur.

Il y a plusieurs de ces rivières qu'il suffit de remonter 6 à 7 lieues pour rencontrer le premier saut; et alors le lit de toutes se resserre prodigieusement, et s'embarrasse quelquefois de roches; on est tout étonné de trouver à peine *la largeur de la Seine à Paris* à un fleuve qui deux heures auparavant excitait l'admiration par l'étendue et la majesté de son cours.

On conçoit que ces obstacles peuvent être l'une des causes qui ont empêché jusqu'à ce jour les explorations vers l'intérieur du pays : des individus, guidés par des Indiens, en ont entrepris cependant; mais leurs relations, toutes avantageuses aux contrées qui en étaient l'objet, n'ont pas déterminé des entreprises réellement sérieuses.

En commençant par nos limites de l'ouest, les principales rivières de la Guyane française sont les suivantes :

1° Le *Maroni*, qui nous sépare des possessions hollandaises.

2° *Iracoubo*, à 14 lieues de la précédente.

3° *Sinnamary*, à 8 lieues d'Iracoubo (entre ces deux rivières s'en trouve une moins importante : Canamana).

4° *Carouabo*, à 9 lieues de Sinnamary.

5° *Kourou*; depuis cette rivière jusqu'à Iracoubo on compte 20 lieues, la mer borde cette étendue (8).

6° La *Cayenne*, à 10 lieues de Kourou.

7° Le *Mahuri*; entre la *Cayenne* et cette rivière est l'île de Cayenne.

8° *Kaw*, 7 à 8 lieues du Mahuri.

9° L'*Approuague*, à 3 lieues de Kaw.

10° L'*Oyapock*, à 15 lieues de l'Approuague.

Après ces dix rivières principales, comprises dans les limites auxquelles nous nous résignons, il en existe beaucoup d'autres, coulant comme les dix précédentes du sud au nord, entre l'Oyapock et la rive gauche de l'Amazone, et d'autres dans l'intérieur. Il faut encore ajouter à ces cours d'eau de nombreuses criques dont l'industrie peut faire un jour des canaux de communication.

Nous entrerons dans quelques détails sur les quatre dernières rivières, entre lesquelles nous avons à choisir un emplacement pour l'établissement qui fait le sujet de cette Notice.

Le Mahuri sépare, comme il a été dit, l'île de Cayenne du continent (10 et 3). Cette belle rivière, qui n'a pas moins d'une lieue de large vers son embouchure et 5 brasses et demie de fond à marée basse, se partage à 6 lieues de son embouchure en deux branches, dont l'une va vers l'ouest et le sud-ouest, et l'autre vers le sud-sud-est. La première prend le nom de Comté, et la seconde celui de l'Orapu. C'est dans le haut de l'Orapu qu'on avait commencé autrefois un chemin qui devait aller jusqu'à la rivière des Amazones, pour tâcher de découvrir les mines qu'on assure être dans ces cantons.

Le *Mahuri* (qui prend encore le nom d'*Oyac* après avoir reçu les eaux du canal naturel dit *Rivière du Tour de l'Ile*) n'a sa première cataracte qu'à 25 lieues de son embouchure; la mer monte jusqu'à cette distance une fois franchie, et jusque chez les Nouragues. Cette rivière n'est plus ni si large ni si profonde, mais elle est encore navigable partout.

Kaw. Cette rivière est belle, mais n'a guère que 25 lieues de cours. C'est entre l'embouchure de cette rivière et celle du Mahuri que se trouve l'immense plaine de Kaw, dont il est parlé plus tard.

L'*Approuague*, grande et belle rivière qui vient de fort loin. Son embouchure a environ 2 lieues de large, 3 à 4 brasses de profondeur. Une île à 2 lieues de la mer la partage en deux et forme deux passes; celle de gauche est la meilleure.

La rivière du *Coroaï*, étroite mais profonde, se jette dans l'Approuague, à une demi-lieue de l'île.

Le premier saut de l'Approuague est à 20 lieues de son embouchure, la haute mer le couvre entièrement; les premiers colons de la Guyane française, beaucoup plus entreprenants que nous ne le sommes à présent, ont remonté ce beau fleuve jusqu'à 120 lieues; ils ont cependant rencontré 22 cataractes dans un espace de 60 lieues.

Les belles habitations éparses sur les rives de cette rivière ainsi que sur celles du Coroaï forment le quartier le plus intéressant de la colonie; il possède la plus grande partie de ses machines à vapeur.

En 1833, nous avons fait tracer une batterie et un village au confluent des deux rivières qui devait servir de rendez-vous à la population de ce quartier, éparse sur des habitations séparées entre elles par des distances plus ou moins grandes, et n'ayant que les rivières pour communiquer de l'une à l'autre.

La batterie défendra ce poste, ainsi qu'un assez bon mouillage. Tout cela sans doute n'est pas achevé.

L'*Oyapock*. C'est l'un des plus beaux fleuves de tout le continent; il est éloigné de l'Approuague d'environ 12 lieues (de la rivière de l'Approuague), au sud-est. Son embouchure se trouve dans le milieu d'une espèce de baie de 4 lieues de largeur, et dans laquelle se jettent deux autres rivières, l'une nommée le *Couripi* du côté de l'est, et l'autre le *Ouanari* vers l'ouest. La pointe qui forme l'entrée de la baie à l'est s'appelle le *cap Orange*.

Cette baie est reconnaissable par une chaîne de petites montagnes qui s'élèvent dans un terrain plat et noyé, et qui s'avancent assez près du bord de la mer, sur la côte de l'ouest; on les nomme Montagnes d'Argent, parce qu'on a cru, dans les premiers temps, qu'elles renfermaient des mines de ce métal (*a*).

La rivière du Ouanari est au sud de ces montagnes, et n'est séparée de l'Oyapock que par une langue de terre basse dont la pointe du nord s'élève en forme de petite colline assez haute au-dessus du niveau de la mer, qu'on nomme la *Montagne à Lucas*, dont le pied est pur roc, et où il y a quantité de sources d'eau vive (11).

Le *Ouanari* n'a pas plus de 100 toises de large à son embouchure; et on y trouve 3 brasses d'eau, ensuite 2; et plus haut 7 à 8 pieds au plus.

Les terres des deux côtés sont bonnes; celles des bords sont noyées. Elle prend sa source à l'ouest, à 8 ou 10 lieues de là, dans de grandes savanes, qui sont presque toutes de très-bonnes terres propres à la culture des cannes et de l'indigo.

L'*Oyapock* a 2 lieues de large à son embouchure; on y peut mouiller par 4 brasses d'eau, fond de vase; ayant la Montagne à Lucas à l'ouest, à la distance de 3 quarts de lieue. Une lieue en dedans est une île basse appelée l'*Ile aux Biches,* qui est couverte dans les grandes marées; on passe à l'ouest, lorsqu'on veut entrer dans la rivière, car le côté de l'est est rempli de bancs de sable et de vase, qui en rendent le passage impraticable; on trouve dans la passe de l'ouest 4 brasses, tout près de terre.

Lorsqu'on a remonté le fleuve 5 ou 6 lieues, il fait un

(*a*) Le café qui croît sur ces montagnes ne le cède en qualité qu'au Moka; il est tellement demandé, qu'on a peine à s'en procurer en le payant assez cher.

enfoncement qui forme un assez bon port où l'on mouille par 4, 5 et 6 brasses d'eau aussi près de terre que l'on veut; c'est en cet endroit qu'on bâtit en 1726 un nouveau fort et un bourg, aux environs duquel plusieurs nations indiennes étaient venues s'établir.

En 1735 on établit pour elles, à quelque distance du fort, une mission appelée Saint-Paul.

Les terres sont fort bonnes, et donnaient abondamment aux cultivateurs toutes sortes de denrées. Dans ce moment tout cela a disparu (1842), moins les bonnes terres et quelques ruines. Revenons à l'Oyapock, si important comme frontières actuelles et par ses affluents.

Depuis l'île aux Biches jusqu'à trois lieues au-dessus, on trouve plusieurs autres petites îles, mais qui n'embarrassent pas la navigation.

Ensuite la rivière se rétrécit considérablement, et n'a plus que 7 à 8 pieds de profondeur.

A 4 lieues de l'ancien fort, du même côté, on trouve la rivière d'Orvilliers appelée aussi *Crique du Gabaret*, dont les sources sont à vingt lieues de là (son cours est presque toujours de l'ouest à l'est; on peut la remonter en canot pendant 7 à 8 lieues), ensuite on trouve plusieurs sauts, fort près les uns des autres, qui en interrompent la navigation; à son entrée dans l'Oyapock, les terres sont bonnes, et il y avait déjà, en 1764, plusieurs belles habitations sur les deux rives (*a*).

(*a*) En 1830, il y avait déjà plusieurs années qu'un atelier exploitait des bois durs sur les bords de cette rivière. Ces bois étaient destinés à la marine royale. On a cessé, je crois, cette exploitation, d'après les plaintes des ingénieurs, qui assurè-

Depuis la rivière d'Orvilliers jusqu'au premier saut de l'Oyapock il y a 5 ou 6 lieues. Quoique la mer monte jusqu'à ce saut, et qu'elle y couvre plusieurs des roches qui barrent le lit du fleuve, il est impossible d'y faire passer autre chose que de moyens canots.

Sur la rive droite, ainsi qu'à l'Approuague, on peut passer aisément par terre, à pied, à cheval et avec des charrettes; ce passage a bien 3 quarts de lieue de longueur.

A 3 lieues de ce premier saut, on en trouve un second plus difficile à passer, nommé le *Cachiri;* entre ces deux sauts, sur la gauche, il y a une belle rivière appelée *Rérikourt*, dont le cours est d'environ 30 lieues, presque nord et sud.

Le troisième saut de l'Oyapock est à 2 lieues et demie du second; entre deux, du côté droit on trouve l'embouchure de la rivière d'*Armontabo*, dont le cours est de l'ouest à l'est, qui prend ses sources à plus de 20 lieues de là, entre les vastes prairies et les forêts qui se trouvent entre les rivières de Camopy et d'Approuague.

Cette rivière de Camopy se jette dans l'Oyapock, à 2 grandes lieues de celle d'Armontabo (ou Remontabo) du même côté. Elle vient de l'ouest, et prend sa source dans de vastes forêts où l'on n'a pas pénétré (*a*).

---

rent que ces bois, très-beaux en apparence, étaient souvent véreux en dedans.

(*a*) Pendant notre séjour à Cayenne, un pharmacien de la marine a fait plusieurs excursions dans le Camopy et ses forêts; on peut chercher dans les archives de la marine, s'il n'y a pas laissé quelques relations de ses voyages.

On a cependant, vers 1735, remonté le Camopy fort loin; on assure que cette rivière conduit jusqu'à peu de distance d'une autre rivière nommée *Couarie*, dont elle n'est séparée que par un portage d'environ 5 lieues, et que plusieurs voyageurs disent venir se rendre dans la rivière des Amazones; de sorte que par le moyen de ces rivières, la communication serait facile entre l'Amazone et la Guyane française (*a*).

Le cours de l'Oyapock, entre Remontabo et Camopy est rempli de sauts fort près les uns des autres (un voyageur en compte neuf).

Il reçoit aussi plusieurs criques ou petites rivières; parmi lesquelles on en remarque deux plus considérables sur la gauche; savoir : le *Karouy* et la rivière des *Nattayes*. Cette dernière, dont on connaît plus de 20 lieues et qu'on a remontée 15 lieues en canot, est remplie de sauts dès son embouchure.

Enfin on a remonté l'Oyapock près de 100 lieues au-dessus du Camopy; son cours est sud-sud-ouest. Il reçoit plusieurs criques et rivières, et a toujours beaucoup de cataractes.

En rentrant dans la baie que forme son embouchure et celle du Couripy; nous trouvons que cette dernière est à l'est de l'Oyapock, et n'en est séparée à son embouchure

---

(*a*) Les Portugais le savent bien; et l'envahissement, qu'ils effectuent sourdement, des contrées désertes que nous abandonnons depuis un siècle entre le cap Nord et l'embouchure de l'Oyapock, n'est que pour nous interdire le cours du Camopy et du Cohary, qui conduisent à l'Amazone.

que par une pointe de terre basse et noyée, qui pousse sous l'eau un banc de sable et de vase d'une lieue de longueur vers le nord, dont il faut se défier lorsqu'on veut entrer dans l'Oyapock. Lorsqu'on a remonté la rivière de Couripy 6 lieues, elle se partage en deux branches, l'une va au sud et conserve le nom de Couripy jusqu'à sa source, qui n'est qu'à 6 lieues de là, au pied d'une montagne nommée *Cayari;* l'autre branche qui va au sud-est prend le nom d'*Ouassa*, qui, après 4 lieues de cours, se partage aussi en deux branches; celle qui vient du sud se nomme *Aroukaoua*, vers les sources de laquelle il y a une montagne qu'on appelle montagne de Cristal, à cause de quelques pierres blanches et transparentes qu'on en tire; l'autre bras conserve le nom d'Ouassa. Le cours de ces rivières n'est pas fort étendu; elles serpentent beaucoup dans des savanes ou prairies, dont le terrain serait bon et fertile s'il était cultivé.

La baie dans laquelle se jette l'Oyapock est terminée, à l'est, par le cap Orange, par 4 degrés 13 minutes de latitude nord, et par les 53 degrés 50 minutes de longitude à l'occident du méridien de Paris.

Après le beau fleuve dont nous venons de parler avec détail, on trouve encore, en remontant vers l'Amazone, d'autres fleuves et d'autres contrées plus favorables encore à la culture que celles auxquelles nous nous bornons; nous n'en parlerons donc pas ici, puisque la France les abandonne à l'inertie portugaise, bien moindre que la nôtre cependant quand il s'agit de colonies.

Plusieurs îlots se rencontrent sur les côtes de la Guyane française.

Le grand et le petit Connétables, qui se trouvent près de l'embouchure de l'Approuague, ne sont que deux rochers, le premier, fort remarquable, est toujours reconnu par les navires qui vont à Cayenne (12).

A l'embouchure du Mahuri, cinq petits îlots portent les noms de *le Père, la Mère, les deux Sœurs, le Malingre;* plus près du port de Cayenne, un rocher prend celui de l'*Enfant perdu.* Les îles du Salut peuvent devenir un port de bâtiments de guerre; elles offrent un mouillage abrité, où des vaisseaux de 80 sont restés à l'ancre assez longtemps (13).

Sur les côtes de la Guyane, les vents soufflent toujours à l'est, et les courants se portant toujours avec violence à l'ouest, ce n'est qu'avec difficulté que l'on communique d'une partie de la colonie à l'autre, lorsque la distance devient un peu forte. Une traversée de 50 ou 60 lieues au vent, le long des côtes, devient quelquefois aussi longue qu'une traversée de France en Amérique. Il n'est pas une contrée au monde pour qui un bateau à vapeur soit aussi nécessaire, et il n'y en a pas un à Cayenne (*a*).

On trouve alternativement, en parcourant la côte, des bancs de vase molle et de vase dure, et l'on s'en aperçoit aisément, sans le secours de la sonde, à la seule qualité de la

(*a*) C'est la difficulté des communications de l'ouest à l'est qui dans le temps engagea les Hollandais à établir leur Guyane par rivières et par cantons, qui n'avaient aucun rapport ensemble. Ainsi Surinam, Berbice, Démérari, Esséquébo formaient des colonies séparées, qui avaient chacune leur administration, leur conseil, et qui correspondaient directement avec la métropole. Cela leur a peut-être fait perdre la Guyane anglaise. Au surplus Surinam a fait depuis un système de canaux intérieurs qui remédierait à l'inconvénient en l'absence de la vapeur.

mer; elle est belle et unie sur les vases molles et creuse quelquefois beaucoup sur les vases dures. Les marées s'élèvent de 7 à 8 pieds dans les lunaisons, avec des courants très-rapides.

Pour avoir plus de renseignements sur la Guyane française, on pourra consulter les cartes manuscrites qui *pourront encore* exister au dépôt du gouvernement à Cayenne, car les insectes les dévorent journellement, et Paris, vers 1789, a égaré les copies que M. Malouet en avait fait faire depuis 1777.

C'est, dit-il à ce propos, dans le développement de tous les plans de l'intérieur de la Guyane, dans le cours et la distribution de ses rivières, dans les observations faites sur les terres qu'elles arrosent, que l'on ne peut s'empêcher de reconnaître que ce pays est destiné à devenir florissant, si le travail, l'industrie et les secours du gouvernement y sont distribués avec intelligence. Jusqu'à présent cela ne s'est pas passé selon ces indications de M. Malouet, et les hommes laborieux de la colonie, aujourd'hui plus découragés que jamais par leur état précaire, ont aussi plus que jamais besoin des secours qu'on réclamait déjà pour eux en 1777.

A cette époque enfin on ne connaissait ni les arbres ni les minéraux de la Guyane, et ce n'est que dans des ouvrages de 1743 que l'on trouve sur les mines ces quelques mots : « La Guyane française a, dans divers cantons, des montagnes entières de minerai de fer d'excellente qualité, propre à tous les ouvrages. Ce minerai est riche et abondant; il rend depuis 45 jusqu'à 80 pour cent. Les endroits où il se trouve sont couverts de bois, ce qui faciliterait beaucoup l'exploitation de ces mines.

« On a creusé dans le pays un nombre de puits pour vérifier l'épaisseur du minerai, qui a depuis *six pieds* jusqu'à *vingt-sept* d'épaisseur, à la surface de la terre. Des eaux courantes, dans les mêmes montagnes, faciliteraient l'établissement des usines. Ce serait un grand moyen de spéculation comme de travail et d'industrie pour la partie indigente de la nation. »

« Le minéralogiste, dit un autre auteur, y trouvera un pays neuf qui pourra devenir pour lui, en s'enfonçant un peu avant dans les terres, un vaste champ de découvertes aussi curieuses qu'utiles, et la première observation qui le frappera, c'est qu'il ne contient aucune espèce de pierre à chaux. »

Il y a soixante à soixante-dix ans, on ne comptait déjà que fort peu de chemins dans la Guyane française; aujourd'hui je n'en connais qu'un seul où les voitures puissent voyager, c'est dans l'île de Cayenne; il conduit de la ville à un point de la rive gauche du Mahuri, appelé le Dégras-des-Cannes.

Les communications ne sont donc possibles que par eau, et cette raison majeure doit engager à creuser des canaux qui communiqueraient d'une rivière à une autre rivière, si l'on veut tirer partie du pays.

Les Hollandais, dans les habitudes desquels ce moyen

de locomotion est pour ainsi dire inné, n'ont pas failli à l'employer à Surinam, dès l'origine de la colonie, à leur grand avantage.

Ils en sont même arrivés à établir des communications par eau qui sont parallèles à toute leur ligne de côtes maritimes, ce qui leur évite les obstacles qui rendent si longs les voyages par mer de l'ouest à l'est. En cas de guerre, cette communication intérieure devient extraordinairement avantageuse à la défense.

Pour établir le même système dans notre Guyane, au moins de l'Oyapock jusqu'à Cayenne, le gouvernement trouverait dans la nature un puissant auxiliaire. Il n'y aurait que des plaines de terreau à creuser, et les canaux une fois achevés, ces plaines unies comme la mer, et, qui sont actuellement inondées, donneraient à la culture dix fois plus de terrain fertile que Surinam en a employé pour devenir riche et puissante; et si nous y travaillons plus tard, quels avantages naturels nous aurons encore, et qui manquèrent à la Hollande américaine !

CHAPITRE II.

ORIGINE DE LA COLONISATION. — ÉTABLISSEMENTS JUSQU'A L'ANNÉE 1777.

En 1498, Christophe Colomb eut connaissance d'une embouchure de l'Orénoque, qu'il appela *Boca del Drago*, à cause du danger que son vaisseau y courut ; puis s'étant avancé vers l'ouest, il ne put avoir connaissance de la Guyane.

Une année plus tard, Améric Vespuce aborda au continent d'Amérique, à 200 lieues de l'Orénoque, et parcourut toute la côte en s'avançant vers l'est ; mais ce voyage ne donna pas encore une grande connaissance de la Guyane.

En 1535, Diégo de Ordaz entreprit d'entrer dans les bouches de l'Orénoque ; ses efforts furent inutiles ; il y perdit même une partie de ses vaisseaux et de son monde.

Il y retourna cependant, et y pénétra fort avant, puisqu'il vint mouiller jusqu'à l'embouchure de la Méta, rivière considérable qui se jette dans l'Orénoque, à plus de 400 lieues de son entrée. Toutefois, ayant encore perdu ses vaisseaux et presque tous ses hommes dans des combats qu'il fut obligé de livrer aux Indiens, il fut fait prisonnier par eux.

Cependant un bruit s'était répandu parmi les Espagnols. On disait que dans l'intérieur de ces vastes pays de l'Orénoque il y avait une contrée qu'on nommait *El Dorado*, qui renfermait d'immenses richesses en or et en pierres précieuses; on disait qu'un grand lac intérieur avait ses sables mêlés de poudre d'or.

Cet El Dorado, qui n'a jamais produit qu'un conte de Voltaire, était la Guyane française, la plus constamment pauvre des colonies, et qui n'a conservé des richesses qu'on lui supposait que deux noms de montagnes : la montagne d'*Argent*, produisant d'excellent café, et celle de *Cristal*, qui n'attend que des bras pour en produire aussi.

Pizarre Gonzalez, qui avait été nommé par son frère gouverneur de Quitto, leva des troupes pour conquérir cette riche Guyane dont la réputation croissait en raison des malheurs que ses richesses avaient déjà causées pendant les premières recherches.

Parti de Quitto en décembre 1539 avec 400 Espagnols et 4,000 Indiens, il prit sa route par les Andes, traversa les les déserts qui conduisent à la province de *Los-Majos*, et fut enfin forcé d'abandonner la recherche d'*El Dorado*, puis, en voulant faire d'autres découvertes vers le nord, il se priva d'une partie de son monde et d'un brigantin, qu'il dirigea vers le sud. Gonzalez, privé de ce détachement et du navire, vit périr le reste de ses gens, et revint à Quito.

Mais un de ses lieutenants, qu'il avait envoyé au sud, descendit l'Amazone jusqu'à la mer, revint, en côtoyant la

Guyane, jusqu'à l'Orénoque, puis passa en Espagne rendre compte de ses découvertes.

Cependant Diégo Ordaz, le premier explorateur de l'Orénoque, revint d'Espagne avec des lettres de Charles Quint qui lui accordaient *la liberté* d'aller à la recherche d'*El Dorado*. Ordaz fit de grands préparatifs, qui n'eurent d'autres résultats que la fondation d'une ville qu'il nomma *Saint-Thomas de la Guyane*, sur la rive orientale de l'Orénoque, près de l'embouchure de la rivière de Coroni, et éloignée de plus de soixante lieues de l'entrée de l'Orénoque. Cette ville ne contenait qu'une centaine de maisons, mais elle fut d'un grand secours aux Espagnols; ils en tirèrent de grands avantages par la culture du tabac et la grande quantité de bestiaux qu'ils y élevèrent avec facilité. Ce succès excita l'envie des Anglais et des Hollandais; ils vinrent en différents temps attaquer cette ville, et la ruinèrent totalement en 1579.

Après quelques tentatives infructueuses faites par les Anglais, ils parurent abandonner la Guyane; mais voyant les Français, qui depuis longtemps y venaient commercer, s'y établir de plus en plus et y former des établissements considérables, leur jalousie se réveilla, et ils cherchèrent à s'y établir. Une circonstance les favorisa.

Les Français avaient fait, en 1640, un établissement à Surinam, qu'ils abandonnèrent volontairement. Les Anglais vinrent s'y établir, ainsi que sur quelques autres points, jusque sur la rivière de Maroni même.

Ces établissements, faibles et nouveaux, ne leur restèrent pas longtemps; les Hollandais saisirent l'occasion de la guerre de 1666 pour s'emparer de Surinam et des autres postes anglais.

Cependant les Français, selon une relation de 1559, avaient aussi cherché à découvrir *El Dorado*. « Ils cherchent, dit cette relation, à découvrir ces terres, où ils font de fréquents voyages pour en rapporter de l'or; mais ils n'en prennent pas la bonne route en le cherchant par la rivière des Amazones. »

Ils en rapportèrent les premiers des bois colorés, et entre autres une espèce de bois *de Brésil*. L'accueil favorable qu'ils avaient reçu des naturels du pays les engagea à y former des établissements.

En 1626, des marchands de Rouen envoyèrent une petite colonie composée de vingt-six hommes, qui choisirent les bords de la rivière de Sinnamari pour y faire leur établissement.

Deux ans plus tard, il vint une nouvelle colonie, plus considérable que la première, s'établir sur la rivière de Conamana, à six lieues à l'ouest de la première. On y bâtit un fort.

En 1634, on s'établit dans l'île de Cayenne, où l'on avait choisi la côte de Remire, qui était le quartier le plus riant et le plus fertile de l'île; on en chassa les sauvages.

Il s'était formé, quelque temps avant, une compagnie autorisée par lettres patentes de Louis XIII, pour occuper tout le pays entre l'Amazone et l'Orénoque, ce qui n'avait souffert aucune difficulté ni occasionné aucune plainte, car l'Europe savait que les Français étaient en possession de la Guyane depuis longtemps, et qu'ils y avaient commercé les premiers.

Cette compagnie fut nommée Compagnie du Nord, du

nom du cap qui forme la pointe la plus septentrionale de l'embouchure de l'Amazone.

Cette compagnie cessa d'exister en 1652.

En 1663, une compagnie dite de la France équinoxiale lui succède, et s'éteint faute de fonds.

Les Anglais, en 1667, prennent et pillent Cayenne.

Louis XIV, deux ans après, accorde la propriété des îles et des terres de la Guyane habitées par les Français à des compagnies coloniales, dans lesquelles venait de se fondre celle de 1663.

Les Hollandais, à leur tour, s'emparent de Cayenne en 1672, après s'être sourdement emparés des rivières d'Oyapock et d'Approuague, sur lesquelles ils avaient construits des forts; mais, dans le mois de décembre de la même année, le maréchal d'Estrée reprend Cayenne et les forts d'Oyapock et d'Approuague.

Les Français, redevenus maîtres de Cayenne, ne songèrent plus qu'à se bien affermir dans l'île et dans le continent; on cultiva avec plus de soin tout ce qui pouvait intéresser le commerce; on attira plusieurs vaisseaux marchands, et quantité de familles vinrent s'y établir. Les flibustiers ne contribuèrent pas peu aussi à augmenter la colonie en y apportant beaucoup d'argent.

Il n'en vint pas assez malheureusement pour la Guyane, et ces flibustiers n'en purent faire une autre Saint-Domingue; car depuis leur apparition à Cayenne, jusqu'en 1763, aucun progrès ne s'y manifeste.

A cette époque si malheureuse pour la Guyane, on fit une nouvelle tentative dont les suites funestes ont rendu le nom de Cayenne synonyme de tout ce qui, dans les contrées malsaines, en arrête ou en repousse la population.

Depuis soixante-dix-sept années, l'expérience, les écrits des hommes bien placés pour connaître la Guyane française, ont en vain protesté; la France l'avait baptisée et qualifiée, et les partis vainqueurs en y exilant leurs proscrits, les pères irrités en en menaçant leurs fils, ont tellement fortifié l'erreur calomnieuse, que la *Guyane*, si mal à propos appelée *Cayenne*, en souffre encore, et cette erreur empêche encore la France de s'enrichir d'une contrée presque aussi étendue que la France elle-même (14).

C'était après la paix de 1763 que le duc de Choiseul conçut l'idée de remplacer la perte du Canada par un grand établissement de cultivateurs européens dans la Guyane. Mais l'impéritie et l'imprévoyance dans les moyens d'exécution devaient se joindre aux préventions du temps contre un établissement colonial tenté sous la ligne par des Européens sans le secours des noirs esclaves. C'était un spectacle déplorable (dit M. Malouet, qui débutait alors dans la carrière administrative) que celui de cette multitude (*a*) d'insensés de toutes classes, qui comptaient sur une fortune rapide, et parmi lesquels, indépendamment des travailleurs paysans, on comptait des capitalistes, des jeunes gens bien élevés, des familles entières d'artisans, de bourgeois, de gentilshommes, une foule d'employés civils et militaires, enfin une troupe de *comédiens!* des *musiciens*, destinés à l'amusement de la colonie.

Le total des individus composant l'expédition s'élevait à

(*a*) Il la passait en revue avant le départ de France.

quatorze milles! Ils furent expédiés de France sans qu'au préalable les dispositions les plus ordinaires en pareilles circonstances aient été prises, et tout ce qui se pratique pour le changement de garnison du moins nombreux détachement de soldats quittant une ville pour une autre ville pourvue de tout fut négligé pour une masse hétérogène, sans discipline, qui, après une traversée longue et pénible, ne devait trouver que le désert de la Guyane, c'est-à-dire une terre couverte d'eau ou de bois impénétrables.

Car ce n'est point à Cayenne que l'expédition fut déposée; elle y aurait au moins trouvé un abri et quelques vivres; c'est sur les bords marécageux d'une rivière sans rivages libres, ou plutôt c'est dans une forêt qu'on jeta cette masse opaque d'individus dépaysés, fatigués d'une traversée pénible, comme si l'on avait voulu de leurs débris humains fumer la terre, encore vierge de culture, qu'ils devaient travailler.

« En vain, dit Raynal, le gouvernement se chargea de la subsistance pendant deux ans; c'était trop de provisions à la fois; elles devaient se gâter, soit dans le trajet, soit au terme du voyage. Le transport seul en consomma une partie et altéra le reste. Un climat chaud, un pays humide étaient un double principe de corruption pour les aliments, d'épidémie pour les hommes.

« Quatorze mille hommes furent débarqués sur des plages désertes et impraticables.

» L'île de Cayenne aurait pu servir d'entrepôt et de rafraîchissement aux nouveaux débarqués, on y aurait trouvé quelques secours; mais la fausse idée dont on a été prévenu de ne pas mêler la colonie nouvelle avec l'ancienne fit rejeter cette ressource (a). » Par suite de cet entêtement, on déposa quatorze mille victimes sur les bords du Kourou, dans une langue de sable, parmi des îlots, en partie noyés, sous un mauvais hangar. C'est là que, livrés à l'inaction, à l'ennui, à tous les désordres que produit l'oisiveté dans une population d'hommes transportés de loin sous un nouveau ciel, voués aux misères et aux maladies contagieuses qui naissent d'une semblable situation, ils virent finir leur triste destinée dans les horreurs du désespoir.

Pour qu'il ne manquât rien à cette horrible tragédie, il fallait que quinze cents hommes, échappés à la mortalité, fussent la proie de l'inondation; on les avait distribués sur des terrains où ils furent submergés au retour des pluies. Tous y périrent, sans laisser aucun germe de leur postérité ni la moindre trace de leur mémoire.

Quelques années après ce désastre et la perte de tant d'hommes, l'intendant Malouet, qui les avait passés en revue si bien portants et si joyeux d'espérance, n'en retrouva que les tombes et des souvenirs à demi effacés : on avait dépensé, pour en venir là, quatorze mille hommes et *trente millions!*

Trois ans après, on pensa à former un autre établissement sur la rivière d'Approuague. Le ministre duc de Praslin et un M. Dubuc, homme très-éclairé, en étaient les protecteurs et les agents principaux. Toutefois le gouvernement y perdit ses avances et la compagnie 800,000 fr. Quelques

---

(a) Cette idée n'est pas fausse, mais on pourrait la suivre par d'autres moyens ; nous les indiquerons.

années suffirent pour faire oublier ce nouvel échec, dû, comme toujours, aux mauvaises dispositions et au mauvais choix des terrains, les terres noyées, les seules favorables pour la grande culture, n'étant pas encore appréciées comme elles ne vont pas tarder à l'être.

En 1768, on choisit soixante-dix soldats de la garnison, robustes, accoutumés à la fatigue et acclimatés. Ils furent employés sur la rive droite de la rivière de Tonnay-Grande; on les fournit de tout ce qui était nécessaire pour commencer un établissement et de vivres pendant trois ans.

Quelques-uns de ces soldats réussirent, et se perdirent dans le petit nombre des habitants qui ne cultivent que pour leurs besoins journaliers (15).

En 1776, Cayenne redevint pour la troisième fois en douze ans le but d'une nouvelle entreprise : un baron de Besner avait électrisé toutes les têtes. Lié avec des savants, des financiers, des gens de cour, il leur distribuait ses mémoires et les intéressait à ses plans.

La première partie de ses récits était les fautes faites, les catastrophes et leurs causes, qu'il était facile d'éviter; il voulait l'emploi non plus des paysans d'Europe, mais celui des Indiens. C'étaient vingt mille nègres marrons de Surinam qui nous demandaient asile (ils se sont depuis constitués en république, et ont souvent fait des traités avec leurs anciens maîtres). Le chancelier du duc d'Orléans, un fermier général, se mirent à la tête de cette troisième expédition, pour laquelle ils demandèrent un privilége.

On voulait faire tout à la fois de grandes plantations de café, de tabac, de cacao, essayer la culture de la vigne, avoir enfin un grand établissement de bêtes à cornes.

Puis venait le plan des jésuites du Paraguay (16). Il espérait trouver au moins cent mille Indiens de l'Amazone à l'Oyapock, et comme les jésuites venaient d'être chassés de France, il les envoyait en Guyane coloniser les cent mille sauvages. Cela fait, le mouvement continuait jusqu'au Maroni. Enfin de cette nouvelle population et de l'ancienne on formait trois colonies différentes, sous un même gouverneur. Celle du milieu était consacrée au régime de l'esclavage, depuis l'Oyapock jusqu'au Mahuri ; là les anciens colons et leurs esclaves avaient de quoi s'étendre en profondeur.

Depuis la rivière de Kourou jusqu'au Maroni, limite des Hollandais, on plaçait les vingt mille nègres libres échappés de Surinam.

Les sauvages formaient la troisième.

Une carte, qui fit un effet prodigieux à Versailles, était couverte de cent cinquante villages indiens, avec l'emplacement des villes, des bourgs de la seconde partie à esclaves; puis enfin quarante villages pour les nègres marrons.

Des mots semés au hasard sur cette carte, qui devançait en effronterie nos prospectus de commandites, indiquaient les terrains propres aux épices et les lieux où l'on soupçonnait des mines d'or et de diamans.

De tout cela on tira un seul avantage, c'est l'idée de faire venir des îles du cap Vert des bestiaux d'une espèce précieuse pour les colonies, où elle multiplie très-bien.

Ainsi, en 1776, notre colonie, qui avait été manquée dès son origine, s'était encore appauvrie des hommes et des millions que la France avait mal dépensés pour l'enrichir. Elle était relativement à nos autres possessions d'alors ce qu'était l'Espagne relativement au reste de l'Europe.

Voici sa position commerciale à l'époque où nous sommes arrivés de son histoire. Et depuis la Guyane a fait si peu de progrès, que, malgré la différence du prix de l'argent entre 1776 et 1834, les chiffres de la première de ces dates pourraient, à bien peu de choses près, servir pour la seconde dans un travail actuel de statistique.

Dans le mouvement et l'échange des denrées d'Europe et de la Guyane il y avait très-peu de chances défavorables au commerce, peu de concurrence. Ce commerce avait pour base le produit des denrées de la colonie, plus le produit des dépenses des employés civils et militaires.

Sur cette masse de fonds, qui s'élevait, en 1776, à 500,000 francs environ (à présent elle n'atteint pas tout à fait ce chiffre), il n'entrait en circulation dans le commerce que les espèces envoyées d'Europe, ou les lettres de change tirées de Cayenne, soit 300,000 francs; le reste, donné, reçu, et circulant en *sous* marqués et *gros sous*, qui n'ont cours que dans la colonie, servait aux échanges intérieurs (à présent les échanges en nature suppléent à cette monnaie, qui existe encore, et dont la masse s'est accrue).

Le revenu total de la colonie montait, en 1776, de 500,000 à 700,000 francs.

Ainsi la colonie fournissait annuellement au commerce de France, en denrées et en espèces, 1,000,000 (*a*), dont la mise, distribuée sur douze ou quinze navires marchands,

---

(*a*) En 1831, les exportations se sont élevées à 1,633,294 fr.
Les importations à 1,715,100

Différence. . . . . 81,806 fr.

n'excédait pas 500,000 francs en comestibles et marchandises sèches (*a*).

Il résulte de cet aperçu que les douze ou quinze navires suffisaient à l'approvisionnement annuel; et comme il s'en trouvait rarement plus de deux ou trois ensemble, ils avaient la faculté de s'entendre sur les prix. Or les habitants ne pouvant guère payer qu'en denrées de leur cru et aux époques de leurs récoltes, il faut les attendre : première raison du retard des expéditions; de là, grande lenteur dans le peu d'affaires commerciales, dont tout le profit est pour l'armateur, et rien pour le colon, par le défaut et l'impossibilité de la concurrence; car, au moment où elle a lieu, le plus expéditif, le mieux instruit, ou le plus impatient des capitaines, lève l'ancre, et passe aux Antilles.

Nous sommes entrés dans ces anciens détails parce qu'ils sont encore exacts en général pour l'époque actuelle, et même les résultats ne sont pas au fond aussi satisfaisants qu'autrefois (17).

Sans doute la Guyane était et est encore appelée à un grand commerce, ou au moins à en fournir les éléments; mais il y a bien des conditions à remplir avant de pouvoir arriver à profiter des dons que la nature a répandus sur la Guyane française.

(*a*) De 1829 à 1834, le nombre des navires français a été le même qu'en 1776. Mais il faut ajouter que les Américains fournissent à présent à peu près toutes les farines, graisses, poisson salé et tabac, qui se consomment à Cayenne. Ils n'en emportent en échange que des pièces de 5 francs!

CHAPITRE III.

ÉTABLISSEMENTS ENTREPRIS A LA GUYANE FRANÇAISE DE 1776 A 1841. — ADMINISTRATION DE M. MALOUET.

En 1777, M. Molouet, nommé administrateur de la Guyane française, posait cette question :

« La Guyane a été jusqu'à présent une colonie mal constituée, inutile, onéreuse à l'Etat, autant que le serait à un particulier une terre dont les dépenses excèderaient les revenus.

» Or maintenant convient-il à l'Etat de changer cet ordre de choses, et de féconder par des avances les terres incultes reconnues pour être susceptibles des plus riches cultures ?

» Ou serait-il plus sensé d'abandonner cette colonie à elle-même, et de diriger ailleurs les secours de l'Etat?

» Ce parti serait sans doute plus conséquent que celui auquel on s'est arrêté depuis 1763. Mais qu'on abandonne la Guyane, et bientôt *un peuple étranger* en viendra faire un Surinam, un Démérari, et en augmentera son commerce, et par conséquent sa puissance maritime; ce qui équivaut à une diminution de la nôtre. »

Cette conséquence toute française une fois tirée, M. Malouet se mit à l'œuvre. Nous dirons ce qu'il éprouva en voyant cette Guyane, pour laquelle, jeune encore, il avait régularisé une expédition de 14,000 victimes; nous rapporterons ses vues, ses travaux et ses conquêtes, sur l'industrie d'une colonie voisine, abandonnée deux fois par la France (*a*).

Nous ne saurions trop répéter, avant de commencer cette nouvelle série de fautes et de malheurs (parmi lesquels se trouvent d'honorables travaux et des améliorations qui méritaient plus de fortune), que les lieux et bien d'autres choses encore ne sont point changés depuis 1777, ou au moins qu'ils le sont si peu, que nous les avons encore reconnus pendant notre long séjour à la Guyane.

D'ailleurs tout est utile à connaître quand on va où nous voulons aller, et j'ai choisi mes guides; leurs routes étaient peu frayées, pleines d'obstacles qu'ils nous signalent : voyons-les donc, et avançons.

« Lorsque j'arrivai à Cayenne, dit M. Malouet, la ville et ses habitants me parurent misérables; et quoiqu'ils eussent en abondance les nécessités de la vie, j'en conclus que ce sont les vivres du pays et cette facilité de subsistance par la chasse et la pêche qui les rendent pauvres, en perpétuant parmi eux les habitudes de leurs ancêtres. Je trouvai cependant quelques colons actifs et éclairés, et un habile ingénieur qui avait parcouru le continent; je vis des hommes qui avaient pénétré à de grandes distances dans l'intérieur, qui

(*a*) Surinam, abandonné par les Français, pris en temps de guerre, et rendu à la paix qui suivit.

avaient vécu avec les Indiens, et qui m'apprirent que dans une étendue de plus de *cent cinquante* lieues il ne s'en rencontrait pas *dix mille*.

» Tout me paraissait mort dans cette contrée; les habitants, prévenus contre toute tentative qu'on voudrait faire sur le sol, ne voyaient rien de mieux que ce qu'ils faisaient, pourvu qu'il plût au roi de leur avancer des nègres et de l'argent : c'était à cela que se bornait tous leurs vœux. Ces habitants se fournissaient dans les magasins de l'État de tout ce qui leur manquait, il ne leur en coûtait que la peine de se faire inscrire : mes projets les effrayèrent.

» Je fis un voyage dans tous les postes et dans toutes les grandes rivières de la Guyane. C'est dans cette tournée que j'ai conçu comment une imagination vive, émue par un grand spectacle, peut s'élancer au delà d'une réalité, déjà composée de prodiges. Je parcourus toute la côte du nord au sud, et je remontai les rivières d'Oyapock, d'Approugue, de Kaw, de Mahuri, de Kourou, de Sinnamari, visitant les postes, les habitations, les villages des Indiens. Je laissai ma goëlette à l'embouchure des rivières, que je remontais dans des pirogues indiennes, armées de seize rameurs, et je traversai à cheval les parties de forêts et de savanes que je voulais visiter. J'ai vu tous les habitants chez eux; j'ai parcouru plusieurs montagnes, des terres basses, des terres hautes; et je suis à même de baser mes opinions et de voir si les entreprises actuelles peuvent relever ou retarder indéfiniment l'accroissement de la colonie.

» En attendant je ne saurais trop me hâter de dire que cette colonie est aussi pauvre, aussi misérable, qu'aucun lieu du monde. J'ai trouvé à Oyapock un habitant mourant exactement de faim dans sa chaumière, *éloignée de sept lieues* de toute habitation; j'en ai vu plusieurs à Approuague ne vivant que de racines (*a*), n'ayant ni pain, ni vin, obstrués, languissants sur leurs grabats. Tel est le sort de la plupart des petits habitants qu'on a distribués sur les rivières, sans nègres, avec leurs familles seulement, qui se détruisent et disparaissent successivement.

» Les plus robustes, les plus industrieux ont échappé. Et j'ai vu, entre Sinnamari et Kourou, quelques hommes dont le travail et les succès m'ont étonné (*b*). Un nommé Gervais, ancien soldat, cultive seul sept arpents de terre plantés en vivres, en coton. Cet homme a, par son travail, l'existence d'un très-riche paysan de France; il est propriétaire d'un grand troupeau, et est aujourd'hui en état d'acheter des nègres. Il y en a peut-être une vingtaine d'habitants de cette espèce, dans la colonie.

» Les habitants de la première classe sont en général malaisés; je n'en excepte qu'une douzaine, parmi lesquels j'ai vu des hommes laborieux et intelligents, travaillant

---

(*a*) Que tous ces faméliques *aient été réunis* sur le point le moins fertile de la colonie, et ils y auraient trouvé le nécessaire et le superflu dans un travail en commun.

(*b*) En vérité, nous ne savons pourquoi!... L'homme robuste, industrieux, mais surtout travailleur, réussit partout où il y a un peu de terre, bonne ou mauvaise. Cependant s'il est isolé il lui faudra de plus une grande force de caractère pour employer ces facultés-là. Un grand enseignement pour l'avenir résulte de ceci : c'est qu'il ne faut commencer à la Guyane qu'avec des hommes *forts et industrieux*; ils doivent avoir *peu de famille;* et on doit, au lieu de les *distribuer*, les agglomérer sur un point, pour que les *industrieux* induisent à le devenir ceux qui ne le sont pas encore.

tous de mauvaises terres. La plupart des autres sont endettés, travaillant et vivant mal; un de ceux-là m'a étonné : cet homme a gagné 100,000 écus à Saint-Domingue; et il est venu les fondre ici sur une *détestable terre*. Je l'ai touvé nu, travaillant avec ses nègres, et n'ayant dans sa maison ni meubles ni provisions (*a*). »

Après ces visites des quartiers, M. Malouet posa une série de questions aux principaux habitants réunis en assemblée; elles furent, selon nous, fort imparfaitement résolues : les colons, craignant pour leurs habitudes invétérées d'isolement et pour leur amour-propre, tournèrent ces questions au lieu de les aborder franchement. M. Malouet reçut leur réponse; il les assembla, et leur tint le discours qui va suivre.

Cette allocution est importante, en ce qu'elle indique le sujet de chaque question, la réponse de l'assemblée, tout en renfermant des principes qui ont un rapport essentiel avec le but de notre travail.

(*a*) Si cet habitant de Saint-Domingue avait judicieusement employé ses cent mille écus à creuser des canaux dans une savane noyée, sa destinée eût été bien différente à cette époque. Mais on voit en toute occasion la première faute se reproduire. On se fait un épouvantail des eaux stagnantes qui couvrent et fument de bonnes terres, quand les canaux nécessaires à leur desséchement peuvent être faits en une année avec les forces perdues, dans un mauvais terrain, pendant trois ans!

Partout, mais surtout aux colonies, on veut jouir vite; là est tout le mal.

Discours de M. Malouet aux principaux colons de la Guyane réunis en assemblée (1777).

.... « Qu'il soit constaté, selon vous, qu'un projet d'établir et de multiplier des laboureurs blancs dans la zone torride est un attentat contre l'humanité (l'humanité blanche, sans doute), je m'en étonne; mais je laisse cette question pour le moment.

» Mais, quoi! il est question d'entreprises, on examine, on vous consulte; on veut savoir si en *vous unissant* vous en serez plus forts; et vous croyez au monopole? Vous avez très-bien démontré la raison de la dispersion et de la distance de vos habitations; mais nous n'en sommes pas moins persuadé que c'est un vice inhérent de votre *isolement* qui doit être sinon détruit, au moins modifié (*a*).

» L'exportation des bois, des vivres et des animaux de

(*a*) Voici la réponse des colons à la question de M. Malouet sur le système de l'isolement: « Si les terres basses à cultiver étaient toutes réunies et ne formaient qu'une seule plage comme à Surinam (Surinam a été établi sur une plaine de boue de 20 lieues de surface; Cayenne en a une de 50 lieues au moins, qui est placée dans des conditions bien meilleures, on le verra plus tard), il ne faudrait pas un long examen pour prouver qu'il serait *avantageux* que toutes les habitations fussent contiguës : *telles sont les terres basses depuis Mahuri jusqu'au Kaw*, et il est bien certain que les habitants se détermineraient à les cultiver si on leur en donnait la facilité. »

cette colonie dans les autres est l'aspect sous lequel la Guyane intéresse le plus la métropole. Vous ne paraissez pas y prendre le même intérêt; vous y trouvez de grandes difficultés; il peut y en avoir sur l'article des bois; mais nous ne négligerons rien pour les connaître et les vaincre.

» Quant aux vivres et aux animaux, nous sommes fermement persuadé que le désir que vous montrez de vous livrer aux grandes cultures vous égare. Dans les terres actuellement cultivées nous en connaissons fort peu qui soient susceptibles d'un grand succès en cette partie; et quoique vous ayez tous le même objet en vue (les grandes cultures) vous êtes presque tous convenus que vos terres hautes ne produisaient qu'un ou deux rejetons de cannes, fort peu de café; que le coton et les rocous périssaient ordinairement à 5 ou 7 ans. »

Ici M. Malouet, pour démontrer la légèreté des colons qui désirent entreprendre de grandes cultures avec des terres dont le *mucus* est enlevé par les grandes pluies, leur demande où ils comptent trouver des engrais, etc. Il n'aurait pas fait cette question après son voyage à Surinam.

En effet les terres basses noyées, une fois desséchées, ne perdent pas leur mucus par suite des pluies; le contraire arrive quand le niveau des terres leur permet d'y séjourner jusqu'à leur absorption. Mais cependant, quand il en arrive autrement, les Hollandais font une tranchée dans une de leurs digues, noient la terre, et ne la dessèchent de ses eaux fertilisantes qu'après cinq ou huit ans. Cette terre alors est fumée pour un demi-siècle au moins. Nous laissons parler M. Malouet : « Nous croyons donc que les ménageries, les vivres et peut-être les bois, sont les ressources de la Guyane indiquées par la nature et par l'intérêt politique de l'Etat. Vous demandez pour vos grains, vos animaux, la certitude d'un débouché, et vous voyez toutes nos possessions sous le joug de l'étranger pour les besoins de première nécessité? (à présent (*a*), 1840, plus que jamais) Quoi! vous faites des vivres, vous avez des animaux à peine pour votre consommation; nulle industrie n'a encore simplifié l'extraction de vos bois, et vous êtes étonnés de ne pas avoir d'acheteurs, un cabotage établi!

» Commencez par ouvrir un marché, par le garnir de votre superflu, devenu nécessaire à vos compatriotes, et vous verrez arriver les consommateurs.

» Vous demandez des débouchés, et la préférence de 7,000,000 à 8,000,000 vous est offerte! vous demandez des débouchés et nous vous avons assuré, au nom du roi, d'acheter tout ce qui serait invendu dans vos magasins!

» Mais, dites-vous, vous n'avez ni machines, ni artistes, ni ouvriers; cela est juste. Commencez donc par user de vos moyens propres, et ils s'accroîtront successivement, indépendamment des secours efficaces que le gouvernement vous prépare si vous adoptez ses vues. Messieurs, nous vous l'avons dit, nous vous le répétons avec émotion, cet instant-ci perdu ne reviendra plus. Si vos oreilles se ferment, elles s'ouvriront un jour aux paroles sages que nous vous adressons. »

Nous nous bornons dans ce chapitre à citer ces premières mesures de M. Malouet dans son nouveau poste; le reste de

---

(*a*) Cette notice fut commencée en 1840.

ses travaux sera classé, par ordre de matières, dans les chapitres qui suivront.

Toutefois, avant de continuer la série des entreprises dont la Guyane a été l'objet, nous allons emprunter à l'intendant Malouet un document qui doit faire juger toutes les entreprises sans résultats et à encourager toutes celles qu'on peut hasarder encore.

Il s'agit du voyage de M. Malouet à Surinam, et de la comparaison qu'il en fit avec notre colonie à son retour.

Les suites de ce voyage ont eu d'importants résultats pour la Guyane française, et si la France ne les a pas multipliés et agrandis à son profit, c'est une faute; à cette heure bien des obstacles s'opposent à ce qu'elle puisse être réparée; et cependant nous sommes en paix depuis plus d'un quart de siècle! Or la guerre, qui devient imminente en raison de la vieillesse de toute paix générale, n'est pas propice aux créations coloniales; sa mission est différente.

Le voyage que M. Malouet fit dans la colonie hollandaise en 1777 avait été projeté avant son départ de France pour se rendre à Cayenne.

Un motif politique se joignait au désir secret que l'administrateur avait conçu d'étudier sur une terre semblable à la nôtre et qui n'en est séparée que par un fleuve les causes d'une grande prospérité coloniale, et d'en faire la comparaison avec notre longue et inconcevable misère.

Ce motif politique était le *marronnage* des nègres hollandais, qui a toujours été la plaie de Surinam. Il s'agissait d'empêcher le gouverneur de les rejeter par force sur notre sol.

M. Malouet partit donc de Cayenne le 10 juillet de l'année 1777; son voyage dura quarante-neuf jours. Il fut reçu à Surinam avec de grands honneurs, qui cachaient cependant une crainte secrète, celle de voir la Guyane française appréciée enfin par la France, et par suite d'avoir une population nombreuse, riche et puissante pour voisine.

Nous n'extrairons de ce voyage que les faits qui peuvent établir et appuyer cette proposition : La Guyane française possède tous les éléments de prospérité qui ont été employés avec tant de succès par les Hollandais à Surinam, malgré leurs nègres marrons, le contre-coup des factions qui divisaient leur gouvernement en Europe, et des obstacles de localités (inconnus chez nous) qu'ils ne sont parvenus à vaincre qu'à force d'or et de persévérance (*a*).

« Les républiques anciennes et modernes ont presque toujours établi dans leurs colonies une autorité plus imposante, un gouvernement plus actif que n'est celui des monarques et même des despotes. Dans nos colonies françaises, on voit le plus souvent faiblesse, inertie ou vexations momentanées; les administrateurs ont parfois des fantaisies, des volontés, et alors ils les exécutent. Les tribunaux cèdent aux intérêts, aux considérations personnelles, et le gouvernement est sans vigueur, parce que les lois et les principes ne sont jamais réputés que causes secondes.

» Chez les Portugais et les Espagnols c'est bien pire, et l'audience royale, composée de trois personnes, sont les véritables propriétaires de la colonie, et on leur sait gré de leur modération quand ils ne font que partager les bénéfices du commerce.

(*a*) Tout ce qui suit est copié mot à mot dans l'ouvrage de M. Malouet, homme très-monarchique, et qui devint ministre sous la restauration.

» De cette observation je conclus que les républiques les plus sensées adoptant dans leur gouvernement colonial les formes et l'activité monarchiques, les rois auraient un grand avantage à adopter aussi les principes par lesquels se conduisent les républiques, et ces principes sont que les lois commandent à tous et font la sûreté de tous.

» Telle est la constitution du gouvernement de Surinam : la liberté civile, le droit commun et les droits des particuliers y sont en sûreté. L'administration est sans entraves, et son action n'est traversée par aucun obstacle. Un seul magistrat supérieur, sous la dénomination de gouverneur, exerce l'autorité publique, et comme il est pourvu de toute la force nécessaire pour faire le bien et réprimer les abus, il en est le seul responsable (a).

» Le souverain lui a donné un conseil de police ou d'administration dont les membres, au nombre de douze, sont élus par la colonie.

» Dans une de nos courses, le gendre du gouverneur qui nous accompagnait reçoit l'ordre de fournir vingt nègres à la corvée ; il répond au porteur que c'est une méprise : j'ai fait ma tâche la semaine dernière, lui dit-il. Et cela était vrai. Il reçoit pour réplique une condamnation à cent pistoles d'amende. Le gouverneur, son beau-père, était présent, il ne s'avisa pas d'annuler ou de suspendre cette condamnation injuste; mais son gendre envoya aussitôt

---

(a) L'homme qui remplissait cette place éminente lors du voyage de M. Malouet était un Français; on peut voir sa biographie, avec l'histoire du marronnage hollandais, qu'il a su contenir (18).

son argent, et attendit à se pourvoir au prochain conseil. » (Cet ordre-là est admirable! Qu'en serait-il arrivé chez nous?... Nous supprimons le *parallèle* des deux manières d'entendre la justice dans les deux pays, et nous passons à celui que M. Malouet fait des deux colonies et de leurs cultures.)

« Surinam et Cayenne ne peuvent être mis en parallèle que relativement au sol, car sur tout le reste il y a presque la même différence qu'entre les colons hottentots et ceux de la Touraine (*a*).

» Les deux sols, quant aux parties constitutives, aux productions qui leur sont naturelles et aux accidents des saisons, sont absolument les mêmes.

» Les terres arides de Cayenne sont celles de Surinam, jusqu'à quinze lieues de Paramaribo au moins ; même abondance de sable et d'argile, mêmes qualités et espèces d'arbres, d'herbes et d'arbustes, de quadrupèdes, oiseaux et insectes.

» Les vases des palétuviers, les terres noires et friables des pinotières, les savanes noyées, tout se ressemble dans les deux colonies, hors la distribution géométrique des plaines et des montagnes, ou, pour mieux dire, des basfonds et des hauteurs.

» L'île de Cayenne est montagneuse, mais partout entre-

(*a*) Tout cela date de quatre-vingts ans. On ne saurait trop le répéter, à présent, les contrées de la Touraine qui bordent la Loire pourraient étudier avec fruit le système de desséchement et d'endiguement suivi à la Guyane, et qui y est si bien pratiqué ; la Touraine subirait moins d'inondations.

coupée de bas-fonds susceptibles de dessèchements et de cultures.

» La terre ferme qui l'avoisine, en remontant chacune de ses rivières depuis le Mahuri jusqu'à Kaw, présente le même désordre de distribution ; mais comme on y trouve à chaque pas des terres basses permanentes, c'est un grand avantage que la proximité de ces terres hautes, en ce qu'elles procurent la ressource *des bois, des vivres* et de *l'eau douce*, et qu'on peut s'y établir *sans frais* en cultivant les terres basses, au lieu que les Hollandais sont obligés de se loger dans leurs marais, d'y creuser des citernes voûtées en briques, d'aller chercher fort loin les bois et les pierres de construction, et d'attendre pendant *deux* ou *trois ans* que leurs vases soient dessalées, avant même de pouvoir récolter des vivres.

» Depuis la rivière de Kaw jusqu'à l'Oyapock, on rencontre plus communément de grandes plaines de *pinotières* et de palétuviers ; les montagnes s'éloignent jusqu'à trois, quatre et cinq lieues dans les terres, et *c'est là qu'on pourrait fonder une colonie contiguë* et aussi considérable que celle de Surinam, en conservant toujours l'avantage de la proximité des bois, des vivres, des eaux douces et d'un climat plus tempéré que les Hollandais n'ont dans aucune de leurs rivières, car leurs plantations sont circonscrites dans un marais de quinze lieues carrées.

» Ainsi la marée y remonte sans difficulté jusqu'à cette distance et au delà, ce qui n'arrive pas chez nous, où elle n'est très-sensible qu'à huit ou dix lieues, à cause de la plus grande élévation des terres.

» La rivière de Surinam présente absolument le même aspect que celle d'*Approuague*. La branche de *Corouaï* y figure celle de *Comwisme*, et dans cette rivière de *Corouaï* on trouve une seule plaine de pinotières qui a plus de *quatre lieues carrées*. Ce n'est donc pas une question que l'emploi utile et le desséchement possible des terres basses de la Guyane française; nous pouvons y travailler avec moins de frais et de magnificence et avec plus de ressources locales que n'en ont eu les Hollandais. Mais si, après avoir comparé le sol, on en vient à l'examen respectif des hommes, c'est alors qu'on est rebuté et arrêté par la différence qui existe entre les habitants.

» Pauvres ignorants, satisfaits de leurs manières d'être, enivrés de leurs préjugés, de leurs pratiques, ils s'irritent des secousses que l'on voudrait donner à leur apathie.

» Il ne faut donc pas compter sur la génération actuelle (1777); mais en présentant d'autres vues, d'autres moyens à celle qui suit, en mettant sous les yeux des mouvements et des ressorts plus actifs, des exemples et des leçons, elle en profitera *peut-être* (*a*). »

Ceci, il faut s'empresser de le dire, a été écrit à Surinam en 1777.

Beaucoup d'améliorations ont été apportées dans la culture des terres basses depuis cette époque, et les moyens employés par les Hollandais ont été suivis chez nous, et même perfectionnés. Mais la pénurie des moyens, le découragement qui en est résulté, ainsi que d'autres causes, déjà dites ou qu'on fera connaître, peuvent servir d'excuse

(*a*) Elle en a profité; le système hollandais a été perfectionné par les colons de la Guyane française, les capitaux ont seuls manqué, dans le temps où les denrées coloniales pouvaient encore les faire fructifier.

à la génération adjurée par M. Malouet, si elle n'a pas généralisé les succès individuels obtenus depuis soixante-cinq ans.

Nous revenons à Surinam.

« Un colon des Antilles ou un fermier de Normandie peuvent s'enrichir sur un sol fertile, sans être tenus à d'autres travaux qu'à ceux du labourage ; mais les colons de Surinam sont parvenus à renouveler le miracle de la création, à diviser les éléments confondus, à séparer une terre limoneuse de l'eau qui la tient presqu'en dissolution, à élever sur un marais boueux des bâtiments immenses, et à les asseoir sur des bases solides : travaux énormes ajoutés à ceux de la culture ! Ce n'est pas tout ; ils ont dû calculer dans leurs premiers essais quel serait l'effet de cette abondance de nitre, de bitume dont les eaux salées imprègnent les terres qu'elles arrosent ; comment ils pourraient les dissoudre et ne conserver à leur nouveau sol que la quantité de sels nécessaire à la végétation. Ainsi la compagnie propriétaire qui a fait la première entreprise avait nécessairement, par elle-même ou par ses agents, toutes les connaissances qu'exige un plan combiné profondément.

» Aussi ce n'est pas à des particuliers vagabonds et ignorants qu'elle a confié le sort et l'espoir d'une colonie naissante. Des ingénieurs agricoles se sont emparés du terrain, l'ont mesuré, ont déterminé le niveau des terres et des marées, et ont *circonscrit l'espace* dans lequel il était utile de former des établissements.

» Ils ont ensuite donné un *plan* et des *modèles* de dessèchements, en écluses, fossés et fondations de bâtiments.

» Cette instruction principale a été le premier don et la première loi *imposée* à chaque entrepreneur qui s'est présenté : Conformez-vous au plan et travaillez, était la formule d'installation du concessionnaire. On joignait à cela l'avance de quatre, six ou dix nègres, suivant le plus ou le moins de talent du nouveau venu, et la confiance qu'il inspirait. Tels furent les commencements de Surinam (19).

» Bien que les montagnes en soient à près de quinze lieues, et qu'en y abordant ils n'aient dû y voir qu'une plage immense couverte d'eau et de bois pendant la marée, et de boue pendant le *jusant*, c'est là, c'est dans ce premier instant, quand on s'y reporte en idée, qu'on admire, qu'on est épouvanté du courage, de l'industrie, de l'audace de ces Européens barbotant dans la boue, et se disant : *Faisons ici une colonie, desséchons ce bourbier sans limites visibles.*

» Lorsque de cette parole il résulte, en moins d'un siècle, quatre cents grandes habitations contiguës et une foule d'autres secondaires, travaillées sur le même plan, présentant le même ensemble d'ordre, de vues et de moyens ; lorsqu'enfin on se voit sur une de ces habitations particulières nouvellement sorties de dessous l'eau ; parcourant des jardins aussi vastes, aussi bien dessinés que les Tuileries ; des terrasses aussi bien nivelées que celles de Bellevue ; des canaux de 60 pieds de large sur 12,000 de long (car tels sont les canaux pour les moulins à marée, dans chaque sucrerie), on ne peut se défendre d'une impression profonde d'admiration, et qui se répète vivement chaque fois qu'on se le rappelle. »

Après cet aperçu d'un établissement particulier, nous allons citer deux ouvrages entrepris par la colonie. Le premier appelé le *Cordon*, destiné à se garantir des nègres marrons qui, déjà constitués en république, pillaient et brûlaient leurs anciens maîtres, était une ligne fortifiée tracée sur des terrains noyés, sur des rochers couverts de forêts vierges, et coupant des rivières et d'innombrables cours d'eau secondaires. Le second ouvrage, terminé en huit jours, n'avait d'autre but que de calmer la crainte, assez légèrement manifestée par Mme Malouet, de passer sur un point de la côte surveillé de fort loin par un brick ennemi (anglais), dont il n'y avait réellement rien à craindre, à raison des vases que le brick devait craindre, et que la goëlette armée qui devait ramener M. et Mme Malouet à Cayenne pouvait traverser sans danger. Toutefois, malgré cette circonstance et toutes les bonnes raisons données par M. Malouet, le galant gouverneur fit son desséchement de complaisance. On pourra comparer cet immense travail, achevé en quelques jours, avec la simple exploration d'une localité de Cayenne, absolument identique à celle où le gouverneur hollandais fit sa chaussée de luxe (20).

Voici quelques détails sur le cordon de défense : « Je visitai ce cordon (1777), dit M. Malouet, dans une de ses extrémités, et je le parcourus quinze jours après dans une autre partie et dans un espace de cinq lieues. C'est un ouvrage admirable, quant à l'exécution et aux difficultés vaincues. Il est inconcevable pour un Français que 300 nègres aient pu faire en dix mois ce que j'ai vu.

» On a tracé une ligne à travers les bois, les marécages, les terres noyées, les hauteurs, les bas-fonds, dont l'ouverture est de soixante pieds de large, et la longueur d'une extrémité à l'autre de *vingt-deux lieues*. Il y en a sept de travaillées ; et ce travail consiste à faire de cette ligne, large de soixante-six pieds, une superbe avenue ; les marais sont comblés, les hauteurs réduites à un niveau donné, les ravines contenues par des chaussées ; des ponts solides y sont établis ; un fossé et une haie du côté de la forêt vierge sont le premier obstacle opposé au passage de l'ennemi ; et des postes, distribués à un quart de lieue de distance, se correspondent par des signaux, par des patrouilles.

» Ce cordon traverse *trois rivières*; et des pataches ou chaloupes armées, en représentent la continuation sur ces rivières. Les postes des officiers, des sergents, sont exécutés avec une intelligence et une recherche que nous ne connaissons pas. Rien de ce qui peut contribuer à la salubrité et à la commodité n'y est oublié; on a soin d'y planter des arbres fruitiers et des légumes : l'enceinte est en fortes palissades de bois dur et peint.

» Dans les chefs-lieux ou divisions, on trouve les ressources, les agréments de la campagne; et tout cela est créé, s'exécute avec une rapidité étonnante; *un seul ingénieur* dirige les travaux; il est secondé par des officiers et sergents intelligents. Une corvée publique fournit les manœuvres, et la journée de chaque esclave est payée trente sols au maître par la colonie.

» Un seul entrepreneur est chargé de toutes les constructions; et la dépense totale est calculée fort exactement, d'après les marchés et prix faits sur chaque article.

» Ce cordon, tel qu'il s'exécute aujourd'hui (1777), laisse un quart des établissements hollandais à découvert; car il ne comprend encore que *quatorze lieues*, et n'exige que douze cents hommes pour le garder; mais on doit le pousser de la rivière de Surinam à celle de Saramaca. J'ai parcouru à pied la chaussée, pratiquée dans un marais, de *Perica* à *Cottica* : C'est une *réponse sans réplique aux difficultés exagérées dont nous aimons* à colorer notre paresse. »

Et cet ouvrage colossal fait si près de nous, depuis soixante-cinq ans, ne nous a pas incités à en tenter un semblable pour servir de communication entre nos établissements perdus dans l'espace? Cependant un tel viaduc qui tracerait, bornerait enfin les frontières des terres à cultiver par des limites raisonnables, visibles pour ainsi dire, n'eût-il que l'avantage de faire cesser le découragement du *troad-mill* actuel et l'isolement, qui tue de langueur, serait un immense bienfait pour la Guyane! C'est une large voie qui conduirait à sa prospérité!

Quand on peut embrasser du regard la tâche à remplir, et qu'une *société nouvelle* la commence en commun, elle s'accomplit.

Car les hommes qui se regardent au labeur s'inspirent le travail, comme à la guerre ils s'inspirent le courage.

. . . .

En 1777, le revenu total de la colonie de Surinam était déjà de *vingt-quatre millions*, l'intérêt de la dette nationale en absorbait *cinq;* les frais d'exploitation, *deux;* les accidents extraordinaires, *un;* les impôts, *trois;* les créanciers commissionnaires d'Europe, *cinq;* il en restait *huit* pour la subsistance des colons et la liquidation de leurs terres.

Toutes les habitations de Surinam étaient *contiguës*, et elles n'étaient séparées l'une de l'autre que par une digue. Cette disposition d'un grand nombre d'habitations établies dans des marécages, sur les bords d'une grande rivière, et sur ceux de ses branches, présente d'abord à l'esprit une difficulté : on demande, 1° ce que deviennent les eaux pluviales qui doivent s'amasser en très-grande quantité derrière ces habitations, toutes entourées de digues; 2° pourquoi on n'a pas fait entre ces habitations, ou tout au moins entre quelques-unes, des canaux d'écoulement destinés à donner passage aux eaux intérieures. Voici les réponses : les eaux s'amassent, il est vrai, en grande quantité derrière les habitations; mais comme le pays est presque de niveau, ces eaux sont sans mouvement; et comme elles n'ont pas de vitesse, elles n'agissent qu'avec une force assez médiocre contre les digues construites sur le derrière des habitations. Si les eaux par leur augmentation menacent de passer par-dessus les digues, alors le propriétaire qui craint cet accident fait une coupure à sa digue, introduit l'eau des marécages dans ses fossés d'écoulement, et leur ouvre l'écluse par laquelle elle sort. On referme la coupure que l'on a faite à la digue, et tout est rétabli. Une méthode encore meilleure est d'avoir pour cet usage, dans la digue de derrière, un coffre que l'on ouvre et que l'on ferme à volonté.

Si l'on avait pratiqué entre quelques habitations des canaux d'écoulement immédiatement destinés à l'usage ci-dessus, il en aurait coûté un peu de terrain pour les former; de plus leur construction et leur entretien auraient naturellement été aux frais des habitants voisins : au lieu qu'en faisant passer l'eau par les canaux déjà faits, et entretenus par nécessité, il n'en coûte presque rien pour se débarrasser de ces eaux extérieures.

L'observateur français, en quittant Surinam, dit qu'il n'a rien vu dans les colonies françaises et anglaises qui approchât de la beauté et de la propreté des plantages, non plus que de la magnificence des bâtiments qui sont dessus; toutes ces terres, le long des rivières, étaient inondées et couvertes de quatre à cinq pieds d'eau à chaque marée; avec des écluses et beaucoup de fossés les Hollandais sont parvenus à les sécher, et c'est à présent qu'ils font leurs plus gros revenus. Les planteurs de Surinam ont de grandes facilités pour faire les entreprises de culture; ils trouvent autant qu'ils veulent de crédit à Amsterdam, à 6 pour cent. Cette colonie fait en ce moment, 1768, quatorze millions de livres de café, vingt six mille barriques de sucre, etc. Il y a environ soixante-dix vaisseaux d'Europe employés au transport de ces denrées. La colonie est composée d'environ soixante-dix mille esclaves, quatre mille blancs, dont une grande partie sont des juifs (21). Outre cette colonie les Hollandais possèdent encore Berbice, Démérari (*a*).

Voilà la Guyane hollandaise à ses premiers pas ; que doit-elle être à présent !

Dès l'année 1796, on lit dans une relation de la Guyane hollandaise cette description de Paramaribo : « Cette ville est très-populeuse ; on voit dans toutes ses rues une foule de planteurs, de matelots, de soldats, de juifs, d'Indiens et de nègres. La rivière est constamment couverte de canots et de barges, qui passent et repassent comme les bateaux sur la Tamise, et portent souvent des troupes de musiciens. Les vaisseaux en rade sont nombreux. Les vêtements et les carrosses des principaux habitants sont vraiment magnifiques : les étoffes de soie brodées, les velours, les galons d'or et d'argent, les diamants brillent tous les jours ; et même les patrons de vaisseaux marchands paraissent avec des boucles et des boutons d'or massif.

» Les tables ne sont pas moins somptueuses ; on y sert les mets les plus chers dans de la vaisselle plate, ou des vases de porcelaine.

» On trouve en quantité, à Paramaribo, de la viande de boucherie, de la volaille de toute espèce, du gibier, du poisson. Les légumes y sont aussi très-abondants.

(*a*) Ces deux colonies appartiennent à l'Angleterre.

» La population de la ville, à cette époque, était de cinq à six mille blancs, sans compter la garnison; les esclaves étaient, selon le même auteur, au nombre de soixante-quinze mille (22) ».

A peu près dans le même temps, un administrateur écrivait ce qui suit sur la capitale de la Guyane française.

« Je suis débarqué ici le 15, après avoir fait une station dans un horrible pays (les îles du cap Vert, alors fort malheureuses), et cependant la ville de Cayenne ne m'a pas paru jolie; son entrée est repoussante. C'est un village mal dessiné que l'on est étonné de trouver fortifié et resserré dans un très-petit espace, où de petites maisons de bois entassées sans ordre bordent des rues fort étroites.

» En passant sous la porte de la ville (*a*) qui n'a pas six pieds de hauteur, j'ai cru entrer dans une prison. Ce premier aspect attriste un étranger, qui ne devine pas comment un petit nombre d'hommes, maîtres d'un grand terrain, ont pu volontairement s'enfermer dans un coin, et arrêter par des remparts, qui ne sont bons à rien, la circulation de l'air dans un pays brûlant et marécageux.

» Vous ne serez pas étonné que je vous rende aussi franchement les premières sensations que j'éprouve : vous me l'avez ordonné, et je vous dirai tout. Cette position de Cayenne, l'air misérable de tout ce que je vois en passant, la fatigue que je venais d'éprouver n'ont pas égayé mon arrivée. » (Malouet, 1777.)

(*a*) Les portes et les murs de la ville sont abattus depuis longtemps. Cayenne a été embellie et agrandie ; les nouveaux quartiers ne demandent que des habitants ; elle est bien tracée et bien encadrée, surtout.

Voilà l'ancien parallèle des Guyanes hollandaise et française : de grandes améliorations ont été faites sans doute dans les deux colonies depuis ces diverses époques ; mais, dans la comparaison que l'on pourrait faire aujourd'hui des deux pays, il se pourrait qu'une énorme différence relative existât encore dans leur prospérité.

Quoi qu'il en soit, cette comparaison, dont les résultats nous sont si défavorables, n'a point été faite pour blâmer le passé ni le présent de l'administration coloniale française ; mais notre but a été de l'encourager à faire un jour une nouvelle Surinam dans notre Guyane : car elle a d'abord tous les éléments qui ont servi à élever la première, et de plus elle en possède encore d'autres qui manquent absolument à la Guyane hollandaise.

Quant à M. Malouet, en revoyant Cayenne, après les merveilles de Surinam, il trouve sa capitale administrative encore plus pauvre qu'il l'avait laissée, et il la salue en écrivant plus que jamais :

« Que l'établissement le plus absurde et le plus onéreux à l'État est celui de la Guyane française. On y a prostitué l'argent, la terre et les hommes ; on y a méconnu leur emploi.

» Toutes les compagnies qui s'y sont établies depuis cent ans ont fait les mêmes fautes ; depuis celle de Brétigni jusqu'à celle de l'*Oyapock* (1777) tous les projets exécutés, excepté celui de l'introduction des bestiaux, ont eu le même caractère de déraison ; et tous les administrateurs n'ont pas eu autant de bonne foi et de courage que moi. Aucunes bonnes terres, continue-t-il, n'ont été cultivées jusqu'à présent, parce qu'on n'a pas voulu se livrer aux travaux nécessaires pour s'emparer d'un bon sol.

» On s'est *établi partout*, sur le bord de la mer et des rivières; et comme il eût fallu des canaux, des chemins, pour pénétrer plus avant dans les terres, on s'en est dispensé.

» Quant aux terres basses, qui bornent la mer et les rivières, quelques habitants ont essayé de s'y établir : le défaut de lumières et d'expérience ont éloigné les succès; l'un a fait ses levées trop près du rivage, et les a vu détruire par l'effort des grandes marées; deux autres sont parvenus au dessèchement; mais au lieu de laisser fondre par les eaux douces les sels marins dont ces terres sont imprégnées, ils ont planté précipitamment, et les premières récoltes ont manqué; malgré les fautes reconnues cependant ils ont, dans un plus petit espace, plus de revenus réels et plus d'espérances que les plus grands propriétaires en terres hautes. »

M. Malouet, las des tracasseries que lui causaient son coadministrateur militaire, les habitants récalcitrants au système hollandais, la compagnie de l'Oyapock, qui déjà se mourait de fautes et de friponneries, mais surtout du peu de secours efficaces que lui donnait la métropole, M. Malouet, disons-nous, quitta la Guyane, mais en lui laissant l'ingénieur qu'il avait enlevé à la colonie de Surinam, des commencements de travaux modèles, et ces mots qui terminaient ses adieux officiels :

... « Avant de proposer nos opinions, nous avons appelé la colonie entière à les examiner; les erreurs les plus chéries, les pratiques les plus invétérées ont été par nous discutées, combattues, sans réplique.

» Nous avons rempli notre tâche, l'exécution ne dépend pas de nous; mais nous nous déclarons aussi inutiles à l'Etat qu'à la Guyane, puisqu'on nous rend commune l'inertie qui lui est propre (a). »

Nous poursuivons l'historique très-succinct des établissements qui suivirent celui de l'Oyapock, mort de langueur quelque temps après le retour de M. Malouet en Europe.

(a) Cette inertie était parisienne et non créole. Que la métropole exécute un canal de desséchement réunissant deux rivières, soit le Mahuri et le Kaw, et bientôt des habitations s'y établiront. En cela, l'Etat aura fait une route royale n° 1, qui coûterait moins qu'une route pavée.

CHAPITRE IV.

SUITE DES ENTREPRISES JUSQU'A CELLE DE MANA.

Les fautes et les désordres qui ont caractérisé les projets qu'on avait faits pour la Guyane, jusqu'à l'administration de M. Malouet, étaient des enseignements qui devaient servir aux projets futurs.

Un seul cependant semble avoir obtenu quelque influence sur les projets à venir, c'est celui qu'a laissé la malheureuse expédition de 1763; ses quatorze mille victimes de tout âge, de tout pays et de tous les états ont convaincu qu'on ne peut guère fonder une colonie de consommateurs, sans qu'au préalable on n'en ait fait une de cultivateurs, dans un pays comme la Guyane française surtout (23).

Les projets depuis 1777 paraissent donc s'être bornés à faire cultiver les terres de la Guyane par des Européens, ou à en faire exploiter les bois pour le service de la marine royale.

Tous ces établissements n'ont point réussi.

Outre les causes particulières inhérentes à notre caractère national, aux malheureux antécédents de notre colonie, au défaut de vues, de combinaisons, nous pensons que la cause, ou plutôt la faute dominante est de n'avoir pas commencé par entreprendre un grand ouvrage d'utilité générale qui pût servir tout à la fois à centraliser les forces sur un seul point, et à y entreprendre un grand établissement agricole dont l'ensemble, *visible à tous les yeux*, pût servir de modèle.

Cet ouvrage, en outre, aurait donné des moyens de communications pour rapprocher les anciens colons des nouveaux, et pour pénétrer dans les parties de la Guyane française qui, depuis deux siècles, attendent encore leur Christophe Colomb.

Ceci donné, il ne restera plus aux entreprises particulières qu'à se bien pénétrer de ces vieilles maximes : c'est qu'une entreprise de commerce et de culture n'est pas un fait positif et absolu ; c'est un résultat de faits préexistants, dont la certitude, l'ensemble et les détails doivent être parfaitement saisis par le fondateur. Ainsi il ne suffit pas d'avoir une grande concession de terres et le choix du meilleur sol ; de se dire, Nous le cultiverons avec succès, et notre commerce et notre culture se soutiendront et s'accroîtront réciproquement.

Mais il faut vérifier et calculer les produits annuels et la concurrence des acheteurs étrangers à la colonie ; car il n'y aura pas de commerce intérieur à faire dans la Guyane française tant que le *nombre des habitants* ne forcera pas à diviser la culture de façon à favoriser les échanges.

Ces maximes ont été peu suivies par les auteurs des projets qui suivent ; leurs résultats le prouvent, et doivent nous rendre attentifs et prévoyants.

En 1782, on fit un nouvel essai de colonisation militaire ; on choisit trente soldats congédiés qu'on munit d'outils, d'instruments d'agriculture, de quelques bestiaux et de vivres pour un certain temps.

Mais ces hommes n'avaient point de femmes, et il était à craindre que, au mépris de l'ordre et de la tranquillité du pays, ils n'allassent débaucher des femmes indiennes, des négresses, ou autres, et qu'il ne s'ensuivît des querelles entre eux et avec le voisinage. Il était donc indispensable, en pareille circonstance, de procurer aux colons des femmes jeunes, sages et laborieuses, telles qu'on pourrait en trouver en divers hospices de France.

On en demanda donc, en 1782, vingt-cinq ou trente pour un premier essai; mais on ne fit en France aucune attention à cette proposition intéressante, comme à beaucoup d'autres du même genre qui auraient concouru à l'avancement et à l'amélioration du pays. Car une première tentative de ce genre ayant réussi aurait engagé à en faire d'autres; et on aurait pu, par ce moyen, établir successivement de nouveaux villages.

En 1785, un nouvel administrateur vint à Cayenne, et a depuis publié sur cette colonie, qu'il avait appréciée, un ouvrage très-remarquable, qui parut sous le directoire, et fit une certaine sensation.

C'est Lescalier; plus qu'aucun autre il était à même d'écrire sur les colonies, car il y avait passé *trente ans de sa vie* comme administrateur, et il avait fondé à Saint-Domingue une petite colonie de cultivateurs blancs.

De plus, par une circonstance que la guerre lui fournit, il administra, pour le compte de la France, *Surinam*, Berbice, etc, ce qui lui donna tous les moyens de renouveler le parallèle des deux Guyanes déjà fait par M. Malouet en 1777 (24).

Il demeura trois ans à Cayenne, et voici ce qu'il dit en le quittant :

« J'ai vu beaucoup de colonies françaises et des autres nations; j'ai fait de longs voyages et de longs séjours dans plusieurs établissements européens; ce qui m'a mis à même de beaucoup voir et de comparer.

» J'ai vu partout le désordre naître de l'immoralité; l'abondance et le bonheur reparaître à la suite des bons principes, de l'humanité et de la paix. »

Lescalier ici énumère les abus qui paralysent le progrès des colonies; nous les ajouterons à ses idées sur Cayenne. Dans l'extrait que nous en donnons on trouvera sans doute des redites, mais on les pardonnera comme étant des versions utiles d'un sujet qui a besoin d'être éclairé par des opinions différentes.

CHAPITRE V.

APERÇU DES CAUSES DE L'ÉTAT OU SE TROUVAIT LA GUYANE FRANÇAISE EN 1782.

La première, et en même temps la principale de ces causes, est celle commise par les premiers colons de la Guyane française, ou plutôt par le gouvernement de la métropole, qui, non content de ne l'avoir pas prévue, l'a laissé se renouveler à chaque entreprise nouvelle. Cette cause d'insuccès et de misère que la Hollande a su éviter, en mettant le pied dans le premier marécage de sa Guyane, c'est l'*isolement*.

La comparaison des deux colonies faite en 1777 par M. Malouet et l'historique des premiers dessèchements du sol boueux d'où la superbe Surinam est sortie serviront trop bien à établir la gravité de cette faute, pour qu'il soit nécessaire d'anticiper; car toutes celles qui suivent, et que nous trouvons dans l'ouvrage de Lescalier, n'en sont réellement que les conséquences aggravantes.

En pouvait-il être autrement? Pour abandonner une route fatale, encombrée d'abus, battue par tant de faux pas et de chutes depuis un siècle, il fallait une abnégation d'amour-propre, une force, une suite de volonté, dont bien peu de nations et bien peu d'individus sont capables.

Quoi qu'il en soit, comme enseignement pour l'avenir, indiquons ici les fautes du passé pour qu'il en ressorte quelque expérience, car l'objet qui nous occupe en exige plus qu'aucun autre. En effet, à la suite de tant d'essais infructueux tentés sur l'*Eldorado* des premiers explorateurs de l'Amérique, les plans de cabinet dressés par des rêveurs sans expérience pratique sont sujets à errer. Il ne s'agit pas d'improviser à Paris sa carte routière, quand il faut marcher en avant dans d'admirables déserts qui semblent être sortis d'hier de la parole du Créateur; mais il faut interroger toutes les traces laissées sur notre vaste colonie par tous ceux qui, en cherchant à dompter ses immenses principes de prospérité, sont tombés sur la route.

Il faut que les croix qui indiquent leur sort et jalonnent le chemin déjà fait nous servent de balises pour continuer la route entreprise depuis plus d'un siècle.

Avec tant de moyens de prospérer, avec des terres de la première fertilité, des productions précieuses, un climat plus doux que celui des Antilles, pourquoi la Guyane française est-elle restée en arrière et dans une telle nullité, tandis que nos autres vieilles colonies, plus récemment établies, se sont peuplées et se sont cultivées si rapidement? Le gouvernement a fait pour ce pays de grandes dépenses; il a fait dans un temps d'énormes sacrifices, et ils n'ont eu d'autre effet que de reculer ses progrès, de le *perdre de réputation*, et d'en éloigner pour longtemps les spéculateurs.

Sans prétendre expliquer avec détail les causes et les combinaisons qui ont rendu infructueuses toutes les tentatives qu'on a successivement faites en faveur de cette contrée; sans entrer dans aucun examen critique, on se contentera d'en donner rapidement quelque idée; et on tâchera ensuite de faire mieux connaître et mieux juger cette magnifique possession.

« Un siècle entier s'était écoulé depuis que les Français avaient commencé de fréquenter ces contrées (*a*) et y avaient fait diverses tentatives, toutes malheureuses : la Guyane n'était encore rien en 1704. Un autre demi-siècle d'un gouvernement dont on n'a ni bien ni mal à dire, n'avait encore produit d'autre effet que de tirer du sol une valeur annuelle en denrées d'environ 400,000 francs, et de faire exister cette petite colonie, sans troubles, aux frais de l'Etat. On avait cru beaucoup faire en y bâtissant une ville, des fortifications, des établissements publics, en y entretenant une garnison et tout ce qu'elle entraîne après elle. On n'avait pas senti que dans tout gouvernement, et dans celui des colonies surtout, la culture doit précéder toute autre idée; qu'une colonie n'existe qu'à proportion de ses cultures, et qu'il ne faut songer à la défendre et à la protéger que quand elle existe; que l'esprit militaire, les mœurs d'une garnison et les prétentions des divers individus attachés au service, ne font que nuire à une colonie agricole qui ne fait que de naître (*b*).

(*a*) Lescalier a publié ce qui suit vers 1797.

(*b*) Ceci n'est pas absolu : quand on a la force d'esprit de défricher un marais, et d'y bâtir toute une colonie sur un plan unique; quand cette force, si rare, ne se dément point dans l'exécution ; qu'un Etat puissant doit, en contrariant tant de volontés différentes, sortir tout entier et tout organisé d'un lac de boue; il faut bien la force qui maintient l'ordre parmi les maîtres et les ouvriers; elle est encore nécessaire pour défendre

» Voilà une des grandes fautes qu'on n'a jamais songé à modifier : au contraire les dépenses publiques ont toujours été en augmentant sans qu'on prît aucun parti utile à l'agrandissement des cultures et à l'amélioration de sa population; au point qu'on dépensait par an du trésor royal deux fois plus que le pays ne donnait de valeur annuelle de denrées au commerce. »

Les choses en étaient là lorsque le malheureux projet de Kourou perdit de réputation le pays, son climat, son sol; on n'en parla plus qu'avec horreur. Cet effet terrible dure encore, et l'intervalle de plusieurs générations ne l'a pas effacé.

Des débris de ce vaste projet (mauvais seulement parce qu'il était trop vaste et parce qu'on l'a mal exécuté) il n'est resté que quelques familles, dont aucune n'est parvenue à d'autre prospérité que de posséder quelques têtes de bétail et de cultiver quelques carrés de coton.

Le ministère lui-même, depuis cette époque infortunée, n'a plus eu de confiance dans cette contrée; il n'a plus donné aucune suite active ni aucune attention aux projets utiles qui ont pu lui être soumis (1798).

Une mutation *trop fréquente* des commandants, quelque nom qu'ils portent (*a*), et dont plusieurs avaient proposé

---

l'érection simultanée de la colonie contre toute nation envieuse d'un tel ensemble de créations, ou qui voudrait en conquérir les admirables résultats, aussitôt leur première apparition.

Mais ici Lescalier n'a en vue que de pauvres colons épars autour d'une capitale sans royaume, et alors il a raison : les nations comme les individus ne s'attaquent qu'aux riches.

(*a*) Les gouverneurs hollandais sont pour ainsi dire inamo-

de bonnes vues ; la discorde entretenue adroitement entre les administrateurs et les militaires qui ont commandé conjointement, par tous les gens qui croient avoir intérêt au désordre : en voilà plus qu'il n'en faut pour expliquer comment cette infortunée colonie s'est entretenue dans la même nullité ; et ce n'est pas tout. Vers l'année 1784, Lescalier vint à Cayenne, en sortant d'administrer la Guyane hollandaise, où il était resté deux ans. Un ministre d'alors, qui paraissait vouloir sincèrement remédier aux maux de la colonie, qu'il savait être portés au comble, l'avait désigné pour cette mission difficile.

Le gouvernement avait non-seulement le désir de réformer les abus ; mais il annonçait les vues les plus étendues pour l'amélioration du pays.

« L'exécution ne répondit pas à d'aussi belles apparences : on voulait réformer les abus, et on donnait raison aux auteurs des abus. On avait des projets d'humanité et de bienfaisance, et on suivait les idées des gens les plus barbares et les plus malfaisants. On annonçait le désir de mettre un terme à l'état d'opprobre et de dégradation dans lequel était alors tenue la classe des hommes de couleur, et on s'est refusé à tous les moyens qui auraient pu mener à ce but. »

Malgré ces contrariétés, Lescalier fit pendant trois ans tout ce qui lui parut le plus propre à améliorer le sort de la Guyane française : « pays grand en espace, dit-il, mais

---

vibles dans les colonies ; Java, Surinam, ne s'en trouvent pas plus mal pour cela. On assure que les cultivateurs de la première ont augmenté de 4 à 5,000,000 depuis vingt-cinq ans.

bien petit en valeur industrielle (*a*). » Toutefois, pendant son administration, il arrêta des abus et des malversations; fit régler des comptes arriérés, des procès injustement prolongés; il détruisit des monopoles, etc. Mais chaque bonne action était une occasion de lui susciter des ennemis insensés ou de mauvaise foi. Ces circonstances malheureuses, qui, depuis 1784, se sont reproduites si souvent, et le peu d'attention que le ministère mettait à seconder son agent, décidèrent ce dernier à quitter la Guyane française en 1788, après l'avoir si infructueusement administrée pendant quatre années.

A l'exemple de M. Malouet, il fit une comparaison des Guyanes française et hollandaise, qu'il avait administrées toutes deux. Onze années séparaient alors les réflexions des deux administrateurs; le premier avait introduit à Cayenne l'ordre et de bons principes de culture, et cependant, en 1788, le second dit encore : « Qu'il *étonna* le ministère par le rapport qu'il lui fit des produits d'une contrée dont on *connaissait* à peine le *nom !* » Il lui dit donc que Surinam suffisait, par ses impositions, *à toutes* ses dépenses; et qu'elle donnait pour *seize millions* de denrées, tandis que notre Guyane, beaucoup plus anciennement établie, n'en faisait que pour 600,000 francs et ne contribuait pas à la dixième partie des dépenses qu'elle occasionnait.

« Aussi, s'écriait-il, quelle différence n'aperçoit-on pas entre les deux colonies, entre les mœurs, les habitudes et la composition de la population! *Déméràri*, *Berbicé* et

---

(*a*) Il a grandi depuis, sous ce rapport : le quartier d'Approuague en est une admirable preuve.

Esséquébo faisaient pour 16,000,000 de revenus avant d'avoir un bourg, aucun établissement public (pour ainsi dire), de défense ou de souveraineté. Cayenne avait une ville, des fortifications en règle, un état-major; le trésor public dépensait pour elle des millions sans en rien retirer. Les Hollandais de la Guyane sont tous cultivateurs et habitent leurs terres. Le plus grand nombre des gens qui habitaient Cayenne étaient à la solde de l'Etat et résidaient en ville. Pendant que le Hollandais tient des livres, écrit ses comptes et sa correspondance, l'autre compose des satires, suscite des procès, ou écrit contre le gouvernement (*a*). »

« Ainsi, malgré son beau ciel, un printemps perpétuel, un sol fertile, décoré par la nature de tous les dons les plus précieux, qui en feraient un paradis terrestre, une terre promise, la Guyane française, par suite des fautes et des abus, reste pauvre et à peine cultivée. Le gouvernement, loin de chercher à remédier au mal, l'a causé; l'augmente même, l'encourage en quelque sorte, par son habitude d'envoyer dans les colonies les sujets vicieux ou dérangés, et les particuliers ont suivi cet exemple dans toutes leurs entreprises depuis l'origine de la colonie jusqu'à présent (*b*). »

(*a*) Tout cela date de loin; les habitants actuels n'en sont plus à la poésie, le positif qui les menace y a mis bon ordre.

(*b*) On disait ceci lors de la publication de l'ouvrage de Lescalier en 1799.

CHAPITRE VI.

CONTINUATION DES ENTREPRISES.

En 1780, le baron de Besner proposa à quinze ou vingt personnes de la cour un nouveau projet d'établissement dans la Guyane française, qui devait leur rendre 40,000 livres de rente, moyennant 12,000 francs une fois payés. Ce plan est accueilli avec transport, et le baron est nommé gouverneur de la colonie.

La mort du baron, arrivée en juillet 1785, fit évanouir le projet et toutes les espérances qu'il avait inspirées.

Les décrets de la convention nationale pour l'abolition de l'esclavage, qui furent publiés en juin 1794, occasionnèrent des révoltes; et malgré les règlements sévères qui furent adoptés pour le maintien du travail, il y eut pendant toute la période de liberté des désordres sans cesse renaissants, et un abandon à peu près complet des exploitations agricoles.

Ce n'était pas le temps de penser à des entreprises de défrichements; aussi sous ce rapport la Guyane fut-elle oubliée du gouvernement; malheureusement elle lui revint en mémoire plus tard pour en faire une Botany-Bay politique.

Après ce dernier projet, aussi pauvre de résultats que les précédents, la révolution vint frapper Cayenne de ses contre-coups. L'esclavage aboli fut ensuite rétabli sans trop de difficultés. La colonie, grâce à son atonie chronique, fut exempte des crises qui désolèrent nos autres colonies. Mais en 1797 une circonstance malheureuse vint se joindre aux souvenirs ineffaçables de l'expédition de 1763, pour retarder encore l'avenir prospère que la Guyane attendait et qu'elle attend encore.

Comme à la première de ces deux époques, les hommes échappés aux résultats ordinaires de toute déportation ont décrié leurs lieux d'exil avec toute l'exagération que le ressentiment ajoute à la réalité, quelque déplorable qu'elle soit déjà.

L'année 1763 avait laissé à Cayenne toutes les qualifications qui condamnent une terre à la stérilité perpétuelle; les partis vainqueurs s'en souvinrent en 1797; et leurs victimes, traînées en exil avec l'inhumanité ordinaire de toute vengeance politique, puis agglomérées sur un point *choisi*, vinrent confirmer, quand sonna l'heure de la liberté, tout ce que leurs devanciers en infortune avaient dit de la Guyane française.

La métropole, comme toujours, ne prit pas la peine de considérer que ces mêmes déportés, après une longue et douloureuse traversée, sans eau ni vivres suffisants, eussent-ils été jetés sur les bords de la Charente ou de la Seine, comme ils le furent sur ceux de la rivière de Sinnamari, auraient non-seulement éprouvé toutes les privations, et, par suite, toutes les maladies et la mortalité qu'elles engendrent, mais encore leur état se serait compliqué des souffrances qui résultent des intempéries de nos mauvaises saisons d'Europe, quand on n'a rien pour s'en garantir.

Ce n'est pas dans nos bois, sur les bords de nos fleuves, que l'on trouvera jamais des centenaires ayant couché nus pendant quarante ans, abrités seulement par quelques feuilles, comme le vieux soldat de Louis XIV qui fut rencontré en 1777 par l'intendant Malouet, dans les forêts de la Guyane (25).

Ce fut donc le 10 novembre 1797 que *la Surveillante* vint jeter à Cayenne une partie des proscrits du 18 fructidor (*a*). Ils furent accueillis tout d'abord avec respect et beaucoup d'humanité par les habitants de Cayenne, qui manifestèrent à cette occasion d'honorables sentiments dont ils ne se départirent jamais.

Le gouverneur Janet, neveu de Danton, se joignit même aux habitants pour soulager les souffrances des déportés, qui crurent, d'après cette bonne réception, être à l'abri des mauvais traitements qu'ils avaient essuyés pendant la traversée. Mais tout changea le lendemain, à l'instigation du commandant de la corvette, et les malheureux déportés furent, treize jours après leur débarquement, portés à Sinnamari, et logés ensemble dans un fort (*b*) situé sur la rivière.

Les déportés Barbé-Marbois, Ramel, Pitou, ont plus tard publié des relations, naturellement exagérées, qui vinrent

---

(*a*) Ils étaient au nombre de seize ; mais l'année suivante plus de cinq cents y arrivèrent successivement.

(*b*) Du sable remué, des barrages en bois, dominés par la forêt, tel était ce fort, il faut le dire pour bien faire connaître le logement des déportés, et l'influence qu'il a pu avoir sur leur santé.

en France confirmer toutes celles de l'expédition de 1763; et plus que jamais le pays fut accusé des souffrances et d'une mortalité qui ne provenaient que du fait des hommes.

Au reste ce n'étaient pas les premières victimes; des prêtres et des terroristes les avaient précédés. Plusieurs s'échappèrent plus tard, et peu, des derniers au moins, y périrent (26).

De 1800 à 1809 la colonie, sous le gouvernement de l'ex-député Hugue, et favorisée par les relâches de plusieurs corsaires, s'enrichit de quelque *numéraire*.

Les Portugais la prirent neuf ans plus tard, avec une facilité dont les vaincus et les vainqueurs furent également surpris. Après la paix générale Cayenne fut oubliée. Deux ans plus tard une ambassade fut la demander et l'obtint (27).

Toutefois, par suite de sa malheureuse destinée, la Guyane française fut encore laissée aux Portugais; et ce n'est qu'en 1817 qu'une expédition, après avoir fait un naufrage en rade de Brest et essuyé un coup de vent qui fit sombrer deux bâtiments, arriva enfin à Cayenne pour en prendre possession, en lui apportant comme prémices ses sinistres maritimes.

L'administration portugaise avait été douce, et les colons s'en louent encore : M. Dacosta, intendant et commandant en chef, était un administrateur remarquable par de grandes qualités; ses sous-ordres étaient fort peu nombreux et suffisaient à tout. Le commerce et la culture prospérèrent pendant cette occupation de l'étranger.

Vers 1818 on pensa à la Guyane à de nouvelles et infructueuses tentatives.

On voulut ajouter à ses cultures celle du thé. A cet effet

on envoya chercher en Chine des hommes capables de le cultiver à la Guyane. Une somme qui, bien employée, aurait pu dessécher la plaine de Kaw, fut dépensée dans ce but : il ne fut pas atteint; une trentaine de Manillais de toutes professions (hors une, celle d'agriculteur (*a*)) vinrent végéter à Cayenne pendant une quinzaine d'années, sans même essayer d'aucun travail.

En 1834 les trois derniers Chinois furent amenés en France, pour de là s'en retourner en Chine; abrutis par l'usage de l'opium, nous doutons qu'ils aient pu aller jusqu'au port d'embarquement (28).

En 1820 un projet de colonisation blanche fut proposé par M. Delaussat, alors gouverneur de la Guyane; il voulait en essayer l'exécution sur une petite échelle. Ce projet consistait à faire venir à Cayenne quelques familles de laboureurs tirées des provinces les plus pauvres de la mère patrie, et à leur donner pour instituteurs et pour émules une douzaine de familles américaines appelées *formers*. Ce sont de très-bons cultivateurs, très-industrieux, qui auraient servi de modèles aux laboureurs français (*b*).

Il y eut à cette occasion une correspondance entre le gouverneur Delaussat et le gouvernement américain. Bien que tardif, le consentement de ce dernier arriva à Cayenne. On

---

(*a*) Il s'en trouvait deux, dit-on; mais comme ils n'ont rien fait, on en doute.

(*b*) Nous croyons que si nos laboureurs français étaient choisis comme nous l'indiquerons, ils pourraient se passer de modèles américains; des professeurs pour le climat et les terres de la Guyane, c'est différent : ceux-là ont l'expérience du pays, que les Américains du nord ne peuvent avoir.

y commença en conséquence des abatis dans le quartier de Kourou. Mais dans ces entrefaites une commission d'exploration, constituée en partie à Paris, arriva à Cayenne, et les travaux faits pour les *formers* et les laboureurs français furent suspendus.

Toutefois M. Delaussat resta persuadé que son plan ne pouvait manquer de donner de grands avantages, et que, dans tous les cas, s'il ne donnait pas de brillants résultats, au moins ne pouvait-il avoir des suites bien fâcheuses.

Le nouveau projet qui lui fut substitué avait pour but aussi une colonisation blanche, qu'on devait établir sur les bords de la rivière de Mana, près de Sinnamari.

La commission de Paris, présidée par M. Catineau Laroche, avait pour mission d'explorer les lieux et de choisir un emplacement pour y transporter des cultivateurs pour le coton, tirés de France, et qui devaient être envoyés à la Guyane *dix mille* par *dix mille*. On laissait cependant une année d'intervalle entre les *envois*, et c'était trop : il ne fallait pas tant de temps pour enterrer la fournée précédente. Au reste, d'après ce beau projet, qui rappelait si tristement celui de 1763, au bout de dix ans la France, en échange de ses 50,000 cultivateurs, devait recevoir des millions de coton, dont elle attend encore la première balle (*a*).

Mais la chambre des députés de 1819 venait de voter *cinq cent mille francs* pour ce projet, et un ministre de la marine avait reçu cette allocation magnifique en disant avec

---

(*a*) Ceci est tiré d'une polémique engagée entre des contemporains : nous ne savons qui a raison; mais nous savons bien que la colonisation en litige n'a pas réussi.

ingénuité que la France et la chambre ne devaient craindre qu'une chose : c'est que l'occasion de l'appliquer ne se présente point. Il eût dû dire : On doit seulement craindre que nous ne sachions pas l'employer utilement ; et il eût prédit ce qui est arrivé.

On commença par une faute : on nomma l'auteur du projet chef de la commission qui devait voir sur les lieux si le projet était exécutable. Cette expédition préalable, qui coûta 100,000 francs, s'était empressée de partir de France avant d'avoir reçu l'avis du gouverneur de la Guyane et des colons, demandé par le ministre.

L'exploration eut pour résultat une amère polémique en deux brochures : l'une du secrétaire de M. Delaussat, et l'autre du président de la commission ; d'où il semble résulter que l'exploration a été fautive, incomplète, et le choix des lieux mauvais, ayant été fixé là où la rivière n'était ou paraissait ne plus être navigable.

Plus tard une dame très-honorable, une religieuse, vint s'établir sur les ruines d'un établissement commencé vers 1823. Mais malgré son génie fondateur elle ne parvint qu'à faire un couvent et un pauvre atelier de scieurs de long. Le couvent végète encore sans doute ; mais les ouvriers amenés de France pour travailler et peupler Mana se sont éteints faute de compagnes (car on en avait fait des sœurs au lieu d'en faire des épouses) et faute d'une direction vers un but qui pût avoir des résultats progressifs.

Depuis cette dernière et infructueuse entreprise, nous ne voyons plus essayer d'autre colonisation agricole.

La marine a bien fait exploiter des bois de construction pendant plusieurs années ; mais elle y a renoncé à raison des défectuosités intérieures qui se rencontraient fréquemment dans les pièces.

Une entreprise particulière a essayé la même exploitation, et a échoué avant la chute du premier arbre. Son personnel, fort nombreux, s'est reporté sur diverses industries locales.

Une autre société a créé une culture de poivre en grand; mais, après avoir surmonté bien des obstacles, les produits, à raison du bas prix où cette épice est tombée, n'ont, à ce qu'on dit, donné aucun bénéfice aux actionnaires; le gérant a à peine vécu, tout en y employant un zèle qui méritait d'être récompensé par plus de succès.

Enfin la Guyane attend encore une population travailleuse qui puisse consommer tout ce qu'elle peut produire.

Ce temps nous semble encore éloigné; la population stationnaire des esclaves maintiendra encore longtemps cette idée locale, que tant d'insuccès semblent justifier, que jamais les blancs (qui cependant ont les premiers défriché Cayenne) ne pourront y travailler la terre.

Et comme depuis l'introduction des nègres dans la Guyane toutes les tentatives de ce genre ont échoué, les colons contestent avec quelque raison la réussite des plans les plus sages et les mieux combinés.

La Guyane française cependant n'est pas plus malsaine que toute autre colonie tropicale; elle a au contraire des avantages qu'on ne trouve pas ailleurs : elle n'est pas sujette aux ravages de la fièvre jaune, aux ouragans, aux tremblements de terre, au typhus, au choléra asiatique. L'Inde, où travaillent 80 millions de blancs, est plus chaude; qui empêche donc les blancs de travailler sous 23-25° de chaleur, précisément sur la partie de l'Amérique méridionale, qui réunit le plus de moyens de compenser cette température?

C'est là fertilité même de cette terre qui empêche de la travailler.

Ce sont les *forces* actuelles qui font oublier que toutes les terres tropicales, appelées colonies, ont été défrichées et fertilisées par des Européens.

Il est incontestable que partout le remuement des terres cause des maladies, et que ces maladies sont plus nombreuses et plus intenses dans les terrains inondés d'eaux stagnantes; qu'une haute température peut aggraver encore ces causes normales d'affections morbides. Mais il ne s'ensuit pas que les nègres seuls puissent cultiver les terres tropicales, puisque l'Inde, l'Afrique et même l'Amérique nous montrent les cultures les plus étendues et les plus fructueuses, bien qu'elles ne soient que le résultat du travail d'hommes acclimatés, il est vrai, mais enfin qui ne sont pas des nègres.

Pendant quatre ans nous avons occupé des blancs à des travaux de déblai et remblai de terre, à l'exploitation de vingt mille mètres cubes de roches plus dures que le granit; le travail commençait à six heures du matin et finissait à quatre heures du soir, et tous nos travailleurs ont moins produit de journées d'hôpital que le même nombre d'oisifs.

Une compagnie de cent nègres yoloffs fut ajoutée aux travailleurs blancs, et ne put jamais rivaliser avec eux quant aux résultats obtenus. Les blancs faisaient le double de la tâche de ces nègres, qui cependant étaient tous des hommes d'élite.

Nous allons ajouter d'autres preuves à celles que notre expérience nous met à même d'invoquer.

Travaux des blancs dans les colonies tropicales.

« La reine des îles françaises, Saint-Domingue, n'a pas commencé autrement (a).

» Ses premiers colons, frères aventureux des boucaniers et des flibustiers, mais plus prévoyants qu'eux, obtenaient des premiers gouverneurs un terrain de quatre cents pas géométriques de large sur soixante de long.

» Puis ils se bâtissaient des cases couvertes de cannes à sucre et formées de planches de palmiers ou de roseaux. Les habitations étaient toujours situées près de la mer, ou d'une rivière, ou d'une source.

» Ils cultivaient des patates, du manioc, des bananiers, puis du tabac, qu'ils envoyaient en France ou qu'ils échangeaient contre des marchandises d'Europe. »

La grande culture est née de ces modestes commencements; et les nègres n'ont eu à travailler qu'un terrain défriché et ameubli par les blancs leurs maîtres.

A la Barbade, en 1764, une colonie de blancs a desséché, cultivé un terrain marécageux; après trois années d'un travail dirigé, il est vrai, par Lescalier, la colonie prospérait, et comptait déjà une population de trois à quatre mille âmes.

En 1652 l'abbé Biet, en revenant de la Guyane, où il avait été conduire huit cents Européens, passa par la Bar-

---

(a) Lescalier.

bade et y trouva *cinquante mille* engagés blancs travaillant la terre, et cet état de choses dura cinquante ans. C'est la descendance de ces Européens qui a peuplé les Antilles anglaises; elle contribuait encore, vingt ans plus tard, à peupler les Guyanes anglaise et hollandaise.

En 1821 cette même colonie de la Barbade comptait cinq paroisses de l'intérieur qui se livraient particulièrement à la petite culture; des blancs cultivaient le maïs, le tabac, le gingembre, le coton; élevaient des bestiaux à la manière d'Europe. On comptait dans cette île, qui n'a que 20 à 21 lieues carrées de superficie (on en donne à la Guyane française 56,000!), *soixante-quinze mille esclaves* et *trente-cinq mille blancs* domiciliés; deux mille soldats blancs, deux mille noirs, quatre mille marins, en tout quarante et un mille blancs. La Guyane, qui a le *cinquième* de la surface de la *France* (dit-on), n'a que mille cinq cents blancs!

Cette île de la Barbade, qui compte 120,000 âmes (la Guyane française n'en a que 21,000) est cependant entièrement déboisée, et pendant six mois de l'année privée de pluie; elle est plus chaude que la Guyane, désolée par la fièvre jaune et les ouragans. Et les blancs de cinq paroisses y travaillent à la terre, et prospèrent.

A Saint-Domingue les soldats blancs ont fait les forts de Port-au-Prince et la grande route du Cap à Jacmel. Les forts ont été cependant établis dans les vases qui bordent la mer; et la grande route, longue de 50 lieues marines, traverse les marais de l'Artibonite, les vases de l'Arcahaïs, les hautes montagnes de la Selle, des Gonaïves, de Plaisance et du Dondon. Ces travaux ont duré deux ans. Souvent on faisait jouer la mine; les soldats travaillaient à toutes les heures du jour. Il a péri, dira-t-on, beaucoup de soldats? Qu'on se détrompe, il n'en est mort qu'un, et encore est-ce l'éclat d'une mine qui l'a tué. Le fait est si extraordinaire (a), que lorsqu'on le cite on peut craindre qu'il ne soit taxé d'être un conte ridicule; et cependant M. Barbé-Marbois, qui le racontait à la tribune de la chambre des pairs en 1819, assure qu'il est de la plus exacte vérité.

A la Guyane même, où il est passé en principe que les blancs ne peuvent travailler la terre, les soldats du bataillon d'Alsace et des matelots ont défriché une grande partie des palétuviers de Macouria et du petit Cayenne, à raison de 400 francs le carré. Les habitants les préféraient pour ce travail, parce qu'ils allaient *plus vite* et qu'ils résistaient mieux que les nègres.

Il est inutile de répéter ici que le fort de Cayenne et ses premiers établissements ont été élevés par des blancs.

Ce n'est donc pas l'inaptitude des blancs à travailler la terre, dit un colon anglais, qui empêche de les employer à la culture des terres de la Guyane; car, à la Barbade, un grand nombre de descendants des familles originaires travaillent dans les champs comme y travaillaient leurs aïeux, et ils paraissent plus forts et mieux portants que les blancs qui ne travaillent point. C'est la facilité avec laquelle on se procurait des nègres, c'est aussi l'influence de l'exemple

---

(a) Ce qui précède a été dit à la chambre des pairs par M. Barbé-Marbois, le plus grand ennemi de la colonisation par les blancs. Quant à ce fait de la perte d'un seul homme pendant des travaux si pénibles partout, je puis l'appuyer d'un fait semblable : je n'ai point perdu d'homme dans mon exploitation de 20,000 mètres cubes de rochers; tandis que j'en ai perdu 4 dans un fort détaché, où les hommes restaient oisifs, ne pouvant être convenablement surveillés.

qui ont entretenu cette opinion que l'homme blanc ne peut supporter les fatigues de l'agriculture; ce préjugé est dans les colonies le principal obstacle à l'industrie des Européens. On dira peut-être que les blancs qui travaillent la terre sont créoles et accoutumés au climat dès leur enfance : on en convient; mais à Surinam on voit un grand nombre de Hollandais et d'Allemands labourant leurs champs, et qui conservent leur santé. Enfin on est persuadé que pourvu que le cultivateur ne s'expose pas trop à la chaleur du jour, il n'a rien à craindre. Ce qui fait périr tant de soldats et de matelots, c'est l'intempérance; c'est aussi le passage subit du chaud au froid; ils travaillent et transpirent; ils boivent, s'enivrent, passent les nuits à l'air. Le lendemain la fièvre les saisit et les emporte. On a supprimé le tafia pur aux troupes coloniales anglaises, et depuis trente ans que cette mesure a été prise la mortalité est descendue au taux de celle d'Europe.

« Enfin, on ne saurait trop le répéter, les blancs peuvent cultiver la Guyane comme ils l'ont défrichée et cultivée il y a moins d'un siècle; et si depuis ils en sont empêchés, ce n'est pas la faute du climat, mais celle de la vanité (*a*); c'est que l'orgueil leur a dit et répété jusqu'à satiété qu'aux colonies le travail de la terre n'est pas le travail des hommes libres, mais celui des esclaves; que là l'homme blanc,

---

(*a*) La reproduction de cette sortie un peu vive n'a eu lieu que par le besoin qu'on a de rassembler des exemples à offrir aux travailleurs blancs. Nous savons, nous, que les colons de la Guyane sont des travailleurs, et qu'une politique indispensable dans leur position dangereuse, leur fait seule redouter que le travail blanc se trouve sous les yeux du travail noir.

quel qu'il soit, est un être privilégié, le gentilhomme de la nature qui ne peut que commander (29) : car s'il travaillait à l'égal des nègres, l'ignominie à laquelle il serait exposé se réfléchirait sur toute la race européenne ; l'homme blanc des colonies ne serait plus qu'un homme comme un autre. »

C'est à garantir les nouveaux cultivateurs blancs de ces idées funestes à tout nouvel établissement que le fondateur devra s'attacher, en attendant que ces idées s'éteignent avec la cause qui les inspire. Alors il ne restera plus qu'à préserver le nouveau colon de la fatigue morale qui, sous la zone torride, naît de l'incertitude de réussir autant que de la crainte de se voir abandonner sans ressources, sans appui et sans asile, sur des terres si différentes de celles qu'il a fertilisées de ses premiers travaux.

Projet de colonisation progressive ; idée d'un établissement modèle à entreprendre par le gouvernement.

Après avoir établi que les Européens ont défriché et colonisé la plupart des Antilles, les trois parties de la Guyane qu'ils cultivent encore seuls dans quelques localités, nous croyons surabondant de parler des autres colonies tropicales, telles que l'immense empire du Brésil, les différents royaumes espagnols de l'Amérique et les établissements de l'Inde et de l'Afrique, qui tous ont été, comme ceux dont nous avons déjà parlé, défrichés et cultivés par des Européens.

Et nous concluons de cette tradition incontestable que les Européens actuels peuvent encore exécuter des travaux que leurs pères ont commencés et entretenus longtemps sans le secours des nègres esclaves. Et nous pensons que cela leur est d'autant plus facile à présent, qu'ils peuvent s'aider de tous les perfectionnements dus à l'expérience et aux progrès des sciences et de l'industrie. Ces moyens pouvant centupler leurs forces, leur permettront de dessécher, défricher et cultiver les terres encore incultes de la Guyane, sans y employer autant d'hommes qu'autrefois, et sans que les travailleurs soient décimés par des maladies occasionnées plutôt par l'incurie et la mauvaise organisation du travail, que par la température et les innombrables cours d'eau de la Guyane.

Dans notre projet, les parties relatives au personnel seront appuyées par les observations préliminaires déjà relatées dans cette notice, toutes puisées aux meilleures sources, et par l'expérience acquise pendant près de cinq années de travaux exécutés en plein soleil par des Européens.

Ces prolégomènes de notre projet d'établissement nous exempteront d'en justifier toutes les propositions; toutefois celles qui, par leur importance, mériteraient de nouveaux éclaircissements, seront appuyées de faits accomplis dont, peut-être, il aura déjà été question; mais comme ces faits sont presque toujours des fautes, on en pardonnera la répétition en faveur de l'utilité qui doit en résulter.

CHAPITRE VII.

NOUVEAUX RENSEIGNEMENTS SUR LE SOL DE LA GUYANE FRANÇAISE (30).

« Comme il convient, dans toute entreprise importante, de ne laisser au hasard que les chances que la prudence et l'expérience ne peuvent lui ôter, nous ajoutons de nouveaux renseignements sur le sol et sur la culture de la Guyane; ensuite des faits reconnus en divers temps, nous appuierons le projet d'établissement qui nous a paru le plus praticable.

» Nous appellerons faits la qualité et le choix des terres à exploiter; les travaux à exécuter ainsi que les forces qui les opèrent seront les moyens.

» 1° Le continent de la Guyane paraît être récemment bouleversé par l'action des feux souterrains, par le séjour et la retraite des eaux. C'est de cette cause démontrée que provient le désordre des formes et des couches de terre, dans toutes les parties qui ont dû être plaines autrefois; parce que le mouvement des eaux, l'explosion des volcans, le mélange des laves y ont été plus libres et plus variés que dans les grandes masses de terre qui formaient les chaînes des montagnes avant cette époque.

» Ainsi la partie du sud, plus montagneuse que celle du nord, est restée plus entière, et la terre y est conséquemment moins altérée.

» Les côtes basses de Macouria, Kourou et Sinnamari, ont été couvertes de sable, imprégnées de sel marin et susceptibles, par cette raison, de végétation, jusqu'à ce que les sels en soient épuisés; ce qui arrive en dix ou douze ans.

» En remontant de Cayenne à Kaw, de là à Approuague et à Oyapock, les terres s'élèvent de plus en plus; et à mesure que les masses augmentent on trouve le sol plus homogène et conséquemment plus cultivable. Mais le climat excessivement pluvieux est alors un obstacle à la culture de ces terres hautes; parce que la plupart des plantes, se présentant obliquement à la chute perpendiculaire de la pluie, sont dans leur jeunesse couchées par le vent et *dessouchées* par la rapidité des eaux courantes, de haut en bas : les plantes ne prospèrent que dans les plate-formes des mornes ou sur les pentes douces non exposées au vent du nord.

» 2° Les terres basses se sont formées, le long des rivières et entre les chaînes des montagnes, par la retraite des eaux de la mer, le rapport des marées, des débordements, et la dépouille des montagnes, dont les parties légères et friables sont sans cesse entraînées par les torrents.

» Dans les portions du continent, coupées par grandes masses, dont les chaînes se recourbent en arc de la mer à la terre, ou se prolongent parallèlement à la côte, il s'est formé de vastes bassins, contigus entre eux, lorsque la direction des montagnes en permet la communication, comme dans la partie du sud; où resserrés, morcelés et subdivisés à l'infini, sans suite ni proportion, lorsque le continent, n'étant plus ni plaines ni montagnes, présente la forme triviale, mais expressive, *d'un plat d'œufs au miroir*, comme dans l'île de Cayenne et dans la partie du nord (*a*).

» 3° Le desséchement des bassins contigus, qui ont un échappement libre à la mer ou dans une rivière, et qui ne sont couverts d'eau que dans les grands débordements ou dans les grandes marées, est démontré praticable et facile; puisque les terres dont il est question sont plus élevées que le niveau des eaux à mi-flot.

» Celui des bas-fonds morcelés sera au contraire conditionnel; car ceux qui se réduisent en *cul de lampe* sont certainement indesséchables : mais partout où l'on remarque une issue libre et élevée au-dessus des eaux de la mer ou d'un fleuve à mi-flot, il y a certitude de desséchement.

» 4° Le climat très-pluvieux de la Guyane qui nuit, comme nous l'avons vu, aux cultures en terres hautes, est favorable, ou au moins ne nuit pas à celles des terres basses; car, outre que la canne à sucre, le café, le cacao, exigent une grande fraîcheur, l'eau qui filtre et s'égoutte sur une surface plane, engraisse la terre sans l'épuiser; elle y tient pendant quelque temps les sels en dissolution; car ils ne sont entraînés que par les torrents, les chutes rapides; et dans les plaines fossoyées la pente douce des eaux laisse opérer le sédiment des particules végétales dont elles sont chargées; ainsi la pluie dans les bas-fonds fait addition et jamais soustraction des parties constituantes du sol; ce qui arrive tout au contraire dans les hauteurs (*b*).

(*a*) Malouet.

(*b*) Pour pouvoir apprécier ceci, il faut se rappeler que les pluies de la Guyane ne tombent guère qu'en *masses de gouttes d'eau.*

» 5° D'après cette distribution des terres de la Guyane, au nord et au sud, les dix-neuf vingtièmes des terres hautes du nord doivent être de la plus mauvaise qualité. Les terres basses y étant morcelées, ne sauraient présenter dans cette partie un ensemble de culture intéressant, quoiqu'il y ait dans plusieurs habitations actuellement occupées, ainsi que dans des terres à concéder, plus de bas-fonds desséchables que les forces de la colonie n'en pourraient exploiter.

» Au contraire, dans la partie du sud, on rencontre beaucoup de mornes cultivables, mais soumis, selon leur exposition, aux inconvénients qui viennent d'être détaillés; et l'on a reconnu un grand espace *contigu* de terres basses desséchables. »

Preuve des faits.

Voir les cartes détaillées des différents quartiers de la Guyane, les observations géographiques et physiques des ingénieurs et autres personnes qui les ont parcourus, tels que MM. *Dessingy*, *Mantelle*, *Brodel*, *Brisson*, *Patris*; les Mémoires de MM. *Béhaques*, *de Besner*, *Godin*, *Duler*, en laissant de côté toute la partie systématique; les remarques que M. Malouet a faites personnellement au nord et au sud, et ensuite à Surinam, comme on le verra plus loin; les procès-verbaux des assemblées coloniales; et enfin l'examen détaillé qui a été fait en 1777, à Oyapock, par MM. *Boisberthelot* et *Guysan*. Voici les motifs de confiance qu'on peut donner aux opérations de ces deux infatigables explorateurs :

Boisberthelot, le premier, ayant visité le plus grand nombre des habitants chez eux, était en état d'apprécier leurs travaux, leur industrie et leur conduite; doué comme il était d'une intelligence peu commune et des meilleures connaissances pratiques.

Quant au second, l'ingénieur Guysan, lorsque M. Malouet fut à Surinam, il demanda au gouverneur de cette belle colonie et aux plus notables habitants dont il visitait les terres quels étaient les cultivateurs les plus instruits de Surinam; on lui en nomma quatre seulement, et Guysan à la tête. Tel est l'homme qu'il enleva à son pays pour l'attacher à la Guyane française.

Dès son arrivée à Cayenne il fut mis à l'œuvre. M. Malouet avait acheté un terrain bas et noyé près de Cayenne même, avec le projet d'en faire une école normale de dessèchements. Cela fut exécuté. Ce terrain fut égoutté, planté, entouré de levées, de canaux, de fossés, et présenta aux habitants d'alors le premier modèle de culture raisonnable qu'ils eussent encore vu dans le pays. Depuis il a été toujours suivi avec succès par ceux des habitants de la Guyane française qui, ayant des moyens suffisants, ont voulu les employer selon la science, plutôt que d'écouter les conseils de l'habitude.

Cependant, revenant encore au choix des terres, M. Malouet avait persuadé à la plupart des habitants que les terres hautes réputées bonnes étaient épuisées au bout de cinq, sept ou huit ans, et qu'il fallait alors faire de nouveaux abatis.

Il ajoutait que, quant à la préférence à donner aux bas-fonds pour les grandes cultures, la section des mornes, leurs différentes expositions, les intervalles nuls ou nuisibles qui les séparent, la dégradation à laquelle l'action du climat les expose, sont autant de raisons prépondérantes.

Pour l'appréciation des terres basses, de leur qualité, de leur produit, il suffit d'examiner l'espèce d'arbres *mous*, d'herbes et autres plantes dont elles sont couvertes. Leur surface unie, leurs couches égales, annoncent un dépôt libre et successif de vase et de limon.

Quant à leur desséchement et les espérances qu'on doit en concevoir, il ne faut jamais perdre de vue la colonie de Surinam. La richesse de ses cultures forme une collection de preuves qui ne pourra être détruite ni par les effets ruineux du luxe excessif de ses habitants, ni par la différence de la position géographique des terres hollandaises et des nôtres.

Chez eux les terres ne s'élèvent qu'à douze et quinze lieues de la mer; chez nous les mornes en sont plus rapprochées; et cette différence est à notre avantage (a) par la proximité des eaux douces, des roches et des bois de construction. Car les Hollandais ont été obligés de bâtir à grands frais sur la vase, de recueillir dans des citernes les eaux de pluie, de faire des digues et des canaux avant de pouvoir planter des vivres; et les Français peuvent avoir des magasins, de l'eau, des vivres sur la terre ferme, avant de commencer leurs travaux dans les pinotières et dans les autres terres basses.

Les observations que l'on vient de présenter par extrait se retrouveront plus détaillées dans les chapitres suivants. En s'attachant ainsi aux faits et aux preuves établis par M. Malouet, qui s'était appuyé sur des opérations faites par des hommes capables, qui n'avaient ni projets ni systèmes,

---

(a) Cette circonstance, qui devait nous être si avantageuse, sera reproduite dans le parallèle des deux Guyanes qui doit suivre ceci.

nous espérons arriver de faits en faits, et de principes en conséquences, aux seuls plans qui peuvent convenir à l'État ou à une entreprise particulière.

Et dès à présent nous pouvons dire que, dans la première hypothèse et d'après les vues de M. Malouet, le gouvernement devrait ouvrir à ses frais un canal de communication et de desséchement tout à la fois, à partir de Mahuri (*a*), où serait son établissement modèle, jusqu'à Kaw, et successivement de Kaw à Approuague, tandis qu'une compagnie particulière s'établirait vers la rivière d'Ouanari, qu'elle réunirait facilement à celle de Kouroaï, qui se jette dans l'Approuague. Alors on pourrait aller en canot de Cayenne à l'Oyapock, par l'intérieur des terres et des rivières; et on aurait un espace de vingt-cinq lieues de long *en terres basses cultivables*, sur *trois*, *quatre* et *cinq* lieues de profondeur, ce qui serait *trois fois* plus considérable que la colonie de Surinam.

Il convient, d'après M. Malouet, d'éviter l'Oyapock, dont le sol est mauvais, dont les environs sont mêlés de *mornets*, *prispris*, *savanes noyées*, sans communications libres de terre en terre, sans extension possible sur un même plan (*b*).

Aucun de ces inconvénients ne se rencontre dans la rivière d'Ouanari, à partir de la montagne Lucas, au pied de laquelle sont déjà des habitations.

(*a*) Ce canal est commencé depuis longtemps.

(*b*) Il ne sera que trop prouvé, ci-après, que toutes les misères de la Guyane française sont en partie dues à l'éparpillement de ses premiers colons, comme nous l'avons déjà dit.

On a, en 1777, exploré les terres basses de cette rivière comme quelques mois plus tard on explora celles de Mahuri à Kaw; cette dernière exploration, dont nous allons transcrire l'intéressant journal, n'a eu d'autre résultat que de persuader l'Europe de notre incurable persévérance à dédaigner tous les biens dont la conquête est facile (*a*).

(*a*) Voir dans les renseignements la note 20, à laquelle on a déjà renvoyé, et un plan inédit de cette plaine importante.

CHAPITRE VIII.

IDÉE D'UN PROJET D'ÉTABLISSEMENT PARTICULIER À LA GUYANE FRANÇAISE.

Nous croyons avoir établi, par des faits incontestables, que des blancs d'Europe ont primitivement défriché et cultivé la Guyane française, les Antilles, ainsi que toutes les colonies espagnoles et portugaises de l'Amérique ; n'est-il pas raisonnable d'espérer que les blancs actuels, aidés des forces nouvelles que l'industrie et surtout la vapeur ont placées dans leurs mains, peuvent bien continuer ce que leurs pères ont si courageusement commencé?

Toutefois il ne faut pas se dissimuler les nombreux obstacles moraux qui aujourd'hui peuvent se joindre aux obstacles matériels que nos devanciers ont rencontrés en Amérique.

Malgré l'état de transition dans lequel se trouve la classe des noirs esclaves et leur diminution graduelle depuis la suppression de la traite, on aura encore longtemps contre soi les préjugés, très-naturels sans doute, qui jusqu'à présent ont toujours nui aux cultivateurs blancs. Une foule d'autres causes peuvent encore entraver une nouvelle entreprise; et cependant la population esclave n'augmentant pas, mais au contraire diminuant, on devrait penser à de nouveaux travailleurs (31).

L'industrie européenne même, qui semblerait devoir nous prêter un si puissant secours, nous nuit pour le moment; en voici la raison.

Poussée au point où nous la voyons par suite de notre longue paix, elle a non-seulement augmenté les aises de la vie, mais elle les a fait descendre des sommités sociales jusqu'aux classes qui jadis se contentaient de les envier sans les connaître.

Le bien-être général a pu en résulter; mais le courage d'abnégation, qui pousse aux entreprises lointaines et aventureuses, a dû s'en affaiblir.

En effet les premiers colonisateurs européens, en abordant en Amérique, étaient préparés à en subir les privations et les travaux, par les travaux et les belliqueuses misères dont ils avaient trempé leur jeunesse; tandis qu'aujourd'hui que les familles et les individus des classes ouvrières se sont fait un besoin de meubles, d'ustensiles, d'outils et de machines qui tendent à paralyser les bras humains, on doit trouver peu de sujets *convenables* qui soient disposés à s'expatrier pour aller chercher, attaquer, déblayer et défricher un désert (*a*).

(*a*) Nos découvertes, à force d'outils ingénieux et de machines *intelligentes*, sont presque parvenues à remplacer les forces et *l'intellect* de l'ouvrier.

S'il continue à communiquer à la matière le feu divin que Dieu mit en lui, l'homme, pour se reposer de tant d'inventions mécaniques, finira par se laisser devenir machine à son tour.

Car là tout est primitif; et la pioche ou la cognée doit au moins faire une place libre pour l'emplacement et l'usage des outils compliqués et des machines.

Il y a plus : dans notre vieille société la répartition du travail qui naît d'une population nombreuse et classée facilite au profit de tous la tâche de chacun; elle amène les échanges réciproques, c'est à dire le commerce.

Une société nouvelle d'Europe qui commence en Amérique par l'agriculture a bien des sueurs, du courage et de la persévérance à dépenser pour en venir là, surtout quand il faut recommencer une patrie sous des climats et sur un sol si différents de ceux que les siècles et l'habitude lui ont fait si doux ou si fertiles.

Il faudrait un moteur moral, puissant, pour surmonter ces obstacles : nos pères en avaient plusieurs; nous, si riches d'industrie, de métaux, de paix durable et profonde, nous n'en avons qu'un : la misère! Réduits à ce mobile colonisateur, nous devons au moins en choisir l'origine, en bien étudier les ressorts, afin d'en régler et d'en diriger toutes les forces sur l'œuvre qu'elle doit accomplir.

La Guyane française, nous l'avons vu, présente cet avantage qu'elle peut offrir des portions de désert favorables à toutes espèces de cultures, d'entreprises nouvelles, ainsi que les secours qu'une longue expérience peut fournir à de nouveaux colons. La Guyane est la seule de nos colonies qui présente cet étrange contraste : une civilisation très-avancée et un désert de la création, séparés seulement par un ruisseau, un marais, quelques arbres; ligne que les étranges accidents de terrain de la Guyane permettent d'épaissir à volonté, tant qu'on voudra craindre que le contact de la vieille colonisation ne nuise à la nouvelle, en lui offrant le spectacle des ateliers noirs. Ainsi toute colonie de travailleurs blancs doit s'isoler, et cacher ses pauvres commencements à la grande culture coloniale ; plus tard, après un premier succès, l'habitude des travaux de la terre nouvelle étant prise, la colonie pourra admirer et étudier les magnifiques travaux que les anciens colons ont fait exécuter ; elle pourra peut-être en entreprendre de semblables à son tour, quand elle aura comparé son intelligence et ses forces avec la force et l'intelligence des noirs. Au surplus la sûreté des anciens habitants exige aussi cette séparation temporaire, que les localités de la Guyane rendent si facile, même sur un point circonscrit (32).

On aura soin toutefois de prévenir les nouveaux colons que la Guyane ne leur offrira pas, comme l'Amérique du nord, des climats, des terres et des plantes qui, ayant une grande ressemblance avec ce que les émigrants ont laissé en Europe, les familiarisent immédiatement avec leur nouvelle patrie.

La Guyane française, nous ne saurions trop le répéter, étonne, épouvante même de sa pompeuse et colossale végétation tout Européen qui la voit pour la première fois.

Ses richesses agricoles sont cachées, couvertes, enfouies sous des obstacles en apparence invincibles qui découragent le laboureur et le bûcheron.

Les fleuves, les rivières, les innombrables cours d'eau, les lacs d'eau stagnante ont des rivages couverts de plantes, de lianes, d'arbres gigantesques, liés entre eux par d'autres plantes, et formant un seul et solide rempart, sans pertuis, sans brèches, où il faut, la hache à la main, commencer par faucher assez de ces plantes rebelles, pour y trouver la place de celui de vos pieds qui doit commencer un premier pas dans le désert.

Les meilleures terres, celles qui doivent produire pendant un siècle sans être fumées, sont souvent couvertes d'eau au moins une partie de l'année; les marées du littoral de la mer ou celles qui remontent les cours d'eau douce couvrent deux fois par jour ces terres. Toutes ces circonstances, si puissantes pour frapper l'esprit des défricheurs inexpérimentés, et qui jusqu'à présent ont empêché l'agglomération des cultures et l'exploitation des meilleurs terrains, sont cependant des éléments de richesses, qu'on ne remplace ailleurs qu'à force d'or et de bras. Les abatis, les desséchements, font en effet de ces obstacles effrayants des bois de charpente, donnent de la pierre pour bâtir, découvrent des sources d'eau vive. Quelques canaux, creusés en terre *molle*, vous livrent des plaines de terreau que d'autres canaux doivent arroser. Tous ces canaux, ainsi que les digues, doivent non-seulement empêcher l'invasion des eaux douces, les marées; mais ils formeront en même temps un réseau de voies publiques ou particulières qui coûterait ailleurs des millions (33).

Mais pour attaquer ces bois prestigieux, pour commencer à contenir les eaux diluviennes que Dieu a oubliées sur la Guyane, il faut qu'une main puissante donne le premier coup de cognée à la forêt, enlève la première pelletée de terre de la première tranchée; il faut que le gouvernement commence enfin à rompre le charme, pour que les individus s'aperçoivent du peu de fondement qu'avaient leurs terreurs irréfléchies.

D'ailleurs les grands canaux de desséchements, par lesquels nous croyons que le gouvernement doit commencer sa ville ou son village agricole, ces travaux préliminaires une fois terminés, l'administration, après les avoir payés, aura acquis le droit d'imposer aux colons, à qui ils doivent tant profiter, l'uniformité des plans et des moyens d'exécution qu'il aura arrêtés invariablement. Toutefois le gouvernement ou les particuliers qui voudront créer un village ou une ville simultanément auront besoin de s'armer de courage, et surtout d'une vertu qui nous est peu familière : la persévérance. Qu'ils pensent alors à Surinam ; qu'ils relisent le mémoire des travaux qui l'ont fait sortir comme par enchantement, et tout entière d'un lac de boue, sans pierres, sans bois, sans eau douce, si ce n'est à de grandes distances ; et ils construiront une Surinam française avec les mêmes matériaux, qu'ils auront, eux, sous la main.

Les terrains propres à l'élévation d'une ville semblable sont nombreux dans notre Guyane, et la France peut choisir. Comme nous pensons que leur proximité de la mer et leur étendue sont des conditions très-importantes que l'on doit s'empresser de joindre à toutes celles qu'un semblable établissement exige, nous rappellerons deux positions admirables, dont une encore ne se trouve qu'à trois ou quatre lieues de la vieille capitale de notre colonie, et dont elle n'est séparée que par un beau fleuve.

Le premier terrain, dont nous ne parlons que pour mémoire, est l'île de Vincent Pinson.

Cette île, défendue des grosses mers par le cap Nord, et du continent par un canal naturel de peu de largeur, est donc très-voisine de ce continent qui est riche en plaines *sèches* ou plutôt en prairies et en lacs d'eau douce. L'île, que l'on dit fertile, peut avoir 4 lieues de surface ; on remarque sur les cartes une large crique dont on pourrait faire un port ; elle a des eaux douces.

Cette île cependant est abandonnée aux prétentions portugaises, sans doute faute de pouvoir y penser sérieusement. Car le Portugal a toujours rendu le terrain contesté à la première demande en restitution que la France quelquefois s'est décidée à lui faire.

Le second terrain offre un emplacement merveilleusement disposé pour former l'établissement gouvernemental qui nous occupe, et qui doit donner l'élan à toutes les entreprises particulières auxquelles il servirait d'encouragement et de modèle : nous voulons parler de la plaine de Kaw ; et par la suite, si l'on veut, on pourra y joindre une autre plaine qui continue la première jusqu'à la rivière d'Approuague. Parlons d'abord de la première.

Pour apprécier l'importance de cette vaste plaine, il suffirait d'étudier le document authentique que nous avons placé dans les notes, et d'avoir sous les yeux une carte récente de cette localité (*a*); toutefois nous y ajoutons les renseignements qui suivent :

La plaine de Kaw, qui n'a pas moins de soixante-quinze kilomètres carrées de surface, est *encadrée* exactement au nord par la mer, au sud par une chaîne de montagnes couvertes de grands bois (forêts vierges), à l'est par la rivière de Kaw, et à l'ouest par la rivière de Mahuri.

A partir du pied des montagnes jusqu'à la mer, elle offre une pente insensible ; son sol, comme on a pu le voir dans le procès-verbal d'exploration, est composé d'une couche épaisse de vase marine, recouverte d'une couche de terreau dont l'épaisseur varie. Une crique, partant de la mer, finit

---

(*a*) Nous voulons parler du procès-verbal d'exploration de cette plaine exécutée en 1777. Quant à la carte, nous l'avons fait dresser en 1852. Le procès-verbal se trouve à la note 20 (deuxième partie); il est de l'ingénieur Guysan.

non loin des montagnes, et peut être canalisée facilement. Les eaux douces qui coulent des montagnes pendant la saison pluvieuse et les marées en tout temps recouvrent, plus ou moins, cette plaine, bordée vers la mer d'une ligne de palétuviers. Résumons les inappréciables avantages de cette riche localité.

Tout desséchement d'une plaine noyée placée sur les bords de la mer ou sur ceux d'une rivière nécessite trois canaux principaux au moins : un parallèle aux localités d'où viennent les eaux, et deux latéraux, conduisant les eaux du premier jusqu'à la mer ou dans les rivières qui doivent les recevoir. Une digue doit contenir les marées qui pourraient couvrir périodiquement les terres qu'il faut dessécher. La nature a fait pour la plaine de Kaw les plus considérables de ces travaux.

Les rivières de Kaw et de Mahuri sont les deux canaux latéraux; la crique Angélique, avec quelque travail, peut devenir un troisième canal. Les terres d'alluvion qui s'amassent, parce qu'elles sont arrêtées par les palétuviers, sur le bord de la mer, forment un commencement de digue. Il ne reste donc plus à faire que le canal parallèle aux montagnes, qui doit relier aussi les deux rivières de Kaw et de Mahuri : ce canal est commencé.

Cette plaine unie de terreau a toute la pente nécessaire vers la mer pour y verser les eaux des canaux latéraux et des canaux particuliers des habitations qui s'établiraient infailliblement sur cette plaine.

La composition de son terrain la rendra fertile sans fumage pour plus d'un siècle; les eaux douces de la montagne l'arroseront; et enfin ses canaux naturels, qui la lient à la mer et à l'île de Cayenne, c'est-à-dire au port d'embarquement et à la seconde plaine qui se trouve entre la rivière de Kaw et celle d'Approuague, en font un emplacement tellement privilégié par la nature, que l'homme n'a plus qu'un tiers du travail à entreprendre.

Quant au déblai et remblai des terres que le creusement des canaux nécessitera et au transport de ces terres, l'emploi de la vapeur rendrait suffisantes les forces peu nombreuses, mais choisies, que la colonie voudrait consacrer et dont la France solderait la main-d'œuvre. En effet les terres sont si *meubles*, que les machines déjà en usage en Angleterre pour les travaux du génie militaire pourront y creuser des tranchées profondes; et le niveau de la plaine, qu'aucun obstacle n'interrompt, permettra facilement le transport des déblais (34).

La chaîne de montagnes, boisées de leurs bases à leurs sommets, qui dominent au sud toute la longueur de cette plaine, qui a plusieurs lieues de longueur, fournirait tout le bois de charpente et la pierre nécessaires aux constructions de la ville nouvelle, ainsi que l'eau douce qui lui serait apportée par torrents dans la saison pluvieuse, et par faibles ruisseaux pendant la sécheresse. La pente nord de ces montagnes offrirait aux nouveaux colons des terrains à mi-côte, où des habitations provisoires seraient élevées, où des cultures de vivres seraient entreprises. Cette admirable position, qui permettrait aux colons de se reposer des travaux de défrichement sur un sol rafraîchi par les brises et par une température moins élevée que dans la plaine, manquait aux fondateurs de Surinam. Obligés de se reposer de leurs travaux inouïs sur le bord du marais fangeux qu'il fallait paver de pilotis avant d'y bâtir la première citerne; forcés d'aller chercher les bois et la pierre à sept ou huit lieues du terrain à dessécher; sans eau potable, sans vivres frais; que d'obstacles rebutants n'ont-ils pas surmontés à force d'or et de patience, et qui n'existent pas pour nous (*a*)?

La plaine de Kaw peut s'étendre à volonté jusqu'à l'Oyapock, et les grandes rivières d'Approuague et d'Oyapock, qui en bornent une autre, serviraient à son desséchement, comme le Mahuri et la rivière de Kaw auraient servi au desséchement de la plaine qui nous occupe. Le canal parallèle aux montagnes dont nous avons parlé, prolongé jusqu'à l'Oyapock, deviendrait une grande voie de communication intérieure, depuis ce beau fleuve jusqu'au port de Cayenne.

Cette suite de canaux vivifieraient tous les établissements entrepris sur ces plaines de terreau ou sur la pente des montagnes qui les dominent. La ville nouvelle de Cayenne, dont la plupart des rues ne sont indiquées que par des palissades, se garnirait de maisons et se peuplerait, comme tout point central, d'une colonie florissante.

La navigation sur la côte, surtout de l'est à l'ouest, que les courants et les vents régnants rendent si longue et si pénible, serait évitée; la défense militaire du pays en acquerrait de puissants moyens, et les goëlettes n'auraient plus à craindre, en temps de guerre, les corsaires qui pourraient croiser sur la côte.

Mais nous quittons ce riche terrain, où tous les rêves de la plus vive imagination peuvent se réaliser avec de l'*en-*

(*a*) Les Hollandais ont été obligés d'aller chercher leurs matériaux à sept, dix et quinze lieues de Surinam. Le manque d'eau les a forcés de bâtir, avant tout, des citernes sur pilotis.

semble et de la *persévérance*, l'avenir ne peut manquer de le découvrir ; sera-t-il plus habile que notre présent à en tirer parti? Nous croyons que oui; la raison finit toujours par avoir raison.

Nous revenons à notre modeste entreprise.

CHAPITRE IX.

PROJET D'UN ÉTABLISSEMENT PARTICULIER.

Du choix d'un terrain.

Les avantages inappréciables que la plaine de Kaw offrirait à une grande création gouvernementale doivent être recherchés également par toute entreprise particulière, qui, à l'exemple du gouvernement, doit centraliser ses forces. C'est l'oubli de ce principe qui a occasionné tous les *insuccès* des entreprises individuelles dont nous avons fait, dans cette notice, la déplorable nécrologie.

Ainsi tout établissement particulier doit chercher des élévations de terrain, voisines des terres basses desséchables; les premières serviront à l'habitation et à la culture des vivres; les terres basses, progressivement préparées à la production, seront consacrées aux denrées coloniales.

La Guyane française est si riche en terrains semblables, qu'on ne peut manquer d'en trouver qui soient libres de toute concession antérieure.

Quant au choix à en faire, on s'établira de préférence sur les côtes de la mer, sur les rives des grands fleuves.

On s'assurera de la stabilité du sol qu'on veut défricher et de son ancienneté, jusqu'à un certain point (*a*), ce qui se connaît par la grandeur des arbres, par l'épaisseur de la couche de terreau, formée des débris de végétaux. Les vases nouvelles laissées par la mer sont trop molles; on les reconnaît par la jeunesse des palétuviers qui y croissent.

Les meilleures terres ont au-dessous du terreau, et à peu de profondeur, une vase d'un gris bleuâtre foncé, et qui, par sa substance, est semblable à du beurre, et se broie facilement entre les doigts; elle est douce au toucher, et se délaye dans l'eau comme ferait une pâte savonneuse.

On peut aussi arrêter son choix sur les terrains dont la vase, d'un gris tirant sur le roux, est partout homogène; un mélange de sable est quelquefois avantageux.

Les terreaux qui couvrent ces terres basses à une épaisseur de 20 centimètres, souvent davantage, s'affaissent, une fois desséchés, de plus de moitié, par l'action de l'air et du soleil. Ce terreau est un avantage; mais c'est réellement la vase qui est dessous qui a le plus de qualités végétatives; elle les conserve longtemps, quand on conduit avec intelligence la culture qu'elle exige.

La reconnaissance des terrains qui réunissent toutes les apparences détaillées ci-dessus, afin de faire un choix, est aussi difficile, aussi pénible qu'elle est importante.

(*a*) Tout ceci en Europe paraîtra fort obscur; mais on doit se rappeler que la Guyane doit toutes ses terres basses à des alluvions plus ou moins anciennes, plus ou moins *périodiques*, et que quelques-unes de ces alluvions *voyagent*. Heureusement que ces *émigrations de pays* n'ont lieu que sur les bords de la mer, et qu'on en sait à peu près le départ d'avance.

L'exploration de la plaine de Kaw peut en donner une idée vraie.

A défaut d'une exploration fort dispendieuse, des renseignements pris près des colons désintéressés et consciencieux (et il en est dans la Guyane française), peuvent en tenir lieu.

Le succès de l'entreprise dépend de cette première opération, très-délicate, en raison des obstacles en tout genre qui peuvent entraver la mission de l'homme chargé d'y procéder sur les lieux.

Cet homme doit être le chef ou le gérant de l'entreprise. Comme les résultats bons ou mauvais tiennent non-seulement à son aptitude pour ce genre de travail, mais encore à des conditions qu'il doit remplir, à des démarches à faire en France et dans la colonie, nous entrerons dans des détails qui nous paraissent devoir servir àfixer le choix des entrepreneurs ou des fondateurs sur le gérant, qui doit agir en chef (*a*).

On doit solliciter du ministre de la marine une protection nécessaire, indispensable même, quand il s'agit d'aller s'établir dans une colonie lointaine, où la présence d'un étranger sans mission du gouvernement éveille des craintes ou des suspicions. La Guyane, plus que toute autre colonie, exige la précaution que nous recommandons de prendre; car elle a tant vu d'Européens venir à elle, la langue dorée, chargée d'améliorations, de culture et de commerce,

---

(*a*) Qu'on n'oublie pas qu'il s'agissait d'une entreprise particulière pour laquelle on nous demandait des renseignements.

mais l'esprit léger d'expérience, de plans raisonnables et la poche vide, que la méfiance lui est permise. Elle peut craindre aussi, comme cela est arrivé si souvent, qu'après de nouveaux désastres, ces colonisateurs, battus par des difficultés locales plus fortes que les moyens apportés pour les combattre, ne s'en justifient, en France, par de nouvelles calomnies contre un pays qui en meurt déjà depuis un siècle.

Ainsi toute entreprise nouvelle doit se fortifier de la puissante protection du gouvernement; et comme il est présumable qu'il ne l'accordera qu'à de bons plans, mais surtout à des capitaux suffisants, bien réels, les anciens colons, au lieu d'être contraires aux nouvelles entreprises, les aideront de leur expérience, qu'au reste ils n'ont jamais refusée aux anciennes.

L'orgueil européen, il est vrai, refusait cette expérience, qu'il n'en soit plus ainsi à l'avenir; elle est aussi nécessaire aux nouveaux venus, qu'un bon accueil. Ce sont là deux auxiliaires qu'on est heureux de trouver sur les premières marches du débarcadère en bois qu'il faut monter pour toucher, de son premier pas, la terre de notre Guyane; ils aplanissent la voie, déjà si encombrée d'entraves, que le nouveau colon doit parcourir.

La demande faite au ministre pour obtenir cette protection doit être appuyée d'un exemplaire du projet qui la motive.

Clair et concis, on doit le terminer par la demande préliminaire d'une concession de terres *non encore concédées* (35), sans toutefois en déterminer la position ni l'étendue : voici pourquoi.

Les meilleures terres de la Guyane ne peuvent être bien connues que sur les lieux, et encore avec le secours d'un ou de plusieurs habitants, cultivateurs expérimentés, d'un esprit assez élevé pour oublier les préjugés de position, et prendre au sérieux votre projet de colonisation *blanche* (*a*).

Nous pensons que pour cette reconnaissance préliminaire d'un terrain et d'autres mesures préparatoires qu'il est indispensable de prendre, il faut que le gérant du nouvel établissement se rende d'abord sur les lieux.

Là il déterminera l'espèce, la quantité et la position de la concession de terres (*b*) à demander.

Une fois concédé, on disposera ce terrain pour y recevoir les premiers émigrants qui doivent le fertiliser (36).

(*a*) La Guyane possède de ces hommes exceptionnels comme elle en possédait pendant l'exécution des anciens projets, mais on ne les consultait qu'avec défiance, et ils se taisaient. Nous ferons mieux à présent.

(*b*) Ceci n'est pas un petit travail. Nous ne parlerons pas des explorations que le choix d'un terrain nécessite; mais il s'agira de consulter les archives de la colonie pour voir si le terrain choisi n'a pas été déjà concédé une ou même plusieurs fois. Cela était assez commun autrefois.

CHAPITRE X.

DISPOSITIONS PRÉLIMINAIRES A PRENDRE A LA GUYANE AVANT L'ARRIVÉE DES PREMIERS COLONS.

Dans la Guyane française, la condition des nouveaux colons qu'on y appelle sera tout à fait exceptionnelle. Le climat, la position critique des cultivateurs actuels, la nécessité d'avoir de bonnes terres qu'il faut dessécher, et bien d'autres causes qu'on a déjà fait connaître dans les chapitres précédents, exigent des soins particuliers qu'on a trop souvent négligé de prendre dans les établissements précédents.

Il faut, avant tout, créer des abris, défricher, sinon dessécher, quelque portion du sol, autour de ces abris. Avant l'arrivée des premiers colons sur ce terrain ébauché, on pourrait exécuter ce qui va suivre.

Tracer un village au centre des cultures de vivres et à proximité des terres à dessécher, qui doivent être plantées plus tard en denrées coloniales (37).

Le grand nombre, l'étendue des terrains en friche de la Guyane, ses nombreux cours d'eau et ses montagnes boisées, si favorables pour bâtir comme pour cultiver des vivres, permettent de choisir un emplacement offrant à des Européens colonisateurs tous les avantages qui peuvent les favoriser dans le prompt établissement du village que nous proposons.

En prenant ces précautions, on évitera aux nouveaux colons européens les influences funestes qui perdirent leurs devanciers dès leur arrivée sous la zone torride.

N'est-ce donc pas assez pour eux d'être en prise au chagrin, souvent mortel, qui naît de l'incertitude de leur sort à venir? faut-il encore qu'à leur débarquement ils se voient sans ressources, sans appui et sans asile ; sur des bords lointains, où la terre même qu'on a promise à leurs travaux se dérobe à tous les yeux, cachée par des obstacles en apparence invincibles (*a*) ?

Autrefois, dans le but de préserver les émigrants européens de tout contact avec les nègres, les anciennes expéditions faisaient débarquer leurs colons sur des points éloignés de toute habitation, quelquefois même sur des plages désertes, exposées à être inondées dans les grandes marées ou dans la saison des pluies, et presque toujours couvertes de forêts.

En 1763, on oublia d'assurer à ces colons des logements convenables, pour les abriter à leur débarquement.

Pas une parcelle de terre ne fut défrichée et plantée pour leur démontrer, au moins par un fait palpable, que les bois qui bornaient leur étroit horizon pouvaient céder à la ha-

---

(*a*) Plus tard l'expérience leur apprendra que le défrichement des bois, la canalisation des eaux stagnantes, feront de ces obstacles d'inappréciables moyens de prospérité; une bonne instruction peut en ceci devancer l'expérience pratique.

che, et les eaux stagnantes laisser le sol libre pour une culture productive puisqu'ils en voyaient les fruits.

Cet oubli inconcevable, occasionné par l'exécution d'une mesure prudente, devint fatale à une entreprise qui souffrait déjà de bien d'autres fautes.

Ainsi, débarqués dans un désert, cernés par un océan de forêts et d'eau stagnante ou courante, abandonnés à leur stupeur et surtout à leur inexpérience, le découragement succédait aux illusions qu'avaient fait naître en eux de coupables manœuvres de *recruteurs*; et au lieu de se distraire par un travail utile, qu'une bonne direction devait tout de suite faire commencer, ces masses hétérogènes se laissaient envahir par une oisive et rongeante misère, qui les décimait jusqu'à leur extinction complète.

Plus tard aux entreprises moins malheureuses qui suivirent on accorda trop longtemps des vivres d'Europe.

Les grands approvisionnements que cette mesure nécessitait, leur emmagasinement dans un pays chaud et humide, qui en avariait la plus grande partie, coûtaient des millions et avaient le double inconvénient de rendre le travail de la terre moins immédiatement nécessaire aux nouveaux colons, et de leur rappeler, à chaque repas, cette terre natale qu'on quitte bien pour ses misères, mais qu'on regrette malgré ses misères.

Pour éviter l'oisiveté et la nostalgie, que devaient occasionner ces anciennes mesures, nous voudrions qu'on prît celles qui suivent.

Comme toute entreprise ayant pour mission de faire cultiver la Guyane, encore inculte, par des Européens doit s'éloigner de l'aspect et du contact du travail esclave, et qu'en même temps il faut éviter l'abandon, le dénûment des expéditions précédentes, occasionnés en partie par la même crainte que celle que nous manifestons, on devra, avec les moyens que peuvent fournir les habitants de la Guyane, préparer à l'avance non-seulement des logements pour le premier détachement des nouveaux colons qui doivent commencer la colonie, mais encore quelques terrains qui puissent leur présenter un spécimen de la culture, et de quelques produits sur pied, des plantes du pays.

Ces logements ne seront pas établis au hasard, çà et là, mais on les construira sur des points rapprochés d'un village *tracé entièrement*; car il faut éviter l'écueil où tant d'expéditions ont échoué : *l'isolement*.

Quant à l'emménagement de ces habitations modèles, on aura soin de concilier les exigences du climat et les anciennes habitudes des familles qui doivent les occuper; c'est-à-dire, qu'il faut éviter de les caserner comme les grandes réunions d'individus, dont la mission diffère absolument de celle que nos agriculteurs sont appelés à remplir.

Il faut une chaumière, ou plutôt une case par famille, qui puisse continuer, à la Guyane, les habitudes et les mœurs du foyer paternel qu'on a laissé en France. Toute grande habitation qui amènerait un pêle-mêle d'individus habitués à la vie de ménage des campagnes pourrait relâcher les liens de la famille.

A chacune son toit, son champ, à chacune des familles ses vertus ou ses vices.

On sait qu'un contact immédiat entre individus d'origine diverse est plus favorable à la propagation du mal que du bien.

Ainsi chaque famille aura sa ferme et son champ. Et pour maintenir l'ordre entre toutes ces familles rassemblées sur un point, pour les administrer et les diriger dans les travaux que nécessitent les terres de la Guyane, on leur donnera un chef qui réunisse les qualités qu'exigent la mission, si pénible et si difficile, de fonder une colonie.

Après cet homme, de qui dépend en quelque sorte le succès de l'entreprise, on doit choisir, dans le nombre des anciens colons agriculteurs, un gérant expérimenté pour diriger les travaux, si le chef de la colonie ne peut les diriger lui-même; car tout chef d'une nouvelle colonie, sans expérience des choses coloniales, quel que soit d'ailleurs son mérite, éprouvera de grandes difficultés à remplir sa mission; il lui faudra un apprentissage qui le mettra de niveau avec ses administrés. Or, dans tout état, l'homme n'accepte pas volontiers les leçons d'un professeur, qui, dans la classe, n'est qu'un élève de plus (*a*).

Quels que soient au surplus les hommes appelés à remplir à la Guyane l'importante mission de recommencer une colonisation d'agriculteurs blancs (tâche rude et difficile, en présence du travail actuel), qu'ils n'oublient pas que ces mesures d'ordre ou celles qu'ils seront forcés de prendre pour le travail s'adresseront à des hommes libres, disposés à continuer à la Guyane leurs bonnes ou leurs mauvaises habitudes de France, soit en fait de travaux, soit en ce qui touche l'hygiène, et que là est un danger, que là est un bon principe d'acclimatement.

C'est au chef à extirper le danger et à faire fructifier le bon principe.

Pour y parvenir, il se pénétrera bien que s'il faut plier l'indépendance qu'inspire le désert aux lois, aux règlements de la mère patrie, il faut aussi un peu plier (les règle-

---

(*a*) Nous disons cette vérité niaise parce qu'on l'a oubliée plus d'une fois dans les anciennes expéditions.

ments au moins) aux exigences du désert; car les œuvres inédites de la création ont quelque peine à s'encadrer tout d'abord entre les articles d'un code municipal; et il faut du temps, de la population, pour en faire sentir la nécessité. Que les bonnes paroles du chef devancent peu à peu l'effet de ces deux conditions: il faut, dans les commandements difficiles, persuader avant de prescrire.

Quant au travail, à la nourriture, à l'hygiène du pays, il faut en commencer l'indispensable usage dès les premiers jours de l'installation des colons; il faut en même temps leur apprendre (si on ne l'a pas déjà fait pendant la traversée) toutes les précautions défensives que nécessitent la foule d'incommodités, que ces soins doivent atténuer, sinon détruire tout à fait.

Tout ceci se fera, sans rompre trop brusquement avec ceux des usages du pays natal qui peuvent, sans trop de danger, se continuer à la Guyane. Pour la vie usuelle, comme pour les travaux d'une culture si différente de la nôtre, il faut tâcher d'adoucir aux Européens les transitions qui séparent la France de la Guyane; car s'il convient de rattacher le désert à la civilisation militante qui vient l'envahir, il faut aussi que la nouvelle société en cherchant journellement à en utiliser les produits les augmente progressivement de tous ceux que donne la France, et que le climat de la Guyane peut adopter.

En un mot, il ne s'agira pas de rompre tous les liens tissus dans la mère patrie par nos premières habitudes; mais il faudra les étendre doucement, pour en relier les anciens et les nouveaux usages.

Les cases, bâties d'avance, comme nous l'avons dit, commenceront un village tracé complétement avec des piquets, et ne seront que des *logements transitoires* destinés à recevoir successivement les détachements de colons envoyés d'Europe, en attendant que chaque détachement ait construit des logements définitifs et qui seront sa propriété.

Sur le bord des rivières, et même près des côtes maritimes de la Guyane, se trouvent des terres basses couvertes quotidiennement par la marée, ou recouvertes d'eau douce stagnante. Ces divers terrains se terminent d'ordinaire, vers l'intérieur du pays, par des buttes, des montagnes plus ou moins élevées. C'est sur un des points encore incultes que l'on doit tracer le village.

1° Cette position réunit les avantages d'une rivière, offre une grande voie de communication et la ressource d'une pêche toujours abondante ; 2° d'excellentes terres basses desséchables, et des hauteurs où les colons pourront se loger et cultiver des vivres.

On doit donc lui donner la préférence sur les localités qui n'auraient que des terres hautes à fournir à la culture.

Cette position, si avantageuse, qu'elle semblerait avoir été arrangée par la main des hommes, se rencontre fréquemment à la Guyane française.

Les montagnes qu'on y remarque offrent parfois des ressauts, espèce de plateaux où les eaux pluviales, moins rapides dans leur chute, ne peuvent entraîner la mince couche de terreau qui recouvre le roc, mais au contraire, elles y séjournent assez pour laisser un sédiment fertile.

C'est donc sur cette hauteur que nous logeons la naissante colonie.

L'élévation du terrain mettra le village en prise au vent regnant : brise incessante, tiède et pure, qui rafraîchit, repose et fortifie l'ouvrier, soit qu'il travaille au soleil, soit qu'il se repose. Les miasmes des terres basses travaillées pendant le jour ne monteront pas la nuit jusqu'aux colons endormis dans leurs cases. Les eaux douces y sont plus fraîches et plus salubres que dans la plaine, et les colons pourront en arroser des plants nourriciers, auxquels le bon terroir des montagnes est toujours favorable.

Ainsi logés et nourris sur la pente de la montagne, les colons pourront la descendre chaque matin pour travailler la plaine aux heures les plus favorables, et procéder peu à peu au desséchement, puis à la culture des terres basses, qui doivent leur donner un jour des denrées à livrer au commerce.

La tâche finie ils remonteront la hauteur, où, profitant de la fraîcheur du soir, ils pourront encore donner un *moment* à la culture des vivres, travail qu'ils peuvent faire sans cesser de voir la tâche accomplie dans la plaine, c'est-à-dire l'espoir certain du superflu, tout en travaillant à s'assurer du nécessaire.

Voilà l'emplacement où, une fois le village tracé avec des piquets, toujours visibles, on élevera les cases transitoires qui doivent servir à loger temporairement, et tour à tour, chaque détachement envoyé successivement d'Europe.

Et comme il convient que les nouveaux colons s'habituent, dès la première heure de leur séjour, à l'utilité du voisinage entre familles, les premières maisons construites seront contiguës l'une à l'autre, et placées par moitié de chaque côté de la première rue, en commençant par le point le plus élevé du sol.

Aux deux extrémités de cette rue principale seront placées la chapelle et la maison du gérant.

Toutes les maisons auront un jardin placé en arrière de chaque habitation et clos avec des palissades. Une fois la terre basse desséchée, elle sera partagée en autant de lots que le village compterait de cases.

Des terres communales pour paccage, moulins, etc., ainsi qu'une partie de forêt, seraient réservées et entretenues en commun pour les besoins de la société.

Toutes les premières dispositions prises, quand chaque maison sera fournie du peu de meubles et d'ustensiles qu'un ménage des tropiques exige, quand les plants des jardins provisoires annonceront leurs premiers fruits, que le paccage commun sera foulé par quelques souches de gros bétail, que les approvisionnements indispensables à la nourriture des premiers colons seront assurés, alors la métropole pourra faire embarquer le premier détachement de la nouvelle colonie, qu'elle veut confier encore à la Guyane française.

CHAPITRE XI.

DU CHOIX DES NOUVEAUX COLONS.

Deux principes, plus ou moins méconnus dans la composition des premières colonies agricoles essayées à la Guyane, doivent dominer le fondateur dans le choix du personnel de toute colonisation à venir. Ce choix doit se porter sur des agriculteurs, pris autant que possible dans les campagnes. Le peu d'ouvriers nécessaires qu'on leur adjoindra seront choisis dans ces mêmes campagnes, dans les bourgs ou dans les petites villes.

Car tous les hommes appelés à former un établissement neuf dans une terre primitive, éloignée des anciennes populations, et privée des aises et des distractions auxquelles les ouvriers des grandes villes sont habitués, doivent y apporter de la force et l'habitude d'un travail, qui a ses moments de repos, mais peu d'amusantes distractions. Il leur faut aussi du courage, de la docilité, sinon de la discipline instinctive.

Nous allons dire comment on a suivi les deux principes dont nous parlons dans la formation des anciennes expéditions.

Anciennement en France, quand il s'agissait d'envoyer

une nouvelle colonie pour dessécher et dépouiller de leurs forêts les terres encore incultes de la Guyane française, la première idée qui poussait dans l'esprit des hommes appelés à en choisir, à en rassembler les éléments, à l'organiser enfin pour en faire un commencement de corps social, ayant la mission de débuter comme a fait notre vieille société, c'est-à-dire, par le défrichement d'une terre primitive; la première idée des organisateurs, disons-nous, était de profiter de l'occasion pour déblayer le pavé des grandes villes, mais particulièrement celui de la capitale, de ces oisifs flottants, ennemis de tout travail et par conséquent dangereux, de ces esprits remuants et inquiets, et de ces nombreuses familles industrielles qui vivent du luxe et qu'un caprice de la mode, la guerre ou la concurrence font passer d'une aisance passagère à la misère la plus profonde.

La métropole, en prenant cette mesure d'ordre public, croyait bien faire : elle soulageait pour quelque temps son administration des soins pénibles et incessants qu'exige la population qu'elle envoyait en Amérique; c'était bien pour la tranquillité de l'administration; c'était bien aussi un dérivatif au profit du corps social; mais dont les membres inférieurs (les contrées éloignées) devaient supporter toutes les conséquences morbifiques.

Ainsi on en voyait des individus que tous les moyens préventifs et de répression n'avaient pu corriger sur une terre éloignée et déserte, qui chauffe les passions et porte à l'indépendance; terre dépourvue d'une grande partie des moyens de coercition, quand elle n'en manque pas tout à fait.

On envoyait pour travailler, sous les rayons d'un soleil vertical, des terres couvertes d'eau et de bois depuis la création, des ouvriers de luxe, habitués à travailler à l'ombre la soie, l'or et les petites futilités de la mode, ou bien mieux encore des oisifs de naissance que la misère n'a pu porter au travail.

Quant aux professions utiles, aux ouvriers nécessaires, aux constructions de bâtiments, aux autres besoins de la nouvelle société, il s'en trouvait aussi dans l'expédition, et il en fallait sans doute; mais ils étaient en trop grand nombre, sans choix, sans proportion raisonnable; parce que les directeurs de l'entreprise opéraient en vue du climat d'Europe, en vue de la vieille société qu'ils avaient sous les yeux, et qui, selon eux, devait être le moule propre à servir à en couler, d'un seul jet, une toute neuve.

Ils se trompaient donc sur la date, comme sur les lieux de la naissance de la nouvelle société, et ils revêtaient l'enfant nouveau-né de tout l'attirail du vieillard.

L'inexpérience du climat et des choses coloniales se joignait à toutes ces causes d'insuccès; elle ruinait le trésor public en achat d'objets qui ne devaient point servir, faute de n'être pas appropriés aux travaux d'une terre et d'un climat bien différents de la terre et du climat pour lesquels ils étaient faits (*a*).

Quoi qu'il en soit, une fois le peuple colonial trouvé, il

(*a*) Que de charrues, d'instruments, d'outils n'avons-nous pas trouvés dans les magasins, et dans les cours de nos établissements! Sans avoir jamais servi, sans avoir été essayés peut-être, ils étaient réduits en vieille ferraille. L'État en fit vendre 6,000 kilogrammes.

restait à en choisir les chefs, les guides et les instructeurs. Certes c'est une tâche bien difficile par tout pays que de trouver des hommes assez forts pour bien remplir une mission à charge d'âmes! Mais pour gouverner un peuple neuf, transporté sur une terre neuve, c'est encore bien autre chose! puisqu'avec les mêmes besoins d'ordre, d'instruction que la vieille société, la nouvelle n'a en *personnel* chargé de gouverner, de diriger ou d'instruire, qu'un pour *cent* de ce que possède la métropole, ce qui implique dans tout employé colonial une indispensable variété de connaissances, éparses en France dans un grand nombre d'esprits administratifs.

Nous allons voir comment nos anciens colonisateurs d'Europe cherchaient les hommes exceptionnels chargés de remplir l'importante et complexe mission.

Une seconde idée en faisait l'affaire; la voici. Dans ces temps-là il existait à Versailles et à Paris une seconde population flottante, presque aussi nombreuse que la première, dans laquelle on puisait nos *laboureurs*: elle se composait de solliciteurs à tous crins, fatiguant à la journée une classe de protecteurs fort ennuyés de demandes, et qu'ils payaient, faute d'emplois comptant, en promesses à terme. Or les échéances voyaient bien des protêts, des renouvellements, ce qui n'empêchait pas les *poursuites* du débiteur contre le créancier, contre l'usage. Mais la nouvelle colonie mettant les débiteurs endettés de promesses à même de s'acquitter, au moins par à-compte, de leur arriéré de solliciteurs, le choix était fait, le quitus donné, et le nouveau corps social avait trouvé sa tête.

Ainsi, grâce à ce solde officieux, l'administration de détail, la conduite, l'instruction agricole, l'expérience coloniale de tous les individus vicieux, inertes, dangereux ou simplement inexpérimentés, appelés à former le peuple laboureur, dépendaient d'une foule de protégés dont la plupart, faute de moyens suffisants, n'avaient pu trouver de places en Europe.

Et ces hommes étaient chargés de l'importante et difficile mission de créer et de régir, chacun selon sa part de devoirs, un établissement colonial sur un désert de la zone torride!... Aussi qu'en advenait-il?

On embarquait la masse opaque de colons avec toutes ses misères, sa démoralisation et ses folles espérances.

La traversée était ce qu'une telle agglomération d'individus hétérogènes pouvaient la faire. L'expédition abordait les côtes vaseuses de la Guyane; on en cherchait le point le plus inhabité; là on la débarquait sur des plages où se trouvait à peine assez d'espace libre d'eau et de forêt pour y placer le premier colon; et 16,000 individus, fatigués de la mer et de privations, cherchaient en vain des abris, des indications; enfin le pays qu'on leur avait donné en France, et qu'ils ne voyaient nulle part.

Telle était la prise de possession de cette terre promise, sur laquelle les nouveaux colons ne trouvaient ni abris suffisants, ni chemins frayés, ni la moindre trace de culture; livrés à leur inexpérience d'une terre si différente de celle qu'ils venaient de quitter; en prise à une foule d'inconvénients, futiles et misérables quand on sait comment s'en garantir, mais qui, faute d'expérience locale, tuent à coup d'insectes, de rayons solaires et de gouttes d'eau pluviale. Les promesses inconsidérées faites en Europe se comparaient aux réalités visibles et palpables, et le découragement, la nostalgie commençaient la démoralisation des esprits. Des vivres salés, apportés d'Europe, bientôt avariés par la chaleur et le manque de magasins, composaient exclusivement des repas qui seuls interrompaient une complète oisiveté. Cette oisiveté, dans une masse d'individus de tous les âges et de toutes conditions, amenait des excès et des désordres qui aidaient à tuer le reste des facultés des futurs agriculteurs de la Guyane, quand ils n'étaient pas foudroyés tout d'un coup par une inondation qu'un peu d'expérience aurait fait prévoir, ou par des influences d'un sol couvert d'eau ou de bois que le travail aurait rendu salubre (*a*).

Dans ces déplorables circonstances il aurait fallu, pour remonter le cœur et l'esprit à tant d'hommes fatigués des excès et des privations de leur vie passée et découragés par les apparentes déceptions du présent, des chefs secondaires possédant tout ce qui manquait aux administrés; et au lieu d'hommes capables (c'est à dire doués de la force morale et de l'expérience qu'exige une *création* coloniale) on n'avait que des conducteurs aussi faibles de cœur et tout aussi dépourvus d'expérience que les administrés.

Aussi il arrivait que les uns et les autres, au lieu de travailler à se loger, à se nourrir des plantes du pays, se laissaient miner par l'oisiveté au milieu d'une nature sans cesse en travail, et mouraient d'inanition sur une terre

---

(*a*) Nous nous sommes convaincu, d'après notre expérience personnelle, que dans la Guyane défrichée le climat n'est dangereux que pour l'oisiveté : les travaux les plus pénibles, exécutés en plein soleil pendant trois ans, n'ont point causé de mortalité parmi mes mineurs et mes terrassiers, tandis qu'un poste éloigné, par conséquent peu surveillé, et dont la garnison chassait dans les bois, faisait de longues courses, ou restait oisive, m'a occasionné des maladies et plusieurs décès.

qui donne à celui qui la travaille, seulement *un jour sur quinze*, le nécessaire et même du superflu (40).

Depuis la fin désastreuse de ces malheureuses entreprises on s'est bien aperçu en France qu'en employant les hommes et les moyens dont nous venons de parler au défrichement des terres incultes de la Guyane on ne ferait jamais de cette vaste et magnifique contrée qu'un lieu d'exil, un hôpital, un tombeau. On a reconnu sans doute qu'il fallait pour dessécher et travailler des savanes noyées des ouvriers ruraux forts de leurs labeurs, de leurs habitudes et de leurs mœurs de village. Enfin que, pour diriger ces hommes dans des travaux si nouveaux pour eux et qu'ils doivent exécuter sur une terre couverte de prodiges, il fallait des hommes de talent, d'expérience locale et doués de l'énergie qui impose aux masses l'obéissance, l'ordre et le travail *persévérant*. Les gouvernants qui se sont succédé avaient reconnu ces incontestables vérités; et cependant les entreprises qui suivirent celle de 1763 n'ont pas été plus heureuses en résultats agricoles; les beaux quartiers d'Oyapock et d'Approuague ont encore des ruines de villages enfouies sous des *couches* de végétaux chargés de fruits et de fleurs, comme à Naples on voit des villes conservées sous les laves.

La faute en est, selon nous, aux vices d'exécution : la France est pavée de bonnes, d'excellentes mesures; on y veut le bien *colonial*; et cependant le mal arrive on ne sait comment. C'est ce qui s'est vu dans presque toutes les tentatives avortées dont la Guyane a été le but et la victime, après même ses grands désastres agricoles.

Depuis 1763, des hommes d'expérience coloniale et d'un mérite incontestable se sont entendus, bien qu'administrant la Guyane à des époques différentes, à émettre des principes qu'ils appuyaient des exemples visibles et palpables que leur offrait la Guyane hollandaise. Ces principes, appliqués exceptionnellement à la Guyane française, ont réussi; les principaux colons les suivent depuis soixante ans, ils les ont perfectionnés même; et cependant la Guyane française attend encore la Surinam que ces principes ont créée tout près de sa frontière. Pourquoi des causes semblables ont-elles, dans des conditions de territoire et de climat identiques, donné des résultats si différents? C'est ce que la France se demande souvent; mais voici la réponse qu'elle n'ose se faire : c'est que la Hollande a prodigué *tout d'un coup* l'or, les bons procédés agricoles, son génie hydraulique inné, et ses meilleurs sujets à sa Guyane chérie; qu'elle en a été constamment la tutrice vigilante, mais sévère; c'est qu'une armée de nouveaux colons, munie d'immenses capitaux, d'outils et de machines, commandée par des chefs excellents, a combattu d'abord un seul point du désert, sans repos, sans trêve; qu'elle l'a vaincu enfin, et qu'elle y a laissé Surinam pour arc de triomphe.

Quant à notre Guyane, nos anciens gouvernements voulaient bien réellement employer les mêmes moyens pour obtenir les mêmes résultats; un moment même Paris et la cour voulurent les seconder de leur influence et de leur fortune; c'était un élan généreux et spontané qui portait ou plutôt lançait notre France vers sa Guyane languissante; mais l'inconstance du caractère national vint souffler sur ce château de cartes colonial; et, si par pudeur gouvernementale on n'osa pas tout à fait renoncer à des plans affichés publiquement devant des peuples nos rivaux, on entama l'exécution de ces plans avec tant de lenteur et si peu de moyens, qu'on perdit la bataille agricole que la Hollande avait su gagner; et la France par ses économies de bouts de *bougie* ordinaire, en fut pour ses avances insuffisantes.

Car il ne faut jamais perdre de vue que la Guyane diffère de toutes les autres colonies, en ceci : qu'elle est couverte en partie d'eau stagnante, ou temporairement de marées; et qu'il faut, avant d'en tirer parti, de grands travaux préalables, exigeant une nombreuse réunion de forces. C'est qu'il faut, au lieu de disséminer ces forces sur plusieurs points, les réunir toutes sur un seul, comme a fait la Guyane hollandaise.

Cette terre, d'ailleurs baignée d'eau et de soleil, ne se repose jamais de produire dans des stations d'hiver; elle est chauffée par un été de douze mois, arrosée par une espèce de déluge d'eau tiède, qui en dure sept; son fumier ou son terreau, lui est fourni par les débris inaperçus d'une végétation qui se métamorphose, mais ne meurt point; sa puissance incessante, envahissante, s'étend partout, couvre tout; la terre ne lui suffit pas; elle s'empare des fleuves, de la mer, du roc le plus dur, sur lequel elle établit des arbres de cent pieds, sans donner aux racines d'autres substances que celle des feuilles d'arbres fanées (nous n'osons dire mortes). Et l'on veut présenter à cette muraille de verdure, dont l'épaisseur est inconnue, quelques cognées seulement, tenues par des mains débiles!

C'est à la Louis XIV, c'est à la Richelieu, qu'il faut dessécher et faucher la Guyane; elle ne veut pas d'escarmouches, de tâtonnements agricoles; ses bonnes terres exigent des canaux, il faut en creuser, commencez par un seul; mais finissez de suite, et tout de suite, cela se creuse dans un terreau de maraîcher, la vapeur peut s'en charger. Quant au défrichement, attaquez-le comme le canal, tous contre un; foncez en avant jusqu'au terme de la tâche; sans vous arrêter, et vite surtout ; car vos obstacles abattus recroîtraient derrière vous, ils vous cerneraient. Cette végétation, c'est l'hydre classique ; ses arbres ont des cheveux, tenus comme la soie, qu'un souffle de brise agite, mais qui, touchant le sol, y prennent racine, et deviennent des câbles, des haubans, interceptant la forêt. Ses lianes sans bouts, enroulées, tissées, cordées, brodent le sol d'entraves et de piéges ; ses graines se fécondent dans le fruit entr'ouvert, tombé sur le roc, ou encore pendant à l'arbre ; enfin, il faut, comme dans une page des Mille et une Nuits, que le travailleur *avale tous les pepins de la grenade*, sous peine de recommencer la tâche, s'il en oubliait un seul (*a*).

Alors quels ouvriers faut-il choisir, pour lutter corps à corps avec cette nature luxuriante ?... Est-ce donc par des hommes étiolés, exténués par les travaux de fabrique, ou par les excès des grandes villes, qu'une telle puissance végétale peut être domptée ?... Mais encore, en supposant

(*a*) Si tout cela n'était de la plus scrupuleuse exactitude, nous serions impardonnable d'en parler à propos de colonisation ; mais il est utile que l'esprit se familiarise d'avance avec ces circonstances étranges, pour ne pas en être découragé lorsqu'elles vous empêcheront d'avancer dans l'exécution de vos projets. D'ailleurs c'est avec réserve que nous parlons des beautés et des miracles naturels de la Guyane, auxquels on ne fait guère attention quand on l'habite. Si jamais on publie des impressions de voyage sur cette étonnante contrée, on criera à la fable ; on aura raison : c'est de la fable divine que la végétation, le sol, et le climat de la Guyane ; les hommes se sont chargés de son histoire, et voilà pourquoi le poëme qu'on y joue depuis un siècle est si mauvais et les décorations si fabuleusement belles.

que ces hommes, habitués, pour la plupart, à travailler à l'ombre à des ouvrages qui exigent plus d'adresse ou d'intelligence que de force matérielle, soient robustes, habitués à un travail pénible, ne sont-ils pas habitués aussi à des *récréations* nombreuses, plus fatigantes que leurs plus rudes travaux? Les plaisirs qu'enfante la foule perdront dans le désert le seul attrait qui n'ait pas de résultats nuisibles ; la vue et le contact d'une assemblée nombreuse, variée, spectacle formé de tous au profit de chacun. Et l'ennui se joindra aux regrets des anciens travaux. Car on ne saurait le répéter trop souvent, la Guyane doit commencer par l'agriculture, et il faut, d'après ce principe, que le très-petit nombre d'ouvriers d'état qu'on ajoutera aux laboureurs joignent à leur profession la connaissance des travaux agricoles.

En effet, en supposant qu'on se décide à bâtir une colonie de cultivateurs blancs, tous les ouvriers nécessaires à la bâtisse, tels que maçons, charpentiers, menuisiers et forgerons, peuvent se trouver dans les villages ou dans les petites villes d'Europe, et tous auront vu des champs et leur culture ; qu'on choisisse donc dans cette classe le *strict nécessaire*.

Les ouvriers de luxe, même ceux qui meublent et qui habillent, ne viendront qu'après l'édification des cases ; après la mise en rapport du sol. Et, au lieu d'en recruter une armée, le nombre en sera restreint, basé sur les besoins, c'est-à-dire qu'il en faudra très-peu. En voici la raison.

Les terres équinoxiales n'ont pas comme les nôtres une foule d'intempéries de saisons, auxquelles il faut opposer les œuvres de l'homme ; les vêtements, la clôture des habitations, enfin cette masse d'outils, de meubles, de dispositions architectorales, que nous multiplions journellement en Europe, pour nous nourrir, vêtir et loger, sont réellement, pour la plupart, choses de luxe sous le soleil des tropiques. De plus tous ces ouvrages n'ont pas été inventés ni faits tous à la fois; ils ont suivi l'accroissement de la population et des richesses. Alors pourquoi s'occuper d'en munir une société toute neuve? Qui se met en route pour aller, à des milliers de lieues, donner son premier coup de pioche dans le désert?... Qu'elle parte donc, cette colonie, le cœur plein d'espérance et le sac sur le dos, comme le soldat partant pour faire campagne; hélas! celle que les colons nouveaux entreprennent a bien aussi ses labeurs, les combats, les blessés et le reste....

Nous avons dit ceci, parce que faire le contraire, transplanter des ouvriers inutiles ou des ouvriers utiles, mais en nombre disproportionné, dans une colonie naissante et lointaine, c'est y implanter le typhus moral, qui s'étend par tout contact serré inévitable, et qui suit toute migration nombreuse mal dirigée.

C'est vouloir renouveler les anciens sinistres coloniaux, produits par la même cause.

Car, dans ces temps, on appela des milliers d'ouvriers et des dixaines de laboureurs. C'est-à-dire, que chaque cultivateur (seule profession qui, à la Guyane, crée le capital destiné à tout payer) avait pour l'habiller et le loger dix ouvriers en tout genre. Avec quoi pouvait-il payer cette main-d'œuvre vivante et embarrassante?

Les ouvriers, n'ayant donc rien à faire de leur métier spécial et n'étant point habitués aux travaux de la terre, restaient oisifs devant les laboureurs, et comme l'oisiveté est épidémique de sa nature, les hommes de la campagne s'y laissaient tomber, et tous en mouraient, autant que de nostalgie et d'incurie.

Il y a plus encore, c'est que dans les vieilles colonies bien assises mais qui sont privées d'une population suffisante, de commerce extérieur, de voyageurs étrangers, on peut aussi se passer de cette foule d'ouvriers que nous y appelons à son de trompe, dans nos grandes villes. La Guyane a 21 mille habitants, dont cinq ou six mille consomment autant que vingt mille habitants de nos villes européennes ; et la Guyane, à l'exception des ouvriers maçons et charpentiers, etc., n'a point d'*ouvriers d'état,* même de ceux que nous y croyons indispensables. Et toutes les fois qu'il en est venu, par hasard, ils n'ont travaillé qu'un moment, et se sont faits agents d'agriculture, où bien ils sont retournés en France.

La force des choses le veut ainsi : tous ces ouvriers tailleurs, cordonniers, serruriers, et je cite seulement les plus utiles, arrivent dans la Guyane avec leurs outils; mais ils n'apportent pas avec eux *la division du travail,* ce fruit d'une vieille expérience et d'une nombreuse population, qui met à si bas prix des choses qui, faites sans son secours, coûteraient si cher. L'ouvrier doit donc faire venir d'Europe les matières premières, les outils qui, en général, s'établissent dans d'immenses ateliers, usines, par le moyen de grandes machines compliquées. Or tout cela est vendu dans la colonie cent pour cent plus cher qu'en France ; qu'on y joigne la main-d'œuvre locale qui sera réglée sur le prix élevé de la nourriture et du logement, et vous aurez des souliers, des habits mal faits, qui reviendront à un prix triple de celui qui suffit à les payer en Europe. Le commerce se charge de remédier à cette inévitable conséquence de la vie coloniale et de l'éloignement; il apporte la chaussure, l'habillement, le linge, la cuisine toute faite d'Europe, et ne laisse pas même le raccommodage des premiers articles aux *ouvriers de première nécessité de la colonie*, car la réparation coûterait autant que l'objet neuf (39).

Dans les grandes colonies il n'en est pas tout à fait ainsi, sans doute; mais dans une colonie, commençant par l'agriculture, et sur un point éloigné, n'offrant pas d'autres ressources qui puissent procurer des moyens d'échange, le laboureur est tout, les autres ouvriers vivent par lui, lui sont subordonnés ; ils viendront le trouver, après les premières récoltes du superflu qui seront à vendre ; faire le contraire c'est commencer par la fin.

Ce n'est donc pas parmi les ouvriers des grandes villes qu'il faut chercher nos travailleurs blancs de la Guyane. Il nous faut des hommes habitués, dès l'enfance, aux travaux en plein air, éclairés par le soleil du Midi, des hommes faits à l'obéissance de fils à père, de laboureur à fermier; enfin à la discipline-habitude qui s'impose et s'accepte dans la chaumière paternelle, puis dans la ferme. Or, comme ces hommes précieux pour une colonie agricole se trouvent difficilement dans les villes, qui en voudra pour coloniser sérieusement toute contrée inculte devra les aller chercher au village.

Ces hommes, qui doivent apporter à la Guyane des mœurs rurales, de l'expérience agricole, des bras puissants et du courage, doivent être, autant que possible, choisis dans les départements les moins favorisés par le commerce et l'industrie; ceux mêmes dont le sol exige une main-d'œuvre pénible sans donner l'aisance à l'ouvrier qui l'accomplit, doivent avoir la préférence. Nous avons besoin, pour commencer une société agricole sur une terre primitive, d'hommes nés et élevés dans les provinces qui passent pour être les plus arriérées en industrie, *en confortable* si l'on veut : car il nous faut d'honnêtes misères, puisque notre vieux génie hasardeux et fondateur, amolli par les aises du chez soi actuel, ne peut plus livrer aux rudes et aventureux travaux des terres lointaines et désertes, des sociétés complètes en naissant. Courageux essaims, qui ne se séparaient de la grande ruche française que pour la fortifier!

Entre les départements que nous indiquons, on choisira ceux dont le climat approche le plus du climat de la Guyane, tels que ceux formés des anciennes provinces du Languedoc, de la Provence, du Limousin, des Cévennes, etc.; les laboureurs de ces contrées, habitués à travailler à une température au moins aussi élevée que celle de la Guyane, sont mieux disposés à s'y acclimater que les hommes des autres départements (40).

Si la Vendée (le Bocage) n'était pas aussi riche en bonnes terres, ses laboureurs, qui s'entendent admirablement à canaliser les marais noyés, conviendraient aux bonnes terres inondées de la Guyane; car elles se canalisent comme les terres à blé du *Bocage*.

Nous savons bien que les hommes doués des qualités que nous désirons rencontrer dans les futurs colons sont d'ordinaire peu disposés à quitter leurs villages pour s'expatrier sur des terres lointaines, au delà de la mer, terres inconnues pour eux, dont ils se font une idée effrayante, ou trop flatteuse; mais nous savons aussi que le désir de posséder une terre à cultiver, après avoir si longtemps travaillé la terre d'autrui, peut faire passer par-dessus bien des terreurs, faire renoncer à bien des habitudes.

Et comme, en fait de colonisation surtout, l'exemple est contagieux, il ne s'agira que de commencer par en donner un bon, pour qu'il soit *progressivement* fécond. La Guyane l'offrira à la France; la correspondance des premiers arrivés en serait le moyen.

Sans doute que les appels publics, les prospectus, les agents préposés au recrutement des colons, vont plus vite, qu'ils provoquent l'entraînement sur place, que la colonie peut en quelques jours s'assembler, partir et arriver; voilà un exemple prompt, influent par son grandiose. Pour de certaines contrées, déjà cultivées en partie par des travailleurs libres, quand de bonnes dispositions sont prises, que les éléments de colonisation ne sont pas trop mauvais, et que le chef suprême est tout ce qu'il doit être; la colonie ainsi rassemblée peut fructifier. Mais à la Guyane, où il faut cacher, pour ainsi dire, tout essai de cultivateurs blancs sur un oasis désert, entouré de grandes et savantes cultures; où il faudra prendre des leçons d'expérience locale, et s'éloigner des exemples qui peuvent aider à les comprendre; il faut en revenir à nos quelques cases, prémices d'un premier village, à notre petite avant-garde de colons, préparant les voies à ceux qui doivent les suivre (*a*).

Et pour assembler ces souches d'une modeste population agricole, il suffira d'employer une grande modestie de langage, de dire le bien et le mal de la Guyane; comment on parvient à profiter de l'un, comment on peut atténuer, sinon tout à fait vaincre l'autre. La vérité est naturellement éloquente, et il ne faut pas oublier que nos auditeurs *seront choisis* dans les campagnes; la naïveté et la vérité s'entendent: ne sont-elles pas simples, toutes deux (41)?

Le choix des provinces étant fait, on procédera à celui des individus.

(*a*) Il ne faut pas perdre de vue qu'il n'était d'abord question pour nous que d'une entreprise particulière.

On prendra de préférence :

Les laboureurs célibataires de 20 à 30 ans, et les hommes mariés de 22 à 40 ans.

On doit éviter d'admettre beaucoup d'enfants en bas âge; ils deviennent un embarras, et sont sujets, quand ils sont très-jeunes, à être atteints du tétanos.

Les jeunes femmes à marier ont souvent manqué dans les anciennes colonies; c'est une cause de ruine qu'il faut éviter.

Les agriculteurs possesseurs de petits capitaux, fussent-ils d'un âge plus avancé que celui indiqué plus haut, comme maximum, ne doivent pas être refusés. Les hommes appelés à vivre dans une solitude profonde y sentent plus vivement qu'ailleurs le besoin d'obéir ; et la vieillesse débile est souvent invoquée pour contenir la force et les passions de la jeunesse ainsi que de l'âge mur.

D'ailleurs les capitaux remplacent les forces corporelles, qui peuvent faillir à leurs possesseurs, et procurent par conséquent à la naissante société de jeunes travailleurs qui auront en expectative une femme et une ferme.

On joindra à ces agriculteurs purs des ouvriers de village ou de petite ville dans une proportion suffisante; ce qu'on a rarement fait. Leurs professions seront celles qu'on désigne sous le nom d'usuelles; nous avons dit précédemment combien les ouvriers inutiles étaient dangereux dans une colonie agricole qui commence (*a*).

(*a*) En 1763, les ouvriers formaient la masse de la colonie agricole. Recrutés presque tous à Paris, on se doute bien que le luxe l'emportait sur l'utile. Il en fut ainsi : les ciseleurs,

Les ouvriers devront posséder et cultiver des terres comme le reste de la société; ce qui, au surplus, se voit fréquemment dans les campagnes.

Une autre raison doit engager à continuer cet usage, c'est qu'à la Guyane le travail de la terre doit être réhabilité par les blancs comme il l'a été à la Grenade et ailleurs; il faut donc, autant que possible, que tout le monde y ait son champ : pour l'ouvrier, privé de tout autre moyen d'employer son dimanche, ce sera une distraction.

Les jours de fêtes mêmes, les naissances, les mariages pourront se célébrer par une solennité champêtre; on travaillera en commun aux cultures destinées à être communes. On plantera des arbres à fruits, ces monuments de fêtes restent après qu'elles sont passées; ce n'est pas très-civilisé, mais à la Guyane on commence; plus tard on pourra se permettre les fêtes qui, au lieu de fruits et de canaux pour résultats, laisseront de la fumée et des fluxions de poitrine : chaque âge d'une société a son esprit, ses plaisirs et ses mœurs.

Quant à la nôtre, si pauvre et si peu nombreuse, elle

---

brodeurs, peintres, etc., étaient en grand nombre; on poussa la prévoyance pour l'inutile jusqu'à joindre à cette masse de 16,000 individus une troupe d'opéra-comique et un ballet! C'était prendre gaiement une colonisation par la queue. Et c'est cependant sur de semblables essais qu'on a décidé en France que la Guyane n'est pas cultivable par les blancs! Mais en Touraine de semblables agriculteurs n'en auraient pas fait davantage : l'apprentissage de ce métier, père de tous les autres, doit commencer avec l'enfance et ne plus finir.

doit commencer comme nous l'indiquons, sous peine de languir et de finir comme celles qui ont coûté tant de larmes et d'or à la métropole.

Nous croyons donc que des *blancs* d'Europe ainsi choisis, bien préparés en France et pendant la traversée à leur existence future par leurs conducteurs, s'acclimateraient facilement. Nous croyons qu'une fois arrivés sur un terrain où se verraient déjà les premières maisons d'un village et un commencement de culture, de plants et de fruits, la vue de ces preuves palpables de fertilité exciterait leur courage, et qu'ils demanderaient bientôt à parfaire le travail ébauché; d'autant mieux que l'entretien et les cultures de la ferme provisoire n'empêcheraient pas de travailler journellement à la ferme définitive, qui, tout à fait terminée, deviendrait leur propriété personnelle. Nous croyons, disons-nous, que les blancs actuels feraient alors pour *vivre* à la Guyane ce que leurs pères ont fait pour en commencer la première colonisation.

Toutefois, pour parvenir à ce but, de nos jours il faut remplacer par des précautions et de la patience l'audace aventureuse des premiers colons : ils périssaient en abordant le désert de front, et les rangs se serraient, et de nouvelles levées venaient les compléter. Cette énergie, cette persévérance de création n'est plus notre partage; nous jouissons de ce qui est, nous ne créons plus. Le coin du feu a remplacé les vastes solitudes du Brésil, des Guyanes, de la Floride, des Antilles, de Madagascar et des Indes, que les Français parcouraient autrefois pour y planter leur drapeau, pour y semer leurs colonies belliqueuses et civilisatrices. Il faut donc éviter de rebuter par le retentissement d'un désastre partiel ceux que le dénûment doit nous donner.

Pour en venir là, des précautions minutieuses de détails sont nécessaires.

On doit mesurer le travail aux arrivants selon l'âge, le sexe et les forces individuelles.

La tâche doit être progressive, les heures du travail calculées, pour éviter la plus forte insolation à laquelle on doit s'habituer peu à peu. Les conducteurs de l'entreprise, auxquels nous supposons l'expérience des localités, prescriront les précautions à prendre pour diminuer les influences d'un pays et d'un climat, excellents sans doute, mais cependant auxquels les Européens doivent se faire peu à peu, par un travail modéré, une parfaite tranquillité d'esprit et de la sobriété...

Le dessèchement des terres basses s'effectuerait en commun aux heures où les exhalaisons des terres remuées ont été dissipées par la force du soleil. Les terres de ces savanes sont si faciles à travailler, qu'en y consacrant seulement deux ou trois heures de l'après-midi chaque jour ouvrable, on pourra obtenir quelque résultat après la première année de séjour.

Les vivres seront cultivés en terre haute pendant le reste de la journée de travail.

En général les travaux en commun sont les plus gais et les plus fructueux.

Le nombre des ouvriers réunis influe sur la quotité du produit ; c'est un fait qu'on peut remarquer en France. A la Guyane cette influence du nombre aura un autre avantage que celui d'inspirer le travail ; il peuplera le coin de désert en voie de culture ; il fera du bruit ; on entendra moins celui que fait une nature toujours en travail de végétation, de procréation d'insectes, d'animaux, dont le bruissement ou les clameurs sont sans fin depuis qu'elles ont commencé : travail effrayant de force et de splendeur qui peut arrêter celui des hommes.

Dans les abatis de forêts primitives le travail en commun est encore plus nécessaire : il troublera un silence qui épouvante tout homme destiné à l'interrompre seul.

A la Guyane, où la tâche à remplir n'a pas de bornes visibles, et dont le défrichement s'efface si promptement du sol, tout travail veut être brièvement terminé pour être utile. Il faut donc une réunion de forces sur le plus petit espace; au moins pour les défrichements et desséchements. Ces deux opérations préliminaires achevées, les fermes seront faites; la vie agricole d'Europe pourra s'y continuer.

Il paraîtra sans doute étrange en France qu'on puisse faire tant de choses à la fois à la Guyane, et qu'on parvienne à y vivre de ses produits en si peu de temps. Si on a lu avec attention les fragments d'anciens écrits sur la fertilité de la Guyane qui précèdent, on verra que cette promptitude à défricher et à produire provient de la légèreté, de la rare fertilité des terres de choix et du peu d'espace qu'occupent les plantes les plus riches en parties nutritives : circonstances qui font qu'un jour de travail sur quinze suffit à nourrir une famille de noirs. Or les blancs, plus industrieux et libres, peuvent augmenter leurs moyens d'existence du jardinage, de la chasse et de la pêche. Hélas! c'est parce qu'ils trouvaient à vivre partout et en tout temps que les premiers colons ont négligé la culture, qui peut seule peupler et enrichir la Guyane; et c'est parce qu'ils n'ont pas voulu s'imposer les liens, les secours mutuels qu'impliquent le voisinage sur une terre nouvelle qu'ils n'ont fait qu'entamer quelques points épars du pays; tandis qu'un défrichement pied à pied, fait en commun, leur aurait livré un terrain propre à centraliser les moyens, les connaissances et les bons exemples dans une ville agricole.

Que la population actuelle de 21,000 habitants se réunisse sur un point de la plaine de Kaw, personnel et matériel, et dans vingt ans elle sera centuplée.

Les colonies sont comme les promenades publiques de Paris; la population ne se porte qu'à celles où il y a foule.

Enfin nous croyons qu'une bonne direction et des colons choisis, préparés moralement en France à leur nouvelle existence, reçus à couvert à la Guyane, nourris, instruits, aidés des conseils de l'ancienne colonie, pourraient mener à bien une première et modeste entreprise. Elle ne s'élèverait pas sans doute au rang des usines à sucre, à poivre, à coton; ces établissements exigent des capitaux, des travaux auxquels les blancs, dans l'état actuel des choses, ne peuvent se livrer; mais elle commencera par travailler pour vivre.

La culture des denrées coloniales s'apprendra aux nouveaux colons sans qu'ils s'en doutent; car, s'ils ne l'entreprennent d'abord que pour leurs besoins, ils s'apercevront bientôt qu'elle n'est pas plus pénible que celle des vivres, et que planter des cannes, récolter du girofle ou du coton, ne fatigue ni ne déshonore pas plus des bras blancs que le jardinage ou le manioc. Alors ils agrandiront leurs champs à sucre, à café et autres denrées d'échange.

Nous croyons qu'un premier essai tenté d'après ces principes pourrait avoir quelques bons résultats, et que, s'il en était ainsi, de nouveaux villages viendraient *se grouper* autour du premier; car on persisterait à concentrer les nouveaux venus comme les premiers colons arrivés, en ne laissant entre eux que les champs des deux villages.

Ainsi dirigés ces nouveaux colons vivront et prospéreront en raison de leur *pauvreté territoriale* et de la *brièveté* des *secours* de la métropole, auxquels on réduira leur ambition décevante et leur disposition à l'oisiveté.

Quant aux secours moraux, ces nouveaux établissements ne peuvent de longtemps s'en passer.

La religion y pourvoira; car s'il faut à toute colonie nouvelle une volonté ferme qui en maintienne invariablement le contrat constitutif et les plans arrêtés; si des chefs énergiques doivent maintenir l'ordre, si nécessaire dans une nouvelle société, il faut encore des pasteurs pour continuer les bonnes habitudes religieuses du village natal. Voilà des secours que toute colonie particulière ne peut se procurer en commençant, mais que la métropole peut donner à la minorité de ses jeunes branches collatérales.

Après avoir rempli la mission qui nous fut donnée de formuler un projet d'établissement particulier pour la Guyane, nous sommes forcé de convenir que nos colons blancs ne peuvent pendant longtemps faire autre chose que d'y vivre, s'ils ne sont encouragés à pousser plus loin leurs premiers succès par le voisinage d'une grande entreprise gouvernementale.

L'île de Vincent Pinson, toute la partie qu'on appelle *contestée*, et qui ne l'a jamais été sérieusement, parce qu'elle est incontestable, l'Oyapock, l'Approuague, le Kaw, et surtout les plaines qui séparent ces fleuves sont de vastes contrées qui peuvent un jour devenir des provinces; elles offrent déjà tout fait, naturellement, ce qui se payerait des millions en Europe : des voies de communication par eau et le voisinage de la mer.

Les îles du Salut offrent la matière d'un port de mer royal; quatre-vingts lieues de côtes maritimes, largeur de *notre* Guyane, peuvent se multiplier par une profondeur que termine le Rio-Negro. De cette immense surface quelques points imperceptibles sont bien connus ; quelques parties seulement plus imperceptibles encore sont cultivées ; qui sait les richesses minérales et agricoles que notre insouciance aime mieux nier que d'aller découvrir ? Lorsque le frère de Pizarre vint à la Guyane des côtes de la mer du Sud, c'est sur des bruits propagés par les indigènes; il fut arrêté, perdu dans l'océan de forêts qui sépare le Pérou de la Guyane ; mais il courait à la découverte des mines qui ne se montrent guère qu'à ceux qui ne les cherchent pas. Un défrichement progressif en peut faire rencontrer : le fer est partout à la Guyane ; l'argent, l'or peuvent être quelque part. Tout dans cette Guyane n'est-il pas caché plutôt qu'enfoui? Déchirons le voile qui la couvre à coups de pioche, de hache, et par le soc de la charrue ; s'il ne cache rien de métallique, eh bien ! des débris de ce voile de forêts et d'eau stagnante et de toute la terre remuée en vain pour chercher de l'or, nous ferons de l'agriculture : plus d'un pays, actuellement riches et populeux, n'ont eu dans leurs commencements d'autres mines que celles-là.

Pour résumer ce qui précède, nous disons : Une grande entreprise gouvernementale doit commencer par donner à la Guyane une grande voie de communication intérieure, qui unisse l'Oyapock à l'île de Cayenne par une suite de canaux intermédiaires entre les rivières d'Oyapock, d'Approuague, de Kaw et de Mahuri. Ces canaux, creusés au pied des montagnes, parallèlement à la mer, dessécheront les plaines de terreau noyées qui séparent les rivières.

Le travail qui doit procurer ce double résultat sera singulièrement facilité par la nature du terrain. Il est uni comme la mer ; une pente insensible, des montagnes à la côte, favorisent l'écoulement des eaux ; le sol composé de vase molle et de terreau permettra l'emploi des machines à creuser les fossés, mues par la vapeur, déjà en usage en Angleterre.

La bordure de palétuviers qui termine ces plaines vers la mer, toutes les terres que les eaux douces de la montagne y laissent amonceler en se mêlant à la mer forment déjà un commencement de digue nécessaire à opposer contre l'invasion des marées.

Ces plaines, une fois desséchées et indiquées, offriront de vastes terrains propres à construire des villes agricoles comme Paramaribo.

Les voies de communication seront les canaux intermédiaires de l'est à l'ouest; du nord au sud, on a les quatre grandes rivières désignées plus haut.

Si plus tard on veut des chemins de fer, les études, les nivellements seront bientôt faits; tout l'espace à parcourir est uni comme la mer des Tropiques dans un calme plat.

La proximité des frontières du Brésil, des côtes maritimes de l'île de Cayenne et des plus beaux établissements de l'ancienne colonie, présentent de notables avantages pour une grande création agricole.

L'île de Vincent Pinson, si bien placée, si bien défendue naturellement, si près de nos véritables frontières et du continent, qui, dit-on, dans cette partie est des plus favorables pour des établissements; cette île, disons-nous, peut devenir une belle colonie centrale.

Que d'emplacements pourraient être ajoutés à ceux que nous indiquons sommairement! et nous n'avons pas quitté la vue des côtes! Combien n'en trouverait-on pas en remontant les fleuves, les cours d'eau, qui les unissent quelquefois entre eux. Il faut s'arrêter; l'île de Cayenne n'est pas encore entièrement desséchée, ni peut-être entièrement connue.

Quant à toute entreprise particulière, mêmes principes généraux que pour une entreprise gouvernementale. Réunir sur un espace circonscrit pour y vivre en fertilisant des terres de choix, des colons pris en Europe parmi les hommes ayant fait dans nos provinces méridionales les plus pauvres l'apprentissage des fatigues agricoles et de la vie sobre et paisible de nos campagnes isolées.

On ne leur promettra en France que les choses qu'on peut leur livrer d'abord à la Guyane. Nous avons dit en quoi cela consistera.

Nous croyons qu'en les prenant, pour ainsi dire, par la main dans leur village, jusqu'aux chaumières provisoires d'un village tracé à la Guyane, où ils trouveront un abri et des vivres *pendant par racine*, mêlés à ceux de France; en leur donnant pour tâche de construire une ferme, qui sera leur propriété quand elle sera faite; si on leur donne de bons chefs, capables de les instruire en les gouvernant, nous croyons que les colons de notre époque ne se laisseront plus mourir, la bêche et la hache à la main, d'inanition et faute d'abri, dans un pays où depuis deux siècles on se nourrit en travaillant, comme on l'a dit, un jour sur quinze, et qui jouit de quatre étés par an.

CONCLUSION.

L'Europe, tourmentée d'une réplétion due à sa longue paix générale, commence à chercher des dérivatifs coloniaux qui la soulagent. Quand, en 1840, nous commençâmes cette notice, on ne soufflait mot d'Amérique, ni d'Afrique, ni de l'Inde; et voilà qu'aujourd'hui toutes les nations s'entendent (sans le vouloir, sans doute) en ceci, qu'il faut que chacun pousse en avant sa colonie. La Hollande, qui s'y connaît si bien, encouragée par ses 5,000,000 de cultivateurs, indices d'augmentation obtenue à Java, parle de faire cultiver sa Guyane par des blancs. Certes, si cela se fait, nous conseillons aux autres nations d'aller étudier son procédé, car il sera probablement le meilleur.

On parle de Madagascar, du Nicaraga; l'Angleterre, qui s'entend aussi à créer des colonies-comptoirs et surtout à les conserver, ne nous prête-t-elle pas une idée excellente, celle de faire de la Guyane un royaume, frontière de l'empire du Brésil : certes, comme nous l'écrivions déjà en 1840, *la matière y est, l'ouvrier seul y manque.*

Dans cet élan général et simultané des gouvernements européens à envoyer des *reconnaissances* à la découverte de terres à coloniser, la France, qui n'est peut-être pas étrangère à cette recrudescence coloniale, doit achever dans sa vieille possession (la plus importante qu'elle ait jamais eue entre les tropiques) ce qu'elle va commencer dans sa possession nouvelle de l'océan Pacifique; car, en laissant les nations étrangères puiser à même notre population industrieuse et agricole, nous nous privons de consommateurs et nous en faisons des producteurs étrangers qui, sur les marchés à établir comme sur les champs de bataille qu'une guerre peut se choisir sous les tropiques, combattront contre nous. Et alors il arrivera ce qui arrive dans toute défection : la perte sera double.

Prévenons-en la possibilité en prenant notre part de nos biens incontestables; ayons nos émigrants comme tout le monde; choisissons-les, et soignons attentivement leurs équipages de route; guidons leurs premiers pas dans les solitudes qu'ils doivent vivifier : l'enfance d'une colonie, comme l'enfance de l'homme, a ses caprices irréfléchis, ses mutineries d'écoliers, ses étonnements des choses nouvelles et ses terreurs puériles; que la tutelle de la mère patrie, corrige, éclaircisse, éclaire, instruise, apaise tout cela. Il lui en coûtera une sollicitude à laquelle elle est peu faite sans doute, quelques capitaux aussi. Mais, arrivée à l'âge mûr de ce rejeton de notre grand peuplier, *transplanté* avec *précaution* dans un territoire conquis sur le désert, la mère patrie recueillera les fruits des bonnes mesures qu'elle aura semées. L'intérêt de ses capitaux lui sera même compté en monnaie plus précieuse que l'or; c'est-à-dire en prospérité commerciale, en bons marins, en escadres voyageuses et en énergie créatrice, toutes choses que donnent aux nations les colonies lointaines; car en définitive ces colonies ne sont-elles pas les ouvrages avancés des métropoles? Et quand la mer remplit le fossé intermédiaire, n'en arrive-t-il pas, par suite de la gymnastique maritime que cette position commande, que le commerce devient l'école normale des forces de cette marine de guerre, qui au reste paye plus tard son professeur en protection puissante, tout en acquérant ce qu'il faut pour défendre le pays dans les occasions où elle ne peut plus concourir à l'enrichir.

FIN DE LA PREMIÈRE PARTIE.

DE

LA GUYANE FRANÇAISE

ET DE

SES COLONISATIONS.

DEUXIÈME PARTIE.

NOTES ET ECLAIRCISSEMENTS.

Note 1, *page* 15.

Les sauvages sont bien rares à la Guyane; selon ce qui suit, ils étaient plus nombreux autrefois. On voulut, en 1777, les rassembler pour écouter des missionnaires : ils se rendirent d'abord chaque dimanche dans le carbet qui servait d'église pour y être catéchisés et baptisés moyennant une ration de *tafia;* mais les approvisionnements s'étant épuisés, la distribution cessa et aussi le zèle des nouveaux convertis. On fit la faute de vouloir les contraindre : un sergent et des soldats furent les chercher dans leurs carbets; ils résistèrent et vinrent en députation à Cayenne chez M. Malouet. En voyant leur image et leurs mouvements répétés dans les glaces, ils débutèrent par des cris de joie et de surprise, ils se mirent à danser, touchant les glaces en leur parlant, cherchant à voir ce qui était derrière. Mais ce premier mouvement calmé, et sans attendre l'explication du prodige, ils reprirent leur contenance grave, s'accroupirent sur le parquet, et en fixant M. Malouet d'un air mécontent ils lui tinrent à peu près ce discours, traduit par l'interprète, en présence du préfet apostolique et de plusieurs officiers civils et militaires.

« Nous venons savoir ce que tu nous veux, pourquoi tu nous a envoyé des blancs qui nous tourmentent : ils ont fait un traité avec nous qu'ils ont violé les premiers ; nous étions convenus, moyennant une bouteille de tafia par semaine, de venir les entendre chanter et de nous mettre à genoux dans leur carbet. Tant qu'ils nous ont donné le tafia, nous sommes venus ; lorsqu'ils l'ont retranché, nous les avons laissés sans leur rien demander ; et ils nous ont envoyé des soldats pour nous conduire chez eux : nous ne le voulons point. Ils veulent nous faire semer et labourer à la manière des blancs ; nous ne le voulons point. Nous pouvons t'offrir vingt chasseurs à trois piastres par mois pour chaque homme ; si cela te convient, nous le ferons ; mais si tu nous fais tourmenter nous irons établir nos carbets sur une autre rivière. »

On chercha à leur persuader le but de la contrainte dont ils se plaignaient ; ils répondirent par des éclats de rire, et furent congédiés avec des présents qui les contentèrent.

Note 2, page 19.

LIMITES RÉELLES DE LA GUYANE FRANÇAISE.

« La trop grande indifférence du gouvernement (*a*) pour les possessions de la Guyane occasionne depuis plus d'un siècle un progrès d'usurpations de la part des Portugais et des Hollandais. Si l'on ne détermine incontestablement les droits français sur cette portion du continent il arrivera que les États voisins multiplieront leurs établissements à notre détriment.

» Il est notoire que les Portugais ont reculé, de notre côté, à 30 lieues au delà du cap Nord leurs bornes prétendues, et nous ferment par conséquent toutes les avenues du Rio-Négro, dont la navigation peut devenir si importante. Cette portion de côte usurpée par eux est d'ailleurs très-précieuse par la faculté que nous aurions d'y établir la pêche du lamentin. De leur côté, les Hollandais ont eu aussi la prétention de nous cerner à l'intérieur des terres, et de venir s'établir jusqu'au bord du *Camopi*.

» Le petit nombre de colons français que renferme aujourd'hui la Guyane, comparé à la quantité des terres en friche qui s'offre encore à leur industrie, semble affaiblir l'importance de nos réclamations ; mais qu'on se rappelle ce qui est arrivé à Saint-Domingue, notre ancienne colonie : nous avions mis de la négligence à conserver nos droits sur les possessions fran-

---

(*a*) Ceci a été écrit en 1777 par M. Malouet.

çaises de l'Amérique. Tant que les Français établis sur la côte de Saint-Domingue ont eu des terres en friche devant eux, ils ont négligé de s'assurer la possession du terrain qui nous avait été reconnu propre par Philippe V; lorsque ensuite nos cultures se sont étendues, nous avons rencontré les Espagnols établis fort au delà des limites convenues, et il n'a pas été possible de les faire reculer. Il en arrivera autant pour la Guyane, à une époque plus ou moins reculée, et on doit à l'avance rétablir ses limites (*a*). » Cela était même fait vers 1838, dit-on, et un poste avait été posé sur un point du pays contesté vers le cap Nord ; mais, après toutes les dépenses

---

(*a*) Ce qui précède est tiré d'un ouvrage de M. Malouet. Voici ce que nous avons trouvé dans Leblond sur le même sujet :

« Le cap Nord était notre limite. Pendant la révolution française, les Portugais ont profité des longues guerres qu'elle occasionna, pour tout détruire depuis le cap, sous prétexte de nous éloigner de leurs possessions ; et prenant la rive droite de l'Oyapock pour limites, ils ont brûlé les villages et en ont emmené les Indiens avec eux.

» Ainsi, à présent (en l'an x), cet espace n'est plus qu'une vaste solitude, où il n'existe pas un seul individu.

» Voici le pays que nous avons abandonné aux Portugais. Depuis la rive droite de l'Oyapock jusqu'à l'Arouary, on peut aller en canot, et même en pirogue, d'une rive à l'autre et à travers les lacs dont cette vaste contrée est remplie, sans avoir connaissance de la mer, dont les bords sont couverts de mangliers partout où parviennent les marées, qui sont très-fortes sur ces côtes.

» Partout se trouvent de riches et gras pâturages, demandant à se couvrir de troupeaux de toutes espèces.

» On en pourrait prendre les souches au Para, séparé de cette contrée, dont l'étendue est celle d'une grande province d'Europe.

» L'île de Vincent Pinson n'en est séparée que par une rivière. »

faites, un contre-ordre a fait abandonner de nouveau cette portion de notre territoire, tout importante qu'elle pouvait être pour nous : car ce pays a offert à la commission chargée d'aller le reprendre des avantages inconnus dans les autres parties de notre possession, tels que de grands lacs d'eau douce peuplés de lamentins; des plaines *sèches* et d'une grande étendue, couvertes d'un bon pâturage; enfin des rivières et des criques belles et grandes, comme elles le sont dans la Guyane.

Note 3, page 20.

La ville de Cayenne a 3,400 mètres de circonférence, 70 hectares de superficie, 500 maisons et 5,220 habitants.

La seule route de la colonie est dans l'île de Cayenne; elle à 16,000 mètres sur 6 mètres de largeur; elle n'est point pavée; le sol étant très-sablonneux, elle est toujours sèche; elle aboutit à un débarcadère pratiqué sur la rive gauche du Mahuri appelé le *Dégras des Cannes*.

Il y a dans la colonie sept canaux creusés par la main des hommes.

1° La Crique fouillée; 8,000 mètres sur 10 mètres de largeur, il traverse l'île dans toute sa largeur et met en communication les deux rivières, la Cayenne et le Mahuri.

2° Le canal Torcy (rive droite du Mahuri), 6,600 mètres, 14 mètres de large.

3° Un canal d'embranchement qui est perpendiculaire au précédent établit une communication entre ce dernier et la mer, où il déverse une partie de ses eaux.

4° Parallèlement au canal Torcy, et en arrière des habitations de la rive gauche, un canal fermé par une écluse du côté de la mer a été creusé pour le desséchement de ces habitations; il a 6,000 mètres de développement en longueur, sur une largeur moyenne de 8 mètres, et de 1 mètre 50 centimètres de profondeur au-dessous du sol.

La digue de la rive gauche contient les eaux des savanes pendant la saison pluvieuse.

5° Le canal Laussat borde la ville au sud, et aboutit à la mer par ses deux extrémités; il a 13 mètres de largeur moyenne, et 26 mètres entre ses digues.

6° Le canal du Collége creusé par les jésuites, et qui conduit dans une superbe habitation à sucre; d'abord destinée à servir de collége, elle en a conservé le nom.

7° Un canal qui conduit à la Gabrielle, habitation créée par *Monsieur*, depuis Louis XVIII, et appartenant actuellement à l'Etat.

On compte plusieurs lacs d'eau douce dans la Guyane française; l'un d'eux a une île où un poste a été construit et occupé. Il paraît qu'on a renoncé à cette reprise de possession d'un territoire qui nous appartient et où se trouvent trois lacs très-favorables à la pêche du lamentin; parages fertiles et pâturages excellents.

Il tombe à Cayenne 120 pouces d'eau dans l'année comme à Batavia; c'est à peu près le maximum. Brest n'est arrosé que par 104 pouces et s'en contente volontiers.

Les vents dominants sont N.-N.-E. et S.-E.

Au solstice d'été le soleil se lève à 5 heures 51 minutes, et se couche à 6 heures 9 minutes.

Au solstice d'hiver il se lève à 6 heures 9 minutes, et se couche à 5 heures 51 minutes.

Par conséquent le jour le plus long est de 12 heures 18 minutes, et le plus court de 11 heures 42 minutes.

Cayenne, ou plutôt la Guyane, est divisée en quatorze quartiers; voici leurs noms : *Ile de Cayenne, Tour de l'Ile, Tonne-Grande, Mont-Sinéri, Macouria, Oyapock, Approuague, Kaw, Sinnamary, Kourou, Iracoubo, Mana.*

Note 4, page 20.

..... Les eaux alors tombent par torrents.....

Quoique les pluies soient extrêmement abondantes, surtout pendant la dernière époque, il ne faut pas s'en faire une idée exagérée, et croire que ce soit un déluge continuel. Il y a des intervalles, et même des journées entières de beau temps; comme il y a des jours entiers de pluie pendant la sécheresse.

Lorsqu'il en est autrement, c'est-à-dire lorsque les pluies sont trop abondantes et trop continues, ou lorsque la sécheresse est trop constante, ce sont des fléaux nuisibles aux cultures, comme tous les pays de l'univers sont susceptibles d'en éprouver de divers genres.

Il est remarquable que la Guyane, qui n'est guère qu'à 150 lieues des Antilles (son extrémité ouest), a sa saison pluvieuse pendant la sécheresse de ces îles, et vice versâ; et que la sécheresse a lieu dans la Guyane pendant la saison pluvieuse des Antilles.

Note 5, page 23.

SUR L'ÉTAT SANITAIRE DE LA GUYANE.

Pendant mon séjour de cinq ans à Cayenne, mon détachement a constamment travaillé aux ouvrages qu'impliquent les armes de l'artillerie et du génie. Les mineurs et les terrassiers commençaient la journée à 6 heures, au lever du soleil, et la terminaient à 4 heures du soir. Les travaux s'exécutaient en plein soleil, et les travaux extraordinaires ne m'ont point fourni un seul malade pendant les trois années qu'ils ont duré.

Mes huit hommes décédés sont morts des causes suivantes :

Un poste, établi sur le bord de la mer et du fleuve du Mahuri, qui passe pour le point de l'île le plus sain, mais où les hommes, moins surveillés qu'en ville, se livraient à des courses excessives dans les bois ou ailleurs, pour chasser, etc., m'en a fait perdre 5

En ville, par suite de boisson alcoolique. . . 2

En ville, du tétanos. 1

En mer, d'un coup de soleil. 1

D'une maladie chronique prise aux Antilles. . 1

Total. 8

En général j'ai remarqué que les excès de marche, de table, de veille prolongée, causent le plus de maladies, et que ces maladies s'aggravaient étonnamment par le retard que l'on apportait à s'en faire traiter aussitôt l'apparition du premier symptôme.

Cayenne compte beaucoup de vieillards, relativement à sa

population, et beaucoup plus parmi les femmes que parmi les hommes. Lescalier dit : « On objecte contre la Guyane les forêts et les marécages ; mais c'est à tort. L'expérience a prouvé qu'ils n'ont aucun effet funeste ni les uns ni les autres. Le séjour des forêts n'y est pas malsain : j'y ai fait des courses considérables pendant *onze ans*, accompagné d'un certain nombre d'Européens et autres ; nous avons couché plusieurs nuits de suite dans les bois sans que personne en ait été incommodé. Les espaces qu'on appelle marécages n'y ont aucune influence (*a*), d'ailleurs on ne peut appeler marécages de grandes étendues d'eau, semblables à des inondations, où les eaux ne sont ni stagnantes ni croupissantes et se renouvellent sans cesse, soit par les marées, deux fois par jour, soit par des pluies abondantes pendant une partie de l'année. Il est reconnu que la saison des pluies est la plus saine ; et que le voisinage des côtes, où tout est terres basses et noyées, est au moins aussi salubre que les parties antérieures.

» On voit souvent des Européens passer dans la Guyane, y séjourner pendant plusieurs années sans éprouver aucune de ces maladies fâcheuses auxquelles ils sont si sujets dans presque tous les autres pays de la zone torride, et comme un changement de climat aussi marqué peut le faire craindre.

» Les Européens résistent surtout à ce climat lorsqu'ils savent adopter une manière de vivre frugale, plus analogue aux

---

(*a*) C'est l'avis du médecin en chef Laborde, comme on l'a vu plus haut. Cependant nous croyons que les grands bois, c'est ainsi que l'on désigne les forêts vierges, causent des fièvres intermittentes. L'ombre, le manque d'air et la fermentation d'un terreau humide en peuvent être les principes.

pays chauds; lorsqu'ils ont soin d'éviter, dans les commencements, de s'exposer trop longtemps de suite aux rayons directs du soleil. S'il meurt des émigrants, c'est presque toujours le libertinage et l'ivrognerie, ou même l'usage peu modéré des liqueurs fortes qui les emportent: ce n'est pas la faute du climat. »

Note 6, *page* 23.

Cette description pompeuse est de M. Malouet, qui la fit sur les lieux; elle est forte exacte. En 1852, chargé par M. le gouverneur de la Guyane d'aller déterminer l'emplacement d'un bourg et d'un fortin sur les bords de la rivière d'Approuague, l'entrée de ce beau fleuve me parut un vaste jardin cultivé. En voici la raison : dans la Guyane, les arbres de haute futaie bordent les rivières sans laisser un pouce de terrain découvert, le cours d'eau trace et forme, pour ainsi dire, la *grande allée* de ce jardin naturel. Les rivières de la Guyane étant assez directes à leur embouchure et même à quelques lieues plus haut, il en résulte une *allée* qui semble tirée au cordeau. Ce qui complète l'illusion, c'est la double haie de *moucous* (*a*) croissant dans l'eau, s'élevant tous à la même hauteur en avant des arbres formant les côtés de l'allée. La marée haute arrive au delà de ces arbres, mais comme en se retirant elle laisserait

---

(*a*) Espèce d'*arum* dont la plante s'élève de 4 à 5 mètres.

à découvert de la vase visible qui pourrait nuire au paysage, les haies de moucous, dont le pied est presque toujours couvert d'eau, forment des charmilles régulières ; vues de quelque distance elles complètent l'illusion.

Note 7, page 25.

TERRES HAUTES ET TERRES BASSES.

Tout semble annoncer que les terres hautes, dont quelques-unes sont néanmoins assez reculées dans l'intérieur, étaient autrefois baignées par la mer qui a depuis formé les terres basses par ses délaissements successifs. Les différentes espèces de couches qu'on y remarque distinctement semblent ne laisser aucun doute à cet égard.

Les courants plus ou moins forts qui règnent continuellement sur toute l'étendue des côtes de la Guyane soulèvent avec d'autant plus de facilité la vase très-molle qui forme presque tout le fond, qu'elle est en général très-près de la surface, c'est au point que les eaux de la mer, toujours très-sales, ressemblent quelquefois à de la boue délayée, et que l'expérience peut seule rassurer les navigateurs sur un spectacle aussi extraordinaire. Dans les parties de la côte garanties par un cap ou formant quelques sinuosités, et où par conséquent les courants ne se font pas sentir, ces eaux déposent continuellement, et au bout d'une longue suite d'années les terres basses ont pu se former, comme on en voit encore se former et disparaître tous les jours. Mais un moyen plus prompt et plus sensible encore tient à un phénomène incontestable dont on est tous les jours témoin sur les côtes de la Guyane ; le voici : il se forme, on ne sait comment, des bancs de vase plus ou moins molle, quelquefois très-petits, quelquefois de plusieurs lieues d'étendue, qui sont entraînés *entiers* par des courants et voyagent avec eux. Tantôt cette marche est assez rapide, tantôt elle est à peine sensiblement progressive, et toujours ces bancs finissent par s'arrêter ou se diviser au bout d'un certain temps.

Lorsqu'un de ces bancs de vase s'approche très-près des côtes et s'y échoue, pour ainsi dire, hors de l'atteinte des courants, il y croît presque aussitôt spontanément une multitude de palétuviers, dont les racines entrelacées consolident le sol, et dès lors c'est un terrain conquis sur la mer, mais non pas sans retour, car il en disparaît assez souvent au point de laisser voir le sable pur qu'il avait couvert. C'est ainsi que la partie basse des côtes change sans cesse de configuration, et que tel habitant qui, des fenêtres de sa maison jouissait sans obstacle, il y a trois ans, de la vue de la mer, s'en trouve séparé aujourd'hui par une forêt.

Nous nous sommes même promené pendant notre séjour à Cayenne sur une plage de sable pur et très-fin qui, quinze ans avant, était un bois touffu où les duellistes et les amants allaient chercher l'ombre et la solitude.

Note 8, page 25.

PALÉTUVIERS.

Toute l'étendue de côtes qui se trouve depuis Kourou jusqu'à Iracoubo, qui est d'environ 20 lieues, est terminée du côté de la mer par une ceinture de palétuviers et par des plages presque partout. En dedans de cette ceinture de palétuviers, qui a plus ou moins d'épaisseur (jusqu'à une lieue quelquefois), il y a des savanes naturelles ou plaines, qui ne sont interrompues que çà et là par quelques bouquets de bois, par quelques rivières et criques à d'assez grandes distances; du côté de l'intérieur des terres, à deux ou trois lieues, elles finissent aux grands bois peuplés de toutes espèces d'arbres. Dans ces savanes à perte de vue on a toujours multiplié avec succès les bestiaux, mais une mauvaise direction en avait fait diminuer le nombre. Les cochons y avaient prodigieusement multiplié. Ils pouvaient par la suite offrir un objet de spéculation avec les Antilles; tandis qu'au contraire nous tirons toute la viande salée des Etats-Unis, et que nous allons chercher des bestiaux au Sénégal et au Para *malgré* nos *prairies* à perte de vue et les *mille moyens* que nous avons d'*engraisser* des porcs, de les *saler* et de les *embariller* sur les *lieux*.

Note 9, page 25.

RENSEIGNEMENTS SUR QUELQUES DÉNOMINATIONS LOCALES EN USAGE A LA GUYANE FRANÇAISE.

Palétuviers.

Il y en a deux espèces, le rouge et le blanc. Le premier ne croît que sur le bord de la mer ou aux bords des fleuves où l'eau salée arrive ; le blanc vient sur les mêmes bords au delà du point où la marée s'arrête.

Sur le bord de la mer ces arbres forment une ceinture plus ou moins large.

Les racines du palétuvier enjambent, pour ainsi dire, le terrain en formant des arceaux, des voûtes, sous lesquels nous avons navigué en pirogue. Le faîte de ces arbres est plat, les branches si serrées et le feuillage si touffu, qu'on y peut marcher comme sur terre.

Cet arbre meurt quand les eaux de la mer l'abandonnent, et ses graines, transportées par des vases voyageuses, les reproduisent sur les terrains d'alluvion que ces vases forment temporairement sur les côtes.

Prispris.

Marais les plus profondément inondés, recouverts quelquefois de plantes qui leur donnent l'apparence de prairies.

Pinots ou bâche.

Espèce de palmier qui croît dans les terrains marécageux

et les indiquent. Les pinotières sont des marais que diverses circonstances locales ont, avec le temps, concouru à dessécher et qui forment d'immenses prairies, où les palmiers pinots ont à la longue remplacé les mangliers ou palétuviers; quelques pinotières sont toujours sèches et abondent en pâturages, les autres sont couvertes d'eau pendant la saison des pluies.

Savanes.

Les savanes proprement dites comprennent les immenses terrains découverts qu'on trouve entre la rive droite de l'Oyapock et la rive gauche de l'Amazone et dans les quartiers de Macouria, de Kourou, de Sinnamary, d'Iracoubo, jusqu'à Organabo. Les unes ont pour base le roc ou le granit, et forment une chaîne d'ondulations plus ou moins longues, recouverte d'une couche légère de sable mêlé à une très-petite quantité de terre végétale, détritus du peu de plantes qui y croissent.

Les autres ne sont que de vastes marais à fond de sable comme ceux de Macouria et de Kourou, ou à fond d'argile comme dans quelques parties du quartier de Sinnamary; enfin d'autres, que l'on appelle savanes *tremblantes*, présentent une couche de terreau de deux pieds environ d'épaisseur, reposant sur une vase molle épaisse d'environ cinq à huit pieds, et recouverte de touffes d'herbes aquatiques très-verdoyantes. Ces dernières se trouvent surtout dans les plaines de Kaw et de Mahuri, et à Corossoni près de Sinnamary.

Dégras.

On appelle ainsi à la Guyane les débarcadères, les cales qui servent à l'embarquement et au débarquement des denrées.

Faire marée.

Nous avons dit que les communications entre les habitations et la ville de Cayenne ou des habitations entre elles avaient lieu par eau. Quand c'est sur des rivières où les marées se font sentir, on profite du flux et du reflux pour voyager du côté où l'on se dirige ; mais quand le flot ou le jusant vous est contraire, on s'arrête au dégras de l'habitation la plus proche, et on réclame du maître une hospitalité de six à sept heures ; cela s'appelle *faire marée.*

Cette hospitalité est homérique et d'une franchise incontestable, quelque soit d'ailleurs le degré d'amitié ou simplement de relations qui peut exister entre le voyageur et ses hôtes.

L'isolement des habitants, l'abondance des vivres, le besoin de rompre des tête-à-tête blancs qui se sont tout dit, et le désir d'apprendre des nouvelles, font regarder ces *faire marée* comme de véritables bonnes fortunes qui font oublier souvent l'heure de cette marée qui, on le sait, n'attend jamais personne. Viennent les auberges, et cette hospitalité biblique disparaîtra ; malheureusement la Guyane est loin d'en être là.

Habitation.

Une habitation à la Guyane tient de la ferme de Beauce par ses grandes cultures, du manoir en ce que le fermier est propriétaire du sol, et du château par le bon ton des maîtres, leur table et leur domestique nombreux. Ici finissent les termes de comparaison, et l'habitation prend ensuite un caractère de grandeur que le plus puissant roi ne pourrait imiter en Europe.

Lorsque le roi Louis XIV étendait le parc de Versailles jusqu'aux limites que nous lui voyons, quelqu'un lui dit : « Sire, vous aurez beau faire, vous aurez toujours des voisins. » Un habitant de la Guyane, lui, peut toute sa vie reculer ses limites vers le sud sans rencontrer d'autres obstacles que des fleuves et des plaines désertes, et n'a d'autres voisins de frontières que les sauvages ou des moines espagnols, dont *les missions* sont à peu près nomades dans l'espace qui sépare les Guyanes de Rio-Négro.

L'habitant peut, s'il le veut, s'agrandir, couper des parties de la forêt qui borne sa propriété ; pour fournir sa table, il fait pêcher partout avec toute espèce de filets, chasser le tigre, le cerf et la biche journellement et en toute saison ; il fait chasser le petit gibier par ses noirs ; enfin sa personne est inviolable et sacrée pour ses créanciers, et les huissiers qu'on expédierait de Cayenne, bloqués, mis en quarantaine sur le bord opposé du fleuve où gîte leur proie, s'ils sont venus par terre, ou sur la goëlette qui les apporterait par mer, seraient forcés par famine de revenir au greffe avec toutes les pièces de la procédure et les germes d'une fièvre intermittente, gagnée au bivouac ou sur le pont de la goëlette.

Chaque grande habitation se compose de la maison du maître et d'une assez grande quantité de bâtiments accessoires, tels que le moulin à tourner, mû par l'eau ou par la vapeur, la sécherie, la case à bagasse qui contient la canne privée de son suc, des ateliers de tous genres, une pharmacie, etc. Les nègres sont divisés par familles, et chacune occupe une case. Toutes les cases forment une espèce de village, mais d'un aspect assez triste, car il n'a ni jardin ni église : les cultures des nègres se trouvant assez éloignées de l'habitation, et tous les esclaves avant de se rendre au travail et le soir après en être revenus assistant à la prière du matin et à celle du soir.

Chaque habitation a des embarcations pour voyager, et quelquefois une goëlette pour transporter ses produits à Cayenne.

Le séjour des habitations est beaucoup plus agréable que celui de Cayenne; on n'y manque de rien, surtout chez les habitants aisés : on y fait bonne chère, et on en trouve aisément les premiers éléments aux environs. Les nègres entretiennent ordinairement une petite basse-cour garnie, et en vendent les produits à leurs maîtres; des chasseurs, des pêcheurs fournissent journellement le gibier et le poisson de mer ou d'eau douce.

On y nourrit aussi des moutons et des chèvres; ces derniers animaux se multiplient sans aucun soin d'une façon fabuleuse; les cabris coupés valent les agneaux pour la délicatesse de la chair.

Le contraste des lieux magnifiquement agrestes avec les meubles et les usages de la civilisation la plus avancée est des plus piquants; ordinairement la forêt vierge termine les cultures de l'habitation par un côté, la mer ou un fleuve par un autre; les deux autres faces sont bornées par des friches ou des bois secondaires propices pour la chasse, et d'une beauté moins austère que celle des grands bois, dont le silence et la majesté portent au recueillement et à la tristesse.

Les habitants se voient peu à raison des grandes distances qui les séparent et des journées de nègres que nécessitent les embarcations, seuls véhicules du pays. Il en résulte qu'une visite étrangère est considérée comme un événement heureux par l'habitant, qui voit en celui qui la lui fait le *Vendredi* de Robinson, un moniteur des événements et des propos de Cayenne, un écho des journaux d'Europe et un tiers précieux qui vient interrompre le tête-à-tête blanc des maîtres.

Note 10, page 30.

ILE DE CAYENNE, VILLE DU MÊME NOM.

Depuis le Mahuri jusqu'à la Cayenne, rivière, pendant une distance de 3 lieues et demie, est l'île de Cayenne, formée par ces deux rivières, par un bras de rivière ou plutôt un canal naturel qui les joint toutes les deux au sud, et au nord par la mer.

Cette île, qui a 5 lieues de long du nord au sud, n'est nulle part basse et noyée du côté de la mer (et c'est le seul point de toutes les côtes des Guyanes où il en est ainsi), mais elle est formée de petits monticules très-propres à la culture.

L'intérieur de l'île est entrecoupé d'une manière singulière de terres basses et de monticules dans sa plus grande étendue.

Quoique ce soit là partie la plus peuplée de la colonie, elle est à peine cultivée.

A l'extrémité occidentale de l'île, et du côté de la mer, est Cayenne, la seule ville de la colonie.

Le port, dont les mouillages varient d'une année à l'autre, ne peut guère recevoir que des navires tirant dix-sept pieds d'eau ; il en reçoit une vingtaine par année de France et des Etats-Unis.

Les gros temps sont si rares sur les côtes de l'île, que les navires d'un fort tonnage, ou les bâtiments de guerre, peuvent mouiller en rade foraine, près des îlots du Mahuri ; les derniers, fussent-ils des vaisseaux de premier rang, ont aussi un bon mouillage aux îles du Salut, à l'ouest de Cayenne.

Vue de la rade, un étranger qui arrive n'aperçoit guère de la capitale guyannaise que son hôpital, bâti sur une plage sablonneuse, sa caserne, fondée sur un vieux rempart en ruine, et son fortin, pavoisé d'un signal coiffant assez disgracieusement le monticule isolé qui domine et cache la ville aux arrivants.

Un débarcadère en charpente s'avance d'une cinquantaine de pieds dans le port (formé par l'embouchure de la Cayenne) et vous reçoit au bas d'un escalier en sortant du canot; vous montez sur le pont, vous en parcourez le plancher disjoint et tremblant, vous vous avancez sous la mousqueterie des regards citadins, et vous arrivez sur une plage inclinée sans quai : vous êtes dans la ville de Cayenne.

Jamais échantillon ne fut, humainement parlant, plus conforme à la marchandise.

A droite de cette entrée inévitable, des plaines de vase, dont la marée augmente ou diminue d'étendue, selon le *flot* et le *jusant*, sont parcourues par des flamands roses, des aigrettes et autres échassiers; à gauche, la montagne du fort, un long et bas hangar servant de magasin général, quelques cases perchées à mi-côte; devant vous, la rue principale, tortueuse, mal garnie et mal pavée (c'est heureusement la seule rue de la ville qui soit pavée, le sol *au naturel* vaut mieux). Les maisons très-inégales de cette rue (qui étonnent d'abord par l'étrangeté de leur forme) n'ont point de boutiques, mais de vastes magasins, souvent vides, quelquefois pleins, selon les saisons et les arrivages d'Europe; la rue elle-même sert souvent de magasin, au moins y ai-je vu, à ma première entrée, d'énormes sacs de girofle et des tonnes de rocou, dont l'odeur de cuisine et un parfum plus inexplicable me saisirent d'abord et m'étonnèrent.

Le sol, naturellement rougi d'une poussière ferrugineuse, me sembla même être coloré ainsi par des déchets de ces deux produits de la Guyane. Enfin l'impression que fait cette rue sur des hommes auxquels l'uniformité de la mer a laissé toute la vivacité des souvenirs d'Europe est vraiment surprenante : on croit, en voyant les maisons en bois de cette rue solitaire, à toutes les calomnies imprimées ou traditionnelles laissées par les entreprises ou par les déportations qui ont perdu la Guyane ; la vue de cette rue, d'une si pauvre apparence, en fait de simples médisances.

Cette grande rue sinueuse conduit sur la place d'armes, vaste terrain couvert d'un gazon éternel, et qui depuis la démolition des vieux remparts s'est agrandie d'un vaste espace nommé *la Savane*.

Sur cette grande place irrégulière se trouvent, séparés par de grandes distances, l'hôtel actuel du gouverneur, ancienne maison des jésuites, l'ancien gouvernement où sont logés les officiers d'infanterie et d'artillerie, et la plus grande partie des établissements de cette dernière arme, plusieurs belles maisons particulières, une moitié de rue qui la borne au sud, l'hôpital au nord, et la nouvelle ville à l'est.

A l'ouest, une petite montagne, *coiffée* d'un fortin et d'un mât de signaux, est pour une population ennuyée, le point de mire journalier de toutes les espérances.

Trois orangers chenus et incultes, reste d'une quadruple allée, attristent la vieille place ; des tamarins et quelques palmiers croissent avec assez de peine sur la nouvelle, qui n'est encore, comme l'indique son nom, qu'une savane.

La place publique, que forment les deux terrains réunis, n'est guère fréquentée que par les rares passants qui la traversent sans s'y arrêter, et par quelques moutons sans berger, paissant une herbe trop abondante ou desséchée, selon celle des deux saisons qui partagent l'année à la Guyane.

Cette place, d'où la mer apparaît de toutes parts, est toujours paisible comme un village endormi, et pendant mes cinq années de séjour sur cette place je n'y ai guère entendu d'autre bruit que celui des avocats plaidants (*a*); car j'avais la justice pour voisine, et à Cayenne elle est nombreuse. Ses onze cents justiciables blancs jouissent d'une cour royale, d'un tribunal de première instance, d'un de commerce, d'une justice de paix, etc., etc.

Le surplus des rues de l'ancienne ville se trouvent au sud de cette place ; la ville nouvelle, dont la plupart des rues sont indiquées par des palissades, en est à l'est.

Si ce nouveau quartier était seulement à moitié construit et à moitié peuplé, on aurait peu à reprendre : ses rues, larges et bien percées, sont tirées au cordeau ; elles portent les noms les plus honorables, tels que ceux-ci : *Richelieu*, *Choiseul*, *Angoulême*, *Saint-Honoré*, etc.; enfin cette ville, commencée avec ses quelques maisons, son pavage de sable et son éclairage d'insectes lumineux, est déjà remarquable : c'est au moins un majestueux paysage par ses jardins même négligés, mais surtout par son cadre formé par la *Savane*, la pleine mer, de magnifiques forêts, et quelques plaines comme on n'en voit qu'en Amérique.

Les jardins potagers sont dans la ville ; chaque maison ou chaque emplacement encore vide a le sien, un palissadement les clôt. Tous sont fort négligés ou tout à fait en friche : un ou deux de ces jardins faisaient exception de mon temps, et encore je les ai vus s'effacer du sol, étouffés par les herbes parasites quelques jours seulement après leur abandon.

(*a*) Et le *chant* des grenouilles pendant la saison des pluies. Il est vrai que leur coassement doux et mélancolique rendait ce dernier bruit supportable.

Car dans la Guyane, ou plutôt dans toutes les contrées tropicales, la nature est aussi active que l'espèce humaine l'est peu. La végétation surtout fatigue l'homme de sa croissance magique. Le jardinage y demande des soins particuliers, incessants, qui sont inconnus ou qui peuvent être impunément négligés ailleurs; mais à la Guyane, il faut lutter sans cesse contre les pluies diluviennes, les rayons solaires, et la croissance *perceptible* des plantes. Pendant cinq mois de l'année l'arrosage est continuel, pendant les sept autres mois il faut creuser des rigoles pour l'écoulement des torrents qui tombent du ciel; les nouvelles plantes exigent des *parasols* (a), sans lesquels elles *cuiraient* sur place, les insectes nécessitent une guerre *partout et toujours;* il faudrait un bénéfice convénable, assuré par de nombreux consommateurs enfin, pour porter les jardiniers à se livrer à des soins si nombreux et si fatigants, et Cayenne, ainsi que le reste de la Guyane, manque de consommateurs. Aussi le jardinage n'est-il pas une industrie spéciale : deux ou trois habitants de l'île s'en occupent seuls. Il en est de même pour les autres fournisseurs des objets et des denrées de première nécessité.

Comme la ville de Cayenne ne voit guère, en fait d'étrangers, qu'une douzaine de capitaines de navires marchands français qui vivent chez eux pendant les trois ou quatre mois que dure la vente ou plutôt la liquidation de leur cargaison; que les Américains *fournisseurs-nés* de notre Guyane vivent à

(a) On construit un clayonnage, on le couvre de palmes pour abriter les jeunes plants. Les caféiers récemment plantés sont abrités par des bananiers.

bord par économie; que les militaires, les employés font *gamelle* ou vivent au sein de leur famille ou de leurs ménagères, il s'ensuit qu'il n'y a point d'auberge ni de café dans la capitale de la Guyane française, et que les très-rares étrangers qu'un coup de vent, les sciences naturelles ou tout autre *accident* peuvent envoyer à Cayenne, et qui y débarquent sans s'être assurés d'avance d'un logement, risquent fort de coucher sous la plus brillante voûte céleste qui soit au monde. J'ai vu, en 1832, une vingtaine d'officiers français se rebeller en masse contre cet état de choses inouï, que l'on peut éviter en louant les quatre murailles blanchies d'une chambre et en la meublant de son lit de bord.

Mais on ne vient pas à Cayenne sans recommandations, et alors il y a excès d'hospitalité, et souvent, faute du nécessaire, on vous fait vivre de superflu. Vous aurez des soirées en tout temps, et des bals, quand le calendrier annonce que vos vingt-cinq degrés de chaleur sont, pour le moment, Noël, le premier jour de l'an ou le carnaval. Ces réunions, qui font monter la température à 32° Réaumur, sont étonnantes de toilettes, de beautés, de soupers et de jeu; Cayenne, si pauvre en espèces n'en étale que là.

Les étrangers échangeraient volontiers le salon, entouré de quatre galeries et orné d'une épaisse tapisserie de négresses dans le plus simple appareil, pour les bords de la mer et la voûte des arbres toujours verts et toujours fleuris; mais à la Guyane on ne danse, on ne se promène que dans des chambres. Les nègres mêmes n'exécutent leurs terribles danses que dans d'étroites salles basses, où la vapeur condensée fait heureusement tomber la poussière du sol. Les insectes sont, dit-on, la cause de cet étrange dédain pour la plus belle campagne et les plus délicieuses nuits du monde; j'en accuserai plutôt l'usage et le plaisir qu'ont les Français quand ils peuvent se reconstruire une patrie sur la terre étrangère.

Cependant nous fîmes un repas champêtre sur le rivage boisé de la côte, et personne ne fut incommodé des insectes ; toutefois, j'attribue cette circonstance aux feux qui nous éclairaient et aux débris de notre souper que les moustics et les maringoins préférèrent même aux visages et aux épaules de nos dames.

Au reste, dans cette ville de Cayenne, qui devrait être le grenier et le garde-manger de la Guyane française, on est forcé, faute d'un marché bien pourvu, à s'imposer un incessant ramazan turc.

Des terres qui peuvent donner deux fois par an leurs plantes nourricières, et leurs légumes, leurs fruits *toujours ;* des bois peuplés de gibier ; des rivières, des lacs, cinquante lieues de côtes, où l'on peut pêcher toute espèce de poissons d'une exquise qualité, semblent devoir fournir, hors le pain et le vin, tout ce qui peut garnir une table : et cependant le peu de blancs qui séjournent à Cayenne sont journellement aux expédients pour y vivre très-maigrement.

Quand une solennité quelconque ou toute autre cause forcent à donner un dîner exceptionnel, le repas officiel devient une véritable charte à rédiger : l'affaire exige une commission, dont les membres sont nommés au scrutin, avec cette circonstance assez rare que les candidats implorent une défaite électorale.

Cette commission se rassemble comme en Europe, et travaille !!! Le plan du dîner une fois arrêté après de longs débats, les *voies* et *moyens* trouvés, l'exécution du dispositif commence, une correspondance s'établit, toute la colonie est explorée par des agents.

Le veau, qu'un règlement local rend presque aussi sacré que le bœuf Apis, toute volaille, autre que le poulet, exigent des moyens diplomatiques et beaucoup d'argent. Une chasse très-abondante, quoique difficile, ne demande que des munitions; elle se compose de biches, de cerfs, de perdrix, de bécasses, et d'un grand nombre d'autres gibiers de formes et de goûts étranges.

La veille du repas, à une heure avancée, tous les animaux sont tués et préparés pour la cuisine; car la chaleur et l'humidité du climat commandent de minutieuses précautions, dont l'oubli peut causer des pertes *irréparables*. Il serait trop long d'énumérer les travaux et les soins que réclament le mobilier exceptionnel et la vaisselle de luxe d'un repas qui doit être servi dans des espèces de granges par une foule de noirs, et dont le matériel doit être emprunté à la plus grande partie des convives, depuis les assiettes et l'argenterie jusqu'aux gros meubles et aux glaces.

Tous ces préparatifs, le choix des vins, le choix d'un cuisinier, les séances du comité, et les répétitions générales durent quinze jours, et ruinent la santé des commissaires, comme les conserves d'Europe, qu'il faut nombreuses et recherchées, ruinent la bourse des amphitryons condamnés à ces repas de boa.

Le dernier dîner de ce genre que je fis à Cayenne me coûta quinze jours de travail, un peu de ma santé et quatre-vingt-treize francs cinquante centimes de ma caisse, sans compter les frais d'imagination que m'imposait mon emploi électif de commissaire.

Mais une fois sorti de la ville, où les dîners sont si chers et si laborieux, comme on s'en dédommage dans la plus magnifique, dans la plus splendide des banlieues que Dieu ait placées autour d'une capitale !

Nous renonçons à la décrire. Qu'il suffise de dire que ses villages, ou plutôt ses manoirs, réservent à leurs convives un accueil ineffable, vrai, biblique, où, bien réellement, l'amphitryon est l'obligé, et le convive le bienfaiteur. Là, chaque jour amène deux repas homériques quant à leur abondance, et royaux quant à leurs décorations, aux dispositions préliminaires et à leurs résultats.

Donnons-en une faible idée. *On prend* un des fleuves de la Guyane ou le rivage de la mer, on le borde de riches cultures et de hautes forêts, on y bâtit une vaste galerie couverte, mais ouverte à toutes les brises, et voilà la salle à manger.

Voici comment on se dispose au repas que l'on doit y servir.

Un canot, armé de quatre ou six rameurs, part pour la pêche avec ordre de ne pas surcharger l'esquif, mais de le remplir jusqu'aux tollets, voilà pour le maigre. Des chasseurs s'arment, partent, se dispersent, tirent, tuent, massacrent, se chargent, arrivent et déposent biches, agoutis, bécasses, perdrix, etc., selon le plomb et la poudre donnés avec une judicieuse parcimonie cependant, voilà le gras, auquel se joint un mouton ou un veau entier assez ordinairement.

Deux robustes bûcherons armés de haches vont au bois, choisissent parmi les plus beaux arbres deux palmiers majestueux de cinq, six mètres d'élévation remplissant toutes les conditions qu'exige l'usage qu'on s'en propose; la hache les attaque par le pied, les coups se précipitent, l'arbre magnifique, fort de son demi-siècle de croissance, fier de son panache de vingt pieds, résiste : mais la brèche est faite, la sève sort en bouillonnant par ses blessures, il vacille, s'écroule, et couvrant la terre de ses fleurs et de ses fruits, il est livré aux mains qui doivent déchirer l'aubier de son tronc, en fouiller le cœur pour y chercher...... une salade!..... et, comme il en faut deux pour votre dîner, on détruit immédiatement un autre arbre de trente pieds d'élévation! Le roi le moins constitutionnel du monde ne jouit pas d'une semblable salade, et cependant le visiteur le plus modeste en aura chaque jour deux comme celles-là, provenant de deux nouveaux palmiers.

Quant à leurs débris inutiles laissés sur le sol de la forêt, ils affligent vos regards de leurs feuilles mortes, de leurs fruits flétris dont l'homme seul peut s'offrir à lui-même le spectacle, car dans ces contrées la vie, la reproduction des végétaux sont seules apparentes, et la destruction y cache son cours actif et graduel sous des feuillages, des fleurs et des fruits d'une saison qui n'a pas eu de printemps et n'aura jamais d'hiver ni d'automne.

Au surplus le *service* de ce dîner colossal est en rapport avec son *menu* et le local. Les valets, qui, par honneur et même par galanterie pour les convives, sont souvent de très-jeunes filles y sont nombreux. Leur livrée, riche de ce qui lui manque, simple comme la nature, qui l'a tissue et coupée, rappelle le personnel du paradis terrestre, comme la forêt, le ciel étincelant de feux, et les belles eaux de la salle à manger ont pu d'abord en rappeler la décoration divine.

Dans cette magnifique banlieue tout plaisir impliquant locomotion devient un travail; aussi on s'y promène peu, et les bals y sont rares, par suite des lents et très-difficiles moyens de communication : on s'en tient donc à la vie en famille des anciens patriarches pendant le jour et la nuit.

Note 11, page 32.

MONTAGNE A LUCAS.

Voici ce qu'en disait M. Malouet en 1777 : « Depuis cette époque, la montagne proprement dite qui a pris le nom de *Montagne d'Argent* est cultivée et habitée. Mais nous avons consacré cette note aux terres qui en sont proches, et qui, autant que nous pouvons nous le rappeler, sont encore en friches et disponibles.

» La rivière Ouanari et les terres situées sur ses deux rives, ont été occupées par les établissements de la compagnie d'Oyapock. Le fort et les environs étaient destinés pour les ménageries et le haras. *Ouanari* se rapproche vers sa source de la rivière de Coroaï, aussi bordée de pinotières(*a*) : un canal d'une ou deux lieues peut communiquer à l'une et à l'autre, et présente alors, en terres de première classe, un espace deux fois plus considérable que celui de la colonie de Surinam. En descendant du Coroaï à Approuague, de là à Kaw, et du Kaw au Mahuri ; on trouve le même gisement et la même quantité de terre avec la plus grande facilité pour ouvrir des communications intérieures.

Voilà l'emplacement et la matière d'une riche colonie, si on veut l'établir ; mais celle qui existait en 1777 sous le nom

---

(*a*) Pinotières ; terrain inondé temporairement et dans lequel croît un arbre appelé *pinot*.

d'Oyapock, et qui ne tarda pas à périr, était déjà à sa naissance un objet de pitié et d'indignation pour tout observateur impartial.

Note 12, page 37.

LE GRAND CONNÉTABLE (*a*).

Le grand et le petit Connétables forment, pour ainsi dire, les piliers des portes de Cayenne.

L'usage immémorial des navigateurs est de passer entre les deux en rangeant de fort près le plus grand, et la curiosité doit engager à choisir toujours ce passage de préférence. On y jouit d'un spectacle unique, et dont rien ne peut donner une idée. Ce grand rocher sert de retraite à une multitude vraiment incroyable d'oiseaux de mer, la plupart très-gros.

Dès qu'on en est à un tiers de lieue, on distingue leurs cris perçants, et des détachements de troupes légères viennent vous reconnaître ; en se rapprochant davantage on se trouve dans un nuage d'oiseaux qui font des cris à empêcher de s'entendre, et néanmoins le rocher paraît encore en être couvert. Il est en quelque sorte convenu que tout bâtiment le salue d'un coup de canon à boulet pour avoir le plaisir de jouir du spectacle

(*a*) Cette note est empruntée à l'ouvrage de M. Galard de Tarraube, qui parut en l'an VI.

de ses innombrables habitants; mais leur sécurité est telle, que je doute fort qu'ils se dérangent tous, du moins on en voit un grand nombre se poser de nouveau l'instant après.

Comme le rocher est coupé à pic, et que la mer y brise presque toujours plus où moins fort, il est assez rare qu'on puisse y débarquer commodément.

Toutes les faces du grand Connétable sont pleines de crevasses, où l'on prend les oiseaux avec la main, et dans lesquelles plusieurs ont la stupidité de rentrer à côté de vous. Arrivé sur le sommet on trouve une grande plate-forme qui en est jonchée; on n'aperçoit que des têtes autour de soi, la plupart sont sur leurs nids, et se laissent tuer à coups de pied ou de bâton et sans chercher à fuir, tandis que les autres volent à obscurcir l'air autour de votre tête comme pour vous dévorer. On peut remplir assez promptement un canot d'oiseaux et d'œufs, dont quelques-uns sont fort bons à manger et sont gros comme des œufs de poules. On y a pris aussi des lézards de quatre pieds de long, qui ne vivent que de ces œufs.

La pêche du requin se fait quelquefois par les navires en cet endroit : il s'agit de prendre un premier poisson sans écailles, ce qui est fort aisé en mettant un peu de viande ou autre chose au bout de la ligne de fond.

On enlève à ce poisson les piquants, on lui coupe la tête, on l'attache à la ligne de loch avec un gros hameçon, et on le file à quinze ou vingt brasses du bâtiment; bientôt un requin, qui vient avaler le poisson, est victime, et on se sert de son foie pour en attraper d'autres.

Les environs des deux Connétables sont au reste extrêmement poissonneux.

Note 13, page 37.

LES ILES DU SALUT.

Elles sont à trois lieues au large de l'embouchure de la rivière de Kourou, qui peut à peine recevoir des barques. Ces trois îles, appelées autrefois *Iles du Diable*, sont des monticules assez élevés. La nature y a formé un port capable de recevoir les plus gros bâtiments de guerre. C'est le seul point de toute la Guyane qui jouisse de cet avantage.

Il y a eu, en divers temps, des projets de faire de grands établissements dans ces îles à raison de ce port. Les dépenses considérables qu'on y ferait seraient sans doute sans utilité pour la colonie tant qu'elle restera telle qu'elle est; toutefois ces trois îles (dit Leblond) servent de retraite à l'ennemi en temps de guerre. On pourrait en faire un grand port de guerre inexpugnable qui ne serait qu'à 8 ou 10 lieues de Cayenne.

Note 14, page 46.

LA DÉNOMINATION DE CAYENNE APPLIQUÉE MAL A PROPOS A LA GUYANE FRANÇAISE.

« Il est ordinairede donner, en France, le nom de Cayenne à toute la partie de la Gnyane qui appartient à la France, et rien n'est plus propre que cette fausse dénomination à faire naître et à perpétuer de fausses idées. Sans doute il existe une île sur laquelle on a bâti une ville, et toutes deux portent le nom de Cayenne, qui est aussi celui de la rivière qui forme le port.

La Guyane française est cette partie du continent de l'Amérique qui s'étend le long de la mer depuis la rive gauche de l'Amazone jusqu'à la rive droite du Maroni.

Le nom de Cayenne, rendu odieux depuis 1763, ridicule, ce qui est bien pire, depuis le *Tableau parlant*, puis enfin, synonyme de toute maladie épidémique depuis le directoire; Cayenne, disons-nous, doit en Europe être employée seulement pour désigner le chef-lieu actuel de la Guyane française, et c'est bien assez (*a*).

Note 15, page 49.

COLONISATION DE SOIXANTE-DIX SOLDATS EN 1768.

Je ne crois pas que les anciens militaires soient des principes suffisants pour une colonisation nouvelle; mais ils peuvent être utiles dans un établissement déjà fait, quand ils remplissent de certaines conditions indispensables dans une société naissante et éloignée des vieux moyens de coercition, plus nécessaires

---

(*a*) Il faut ajouter que les anciennes casernes de marins avaient été baptisées par les marins, leurs locataires temporaires, du nom de *Cayenne;* le sobriquet injurieux de *rafalé de Cayenne* est une locution dérivée du nom de la caserne.

aux libertés longtemps contenues par la discipline ou par l'esclavage qu'aux libertés natives, réglées par les travaux de la terre et les lois civiles traditionnelles dans toute famille honnête.

En effet, pour ne parler que des soldats susceptibles de renoncer au village natal pour une colonie, il ne leur reste d'ordinaire de leurs sept ou huit ans d'obéissance passive et d'*oisiveté laborieuse* qu'un besoin ardent de dépenser la liberté *arriérée* et une grande répugnance à reprendre un travail assidu, fatigant, surtout uniforme. Plus le service militaire a été long, plus ces dispositions ont acquis de force.

En France, le soldat servant pour son compte, surtout quand il n'a servi que sept ans *au plus*, retourne dans sa famille, et reprend assez volontiers ses habitudes d'enfance, auxquelles cependant il en mêle quelques autres de la garnison, jusqu'à charge de ménage et d'enfants cependant.

Mais ces mêmes soldats, de la classe la meilleure, ne sont plus aussi dociles pour de l'*agriculture* exceptionnelle, hasardeuse, aventurière, disons le mot, comme est celle d'une colonisation semée, pour ainsi dire, dans une terre inconnue, et qui ne leur rendra du village natal que les travaux. Là le soldat, soumis à l'ordre nécessaire à une colonie nouvelle, se croira encore campé sur la terre étrangère, où il aimerait mieux combattre que de travailler; à des exceptions près comme dans tout.

Quant aux soldats nés dans les villes, et dans les grandes villes surtout, il n'en faut admettre que dans les vieilles colonies qui sont assez fortes pour contenir les classes turbulentes, assez avancées en population pour utiliser leurs métiers de luxe.

Note 16, page 50.

LES JÉSUITES DU PARAGUAY.

Les jésuites se sont aussi occupés de la Guyane ; et une particularité assez remarquable, c'est le silence que les écrivains ont gardé sur leurs travaux dans cette colonie. Ils sont cependant assez remarquables, et j'ajouterai qu'ils ont encore aujourd'hui de la grandeur ; les plus beaux et les plus utiles sont :

1° Le plus beau et le plus vaste bâtiment de la ville de Cayenne, c'était leur logis, et c'est en dire assez. Il a dominé pendant bien des années l'hôtel du gouvernement qui lui fait face, et qu'il écrasait de son architecture, de sa belle position, de ses matériaux apportés d'Europe (toutes les pierres de taille de ce monument proviennent d'Europe ; l'horloge fort compliquée, qui est la seule à Cayenne, a été faite, dit-on, par un des pères ; le palais du gouverneur était en bois).

2° Ils ont créé les deux premières grandes habitations à sucre de la colonie : l'une des deux devait contenir leur collége, elle en porte encore le nom ; l'autre, qui est situé tout près de Cayenne, a des eaux admirables, dont les bons pères ont su tirer le meilleur parti.

3° Ils ont creusé un long canal, qui commençait une voie de communication intérieure sans laquelle on ne liera jamais les quartiers de l'est ensemble. Ce canal, qu'on n'a point entretenu convenablement depuis eux, s'est engorgé ; toutefois sa largeur en quelques endroits le fait encore reconnaître pour un ouvrage de la compagnie religieuse la plus créatrice qui ait jamais existé depuis les templiers.

Tous ces ouvrages, si grands et si durables, exécutés dans l'enfance de la colonie semblent avoir nécessité une armée de travailleurs, et surtout beaucoup d'argent et de *ponts et chaussées;* je m'en suis enquis sur les lieux, et je n'ai trouvé que trois jésuites d'abord, puis un renfort de cinq, total 8!... de travailleurs, d'argent, et surtout d'ingénieurs, pas un mot. La persévérance de huit religieux, l'universalité de leurs connaissances et la caisse générale ont tout fait.

De toutes les explorations qu'on a si fréquemment renouvelées à la Guyane, celles qui ont le mieux réussi sont celles qui ont le moins coûté et pour lesquelles on avait fait le moins d'embarrassantes provisions. En 1674, deux jésuites, munis seulement d'un peu de cassave, et sans autre escorte que celle d'un nègre et de quelques autres Indiens, pénétrèrent plus avant dans l'intérieur qu'on ait pu jamais le faire avec tout l'attirail employé depuis en pareille circonstance.

Note 17, page 52.

La Guyane de 1776 était encore celle de 1834.....

Sa condition est même plus malheureuse, même en ne tenant pas compte de l'état précaire où la met la question ardente et ruineuse de la libération des nègres.

Quand les épices et le rocou tombèrent, à raison de la surabondance, au quart de leur prix, les principaux colons en abandonnèrent la culture simultanément pour entreprendre celle du sucre. Comme cette dernière exige plus de forces humaines et mécaniques, il fallut se pourvoir d'un supplément d'esclaves, et acheter les ustensiles nécessaires à une sucrerie, des mulets pour tourner les cannes, ou des machines à vapeur, etc.

Les colons avaient, pour la plupart, réglé jusque-là leur dépense sur leur recette avec une telle exactitude, que la balance était égale lorsque la recette disparut.

Les achats indispensables de nègres furent enconséquence faits à crédit. La ville de Nantes en fit les avances.

La France avança le prix de quelques machines à vapeur.

Or il est arrivé que le sucre, dont la culture avait nécessité deux ou trois années de travaux et des dépenses préalables, a baissé comme les épices, par suite de la concurrence que lui fit l'accroissement du sucre indigène. Il en est résulté que depuis les crédits obtenus les produits ont à peine suffi à en payer l'intérêt et à faire vivre les producteurs. La ville créancière reçoit les boucauts de sucre au fur et à mesure qu'ils sortent de l'habitation, ou plutôt aussitôt qu'ils sont débarqués à Cayenne, sans trop s'occuper si elle laisse à ses débiteurs de quoi continuer cette rente, dont le capital en quelque sorte diminue tous les jours.

Quant au gouvernement, fournisseur des machines, sa patience est plus grande ; il se contente de demander.

Depuis un siècle, cette pauvre et cependant bien intéressante Guyane l'a habitué à cette indulgence généreuse et méritée incontestablement.

Note 18, page 63.

LE GOUVERNEUR DE SURINAM.

Ce gouverneur était alors un M. Nepveu, natif de Paris, et parent, à ce qu'il disait, de cette Nepveu célébrée par Boileau :

> Et combien la Nepveu, devant son mariage,
> A de fois au public vendu, etc.

Arrivé mousse à Surinam, il y devint successivement secrétaire, procureur, greffier, fiscal et enfin gouverneur. Il l'était depuis longtemps lors du voyage de M. Malouet et jouissait de plus de 500,000 livres de rente. En 1777, la Hollande se partageait entre deux partis, qui avaient chacun leurs représentants parmi les fonctionnaires publics de Surinam : les militaires, leur chef en tête, étaient pour le stathouder, le gouverneur pour les états. Ce dernier, à ce qu'il paraît, malgré les difficultés de la position, s'en tira avec honneur et fortune. Il arrêta les progrès effrayants que faisait le marronnage, et construisit pour se garantir des déprédations des nègres, qui s'étaient déjà organisés en république, un ouvrage comme les Hollandais seuls peuvent en faire sous les tropiques ; on verra dans le texte des détails sur ce cordon de défense.

M. Malouet eut la curiosité de visiter les nègres qui en étaient la cause ; voici ce qu'il en dit : « J'ai visité leurs canots, leurs vivres, leurs ustensiles, et je n'ai aperçu chez eux aucun signe de travail, d'industrie, de relations utiles. Ces hommes vigoureusement constitués, et portant sur leur figure l'empreinte d'une liberté acquise par la force, ne veulent supporter le travail et la fatigue que pour la conserver. Nus comme les Indiens et sans besoins comme eux, ils n'ont de richesse que leur fusil, ils ne travaillent que pour vivre, et un seul jour de la semaine leur suffit pour entretenir leurs plantations; le reste du temps se passe à danser et à boire. Si leurs haches ou leurs serpes s'usent avant l'époque où on leur en donne une nouvelle, ils vont à la pêche ou à la chasse, et portent strictement, en poisson et en gibier, ce qu'il leur en faut pour acheter une hache ou une serpe. Le gouverneur hollandais a fait des efforts inutiles pour les exciter au travail; on leur a demandé des fournitures de riz, de petit mil; on leur a proposé de l'argent, des toiles, du tafia, qu'ils aiment fort, rien n'a pu les tenter; ils sont parvenus à faire avec du jus de canne et de banane des boissons enivrantes, et c'est tout ce qu'ils désirent. »

Ces nègres, en se multipliant, ont formé une puissance qui tient en échec celle des Hollandais; ils se sont avancés en colonisation; mais tout semble s'être borné à cultiver pour eux seuls.

En 1834, ils étaient plus puissants que jamais, et un commerce assez étendu existait entre eux et Surinam. Un traité en avait été la conséquence: en échange de quelques dons importants, ces nègres avaient promis de ne plus recevoir de nouveaux marrons parmi eux, et ils tenaient leur parole.

Toutefois le marronnage avait continué, autant par le désir de devenir nation comme leurs prédécesseurs, que par les châtiments et le rude esclavage que les Hollandais, plus que toute autre nation, infligent à leurs esclaves.

On les avait traqués, poursuivis, punis, jusqu'au moment

où ils étaient parvenus à former une corporation éloignée de celles déjà reconnues par la Hollande pour ne pas rompre les anciens traités.

Cet état de choses, que la liberté des nègres anglais de la Guyane doit encore compliquer, devient menaçant pour Surinam, si elle ne fait pas comme Démérari.

Quant à nous, notre misère nous sauve de ce péril pour le moment. Les grandes distances qui séparent et isolent les ateliers empêcheront encore longtemps les conflagrations d'esclaves.

Note 19, *page* 68.

COMMENCEMENTS DE SURINAM.

Les premiers succès ont fait ensuite obtenir de nouvelles avances, et chaque capitaliste d'Amsterdam, quoique étranger à la compagnie propriétaire, plaçait, à six pour cent, deux cent mille florins sur une terre à défricher selon *les principes* et *la méthode ordonnés*, dont voici le détail.

Les concessions ordinaires sont de quatre à six cents acres (500 carreaux) ; le concessionnaire mesure d'abord son *entreprise aux forces dont il peut disposer*. S'il commence avec vingt-cinq nègres il n'entreprendra que le desséchement de vingt acres ; et ses travaux sont distribués de manière qu'il peut chaque année augmenter de dix acres, sans nuire à l'ordre et aux proportions une fois établis.

Dans les plus basses marées, et pendant l'été, on trace l'espace à dessécher, dont l'enceinte carrée est fermée par une digue élevée au-dessus du niveau connu des plus fortes marées. Le côté de la digue qui fait face à la rivière y communique par deux larges canaux, placés à chaque extrémité de la ligne, et dans lesquels sont posées deux écluses, dont l'une, ouverte à marée basse, sert à l'écoulement des eaux ; et l'autre s'ouvrant au flot, reçoit dans des canaux isolés de ceux d'écoulement les eaux nécessaires pour faire tourner un moulin à sucre pendant sept heures.

Dans cet espace entouré de digues et préservé de toute inondation, il reste à faire une distribution intérieure de canaux, de fossés, les uns pour servir à l'écoulement, les autres pour être le réservoir de l'eau qui entre pendant le flot, laquelle est destinée à l'action du moulin lorsque la marée baisse.

Ainsi une sucrerie de 400 acres exige à peu près sept mille toises de fossés d'écoulement, réduits, en terme moyen, à quinze pieds de large, et deux mille toises de canaux à soixante pieds de large. On conçoit que les canaux, pour n'avoir rien de commun avec les fossés, doivent être percés en ligne droite, et en croix dans le centre du terrain, et les fossés au contraire excentriques aux canaux : cette distribution, simple et nécessaire, paraît être un ornement convenu, et offre le spectacle le plus agréable. Chaque pièce de cannes est une île carrée, élevée dans les plus fortes pluies au-dessus du niveau des eaux, autant par la fouille des terres que par le remblai qu'on en fait dans les pièces. On communique donc de l'une à l'autre par des ponts et de belles levées, terrassées et revêtues de gazon sur leurs glacis.

Le grand bois, non desséché, termine la perspective dans le fond, et les terres voisines, travaillées selon le même plan, présentent sur les deux bords de la rivière le même aspect de culture, de richesse et d'ornements; sans autre différence que celle des plantations en sucre, café et cacao.

Aussi quand on monte sur l'un des belvédères qui se trouvent sur les bords de la rivière de Comwisme, quelle admirable vue se déploie devant vous! La somptuosité des bâtiments, des jardins; la multitude d'allées, plantées d'arbres fruitiers, parallèles ou perpendiculaires à ces canaux divers; la beauté vivace des plants de cannes, de café; le mouvement perpétuel de cette rivière toujours couverte de chaloupes, de pirogues; et les ateliers nombreux des habitations rappellent les plus riches paysages de l'Europe, plus la magnificence inouïe de l'air, des eaux et du soleil des tropiques.

En débarquant sur une habitation on trouve un quai propre, commode, et un chemin carrelé, au moyen duquel on arrive sans s'embourber (*a*) à la maison du maître, autour de laquelle on trouve toujours un joli jardin bien garni d'arbres fruitiers et de légumes et une basse-cour abondamment pourvue. En comparant tout cela à la mesquinerie, à la malpropreté, à la misère de Cayenne, j'étais tenté, ajoute M. Malouet, de me faire adopter par les Hollandais et de renoncer à la Guyane française.

Et encore avec le temps tout cela ne peut qu'augmenter (*b*).

(*a*) Il faut se rappeler qu'à la Guyane les bords de la mer et des rivières sont vaseuses à marée basse.

(*b*) Autrefois, dans les habitations françaises, à quelques rares exceptions près, on ne s'occupait point de ce confortable bien entendu qui attache le colon au pays qu'il est venu défricher. Le Français se dépêche d'amasser, au prix des plus dures privations, de quoi venir vivre en

Note 20, page 69.

JOURNAL D'UN VOYAGE FAIT DANS LES SAVANES NOYÉES COMPRISES DEPUIS LA RIVE DROITE DE LA RIVIÈRE DE MAHURI A LA RIVE GAUCHE DE CELLE DE KAW, PAR MM. LE CHEVALIER DE BOISBERTHELOT ET GUYSAN, INGÉNIEUR (1777); ÉCRIT PAR M. GUYSAN, SUISSE D'ORIGINE, HEURE PAR HEURE, PENDANT L'OPÉRATION.

M. Couturier, habitant, ayant désiré participer aux recherches utiles dont nous étions chargés, nous sommes partis tous les trois de Cayenne le 2 mars ayant *dix nègres à notre suite.* Le 3 nous sommes embarqués au Dégras-des-Cannes (*a*), à 6 heures du matin, et nous avons remonté la rivière de Mahuri, en suivant sa rive droite, pour voir si nous ne trouverions pas une crique (*b*) qui nous conduirait jusque dans les savanes; mais nous n'avons trouvé qu'un cricot qui était si embarrassé d'arbres tombés et d'autres bois, que nous n'avons pu pénétrer dans les savanes aujourd'hui, bien que nous ayons tra-

---

France, dans un luxe que son âge et ses habitudes coloniales lui rendent fade et fatigant. Le Hollandais au contraire se construit une patrie, et il y reste.

(*a*) On appelle *dégras* une cale pour débarquer; celui-ci termine une route royale assez belle, qui part de Cayenne à 3 lieues, et se termine au dégras, où l'on s'embarque soit pour traverser le fleuve, soit pour le remonter.

(*b*) On appelle *crique* des ravins ou ruisseaux qui sont quelquefois à sec une partie de l'année. Le *cricot* est une petite crique. Les *prispris* sont des terres plus marécageuses, plus inondées que les autres.

vaillé jusqu'à 10 heures du soir pour sortir de ces nuages de *maringouins*, de *maks* et de *moustiques* (a) qu'on trouve toujours dans les palétuviers.

Le 4, nous avons continué à débarrasser notre cricot qui a sa source tout près des savanes, et à midi nous avions enlevé nos canots par-dessus la terre jusque dans les *prispris*; nous fûmes surpris de n'y trouver que 15 à 18 pouces d'eau, cela n'est pas suffisant pour porter nos canots : ce qui augmente encore les difficultés, ce sont les *joncs* dont ces savanes sont couvertes; ils sont gros comme le pouce et hauts de 7 *à* 8 *pieds*. Cette espèce de jonc porte un panache à son sommet.

Nous avons deux canots qui peuvent porter chacun quatre personnes et leurs vivres, et de plus un petit bateau plat qui peut en porter six (personnes), et un autre canot, appelé ici *postillon*, dans lequel nous étions venus; nous l'avons emmené par notre cricot jusqu'au fond de la savane, et le laisserons là jusqu'à notre retour. Comme il nous faut trois ou quatre nègres pour ouvrir le chemin, il ne nous reste pas assez d'hommes, même en nous mettant du nombre, pour traîner nos canots (b), vu le peu d'eau que nous rencontrons; aussi nous laissons notre

---

(a) Trois espèces de mouches qui sont les plus grands fléaux des colonies: les maks sont les plus cruels; les moustiques sont, pour ainsi dire, une poussière animée qui blesse et brûle la plaie. Les marécages, l'ombre des bois et la fraîcheur du soir les attirent. Les maringouins sont nos *cousins* de France avec une ardeur plus grande.

(b) Quelle lésinerie de moyens! et quelle quantité de millions elle enlève à la France! Qu'on relise le départ de M. Malouet de Surinam; que l'on compare les deux buts à atteindre et la différence des moyens pour y parvenir, le sol de la Guyane sera justifié.

acon (le bateau plat), et une partie de nos provisions que nous venons de faire mettre à couvert et comme en dépôt dans le postillon, et commençons ainsi à nous mettre en route, marchant dans l'eau et nous mêlant avec les nègres pour aider à pousser ou à traîner nos canots. Nous ouvrons une ligne droite au sud-est, et ce soir à 6 heures, nous sommes à un quart de lieue des *palétuviers* (a).

Nous venons de passer une terrible nuit : les nègres étaient tous les uns par-dessus les autres, dans un canot qui se *remplissait* à chaque instant par *la pluie*, de sorte qu'il y en avait toujours une partie occupée à vider l'eau pendant que les autres cherchaient à se reposer. Nous n'avions tous rien pour nous couvrir : cependant les blancs étaient un peu mieux, en ce que nos hamacs étaient suspendus à des perches qu'on appelle *takaris*; ce qui nous a mis au moins hors de l'eau jusque vers le jour, où nos perches s'étant enfoncées dans la vase par le poids de nos corps, nous commencions à avoir les reins dans l'eau. Au reste, quand on a passé la nuit dans un hamac à la pluie, on est peu affecté de se sentir mouillé par-dessous.

Cette cruelle nuit nous fait juger qu'il faut faire tous nos efforts pour traîner notre *acon*, que nous avons laissé, afin d'avoir au moins de la place pour coucher nos nègres, sans toujours remplir et couler bas ; nous l'avons envoyé chercher de grand matin, avec ordre de ne prendre que les provisions qui

---

(a) Il sera souvent question de cet arbre extraordinaire, qui ne peut vivre que dans l'eau de mer, et dont les racines offrent des portiques sous lesquels on passe en canot, tandis que son feuillage peut servir de route.

ne sont pas de grand poids. Autrement nous ne pourrions le traîner, et il est actuellement arrivé.

Nous avons sondé la terre, c'est un fond *de bonne vase marine recouverte d'un à deux pieds de terreau.* Il y a, en entrant dans les savanes, un banc de sable qui court le long des palétuviers, et ne s'étend pas loin; il est recouvert de 4 à 5 pieds de vase. Nous le visiterons encore à notre retour.

Le 5, nous avons marché tout le jour dans les joncs dont nous venons de parler : nous avons sondé la terre, elle est la même que ci-devant, et recouverte de la même quantité de terreau; mais nous avons trouvé un endroit dont la terre est cuite comme de la brique; nous en avons pris des pièces. *Voilà l'effet de l'incendie des savanes,* qui, s'il ne cuit pas toujours la terre, brûle au moins le fumier qui est à sa surface et la dénature; et chacun sait que les arbres prennent feu tout verts sur pied, et *brûlent* dans la terre *aussi profondément que s'étendent leurs racines.* Ce qui indique quels désordres affreux peuvent résulter de l'imprudence d'un nègre qui peut être cause de la dévastation de tout un pays (*a*).

Le 6, nous sommes sortis de ces grands joncs qui forment une lisière assez large qui suit les palétuviers (ces derniers bordent la mer jusqu'au point où s'arrête la marée montante), après quoi, nous sommes entrés dans une plaine d'*herbes coupantes,* qui ressemblent assez à la feuille des jeunes cannes à sucre : elles coupent des deux bords comme un rasoir ; ce qui

---

(*a*) Par suite d'une imprudence semblable, les bords du fleuve Approuague ont été dévastés par un incendie qui a duré plusieurs années.

fait que nous avons fait peu de chemin, parce qu'elles coupent les jambes de nos nègres. A midi, nous sommes entrés dans une plaine de moucou-moucous (*a*). Le sol est le même que celui déjà indiqué, mais il y a deux pouces d'eau de plus sur les terres que dans les grands joncs. Nous avons toujours la route au sud-est. Il fait une pluie continuelle; nos vivres, ainsi que nos bagages, tout est mouillé. Nous campons toujours de la même manière, à six heures du soir.

Le 7, la pluie a été si continuelle, qu'il n'a pas été possible de rien observer à droite ni à gauche. Nous avons passé la plaine de moucous, où nous étions entrés hier au soir; et ensuite, une autre d'herbes coupantes; et ce soir nous avons retrouvé les moucous, où nous campons dans un buisson pour nous mettre à l'abri, et assujettir nos *canots*. Le sol est le même que tout le reste. Nos vivres commencent à se gâter.

Le 8, nous sommes entrés dans une partie boisée de *pruniers-coton* (*b*), qui sont si fourrés, qu'on n'y saurait pénétrer qu'après avoir fait fort péniblement un chemin avec le sabre; nous sommes donc obligés de faire une espèce d'abatis, à coups de haches et de sabres, pour faire passer nos canots. Ces bois sont très-durs; et, comme ils ne peuvent être coupés au fond de

---

(*a*) Cette plante est un arum que j'ai vu en Bretagne, où elle n'atteint qu'une hauteur de six à sept pouces. Dans la Guyane, elle s'élève à quinze et dix-huit pieds. Elle borde comme une haie les rivières.

(*b*) Plante rampante d'un bois très-dur et épineux, qui couvre quelquefois le sol au point de le cacher. Son fruit, qui a l'aspect d'une prune de *monsieur*, est une véritable déception pour le voyageur; car sa pulpe n'est réellement qu'une espèce de coton sec et sans saveur.

l'eau (*a*), nos canots se prennent sur les chicots (*b*), et nous donnent une peine incroyable à les *traîner*, et à les faire sauter d'un tronc à l'autre. Nous sommes quelquefois tous sur un canot, pendant que quatre nègres et un de nous sont à faire le chemin ; ce qui peut faire juger de l'embarras que nous rencontrons : cependant nous avons fait aujourd'hui *cent quatre-vingt-deux toises* de chemin, et toutes ces peines-là sont augmentées par la mauvaise nourriture dont nous sommes forcés de faire usage. Nous trouvons ici plus de terreau ; il y en a environ trois pieds ; mais la vase du fond est la même. Il y a aussi la même quantité d'eau. Nous n'avons eu que deux heures de beau temps.

Le 9, nous espérions toujours pouvoir sortir des pruniers-coton avant la nuit ; mais cet espoir a été vain. Un de nos nègres s'est blessé ; il nous devient non-seulement inutile, mais il faut le mettre dans un des canots qu'il nous faut traîner. Le sol est le même. Nous commençons à nous retrancher de vivres (*c*).

(*a*) Il ne faut pas perdre de vue que nos explorateurs marchent presque toujours dans ces quelques pouces d'eau. Pendant la saison sèche, qui dure cinq mois de l'année, toutes ces savanes sont à peu près sèches.

(*b*) Arbrisseaux qui n'ont pas été coupés assez près de terre, ce qui arrivait souvent dans cette plaine couverte d'eau.

(*c*) Tout ceci se passe à 4 lieues de Cayenne, et la route royale et le fleuve à traverser placent pour ainsi dire la plaine de Kaw à une portée de canon de la capitale. Avec quelques soins on pourrait envoyer aux ingénieurs journellement des secours de toute espèce ; il ne s'a-

Le 10, nous avons envoyé le matin le plus petit de nos canots chercher les vivres que nous avions laissés en dépôt dans les palétuviers du Mahouri. Un de nos nègres s'est fendu la jambe d'un coup de sabre, et nous sommes encore forcés de l'embarquer. Voilà deux nègres de moins à l'ouvrage. Nous sommes sortis des pruniers ce soir, et nous n'en trouvons plus que quelques buissons. Nous avons eu quelques heures de beau temps. Le sol est le même.

Nous avons examiné le terreau tous les jours. Il paraît qu'il n'y a pas longtemps qu'il se forme, quoiqu'il y en ait beaucoup; et nous le trouvons plus fait à mesure que nous avançons.

Le 11, nous avons traversé des *moucous*, où il y a beaucoup de pruniers formant des buissons répandus çà et là. Notre canot, qui est allé chercher des vivres, n'est pas de retour, et nous inquiète. Nous campons à six heures par une pluie continuelle, manquant de tout, et n'ayant rien de sec.

Le 12, notre canot est de retour, mais il ne nous apporte que des vivres pourris. Nous avons traversé tout le jour des moucous qui sont très-gros, et retardent beaucoup notre marche. Il y a ici quelques trous de poissons, où les nègres tombent jusqu'au milieu du corps; d'ailleurs, même quantité de terreau et d'eau, et la vase ne change pas. Nous ne trouvons jamais de résistance avec une sonde de fer de *dix pieds et demi*, pas même avec un *bâton* de quinze pieds. A mesure qu'on avance, on reconnaît que le sol est remué de plus en plus par les caïmans et les poissons.

---

gissait que de suivre la trace de leurs pas qu'indiquait le sabrage des herbes.

Le 13, nous avons trouvé alternativement des herbes coupantes et des moucous, jusqu'à un grand bâche (arbre qui croît dans les terrains à demi-noyés), que nous avions remarqué depuis l'entrée des savanes, et qui se trouvait dans notre route. Cela nous fit plaisir, parce qu'en montant à son sommet, nous pouvions voir s'il n'y aurait pas moyen de choisir une route plus facile à frayer ; mais ni promesses, ni menaces n'ont pu obliger les nègres à y aller attacher une corde pour nous aider à monter (*a*).

Ainsi nous n'avons pu atteindre qu'à vingt pieds de hauteur, d'où nous avons remarqué que le chemin que nous avons à faire serait aussi pénible que celui déjà parcouru, et que nous n'avions pas à choisir, n'ayant plus que pour un jour de vivres. Nous sommes donc obligés de retourner à Cayenne, pour faire de nouvelles provisions, et faire reposer les nègres.

Dans l'espace que nous avons parcouru aujourd'hui, nous avons remarqué qu'il y a encore plus de ces trous de caïmans, dont nous avons déjà parlé ; cela prouve qu'à cette distance les eaux y sont stagnantes, *même pendant l'été*, au moins dans bien des endroits, principalement dans ces trous-là, où le poisson se retire, et où le caïman va labourer la terre pour le fouiller par-dessous le terreau. Au reste, le même sol.

Le 14, nous sommes donc repartis pour Cayenne, laissant notre bateau plat afin d'arriver plus tôt et éviter la faim, qui commençait à nous presser ; mais nos nègres sont si exténués,

---

(*a*) Sans doute par superstition. Cet arbre élevé, seul, dans une plaine de 7 lieues, devenait pour eux surnaturel, sacré.

que nous sommes obligés de faire souvent des pauses, quoique le chemin soit tout frayé.

Nous sommes venus coucher près des pruniers dont nous avons parlé. La nuit a été cruelle, à raison de la pluie et de l'orage qui nous a assaillis jusqu'au matin.

Le 15, nous sommes partis de bon matin; et, arrivés aux palétuviers des bords du Mahuri, à six heures et demie du soir, nous trouvâmes que la mer perdait; ce qui rendait très-difficile de ramener notre *postillon* à travers les palétuviers, par un si mauvais criquot; mais la pluie était si forte et si continuelle, et l'obscurité si complète, que nous étions dans l'impossibilité de pouvoir remarquer notre chemin ni la crique. Tantôt nos nègres et nous-mêmes traînions le canot à terre entre les palétuviers (*a*), au lieu de le mettre en long dans la crique, ou tantôt nous le mettions entre les arbres et ne pouvions plus l'en faire ressortir; il fallait sans cesse reculer, chercher les bois avec les mains comme font les aveugles; les couper avec la hache, au risque de se couper les jambes. La faim et les maringouins ne nous permettaient pas de nous coucher là.

Enfin, après un travail inouï de trois heures, nous avons été sur la rivière, et sommes venus d'abord au Dégras des Cannes,

Après avoir ordonné à nos nègres de se rendre à Cayenne par la crique Fouillée (*b*), nous avons été obligés de marcher

---

(*a*) Leurs racines ondulées en arceaux forment un vrai dédale, d'où, en plein jour, on a quelquefois de la peine à sortir.

(*b*) Cette crique traverse l'île de Cayenne de l'est à l'ouest, et communique de la rivière de Cayenne à celle de Mahuri. C'est une crique naturelle que l'on a achevé de canaliser.

toute la nuit pour venir à l'habitation du roi (Mont-Joli), où nous sommes arrivés, *étourdis* de fatigue, à quatre heures du matin, après avoir marché vingt-quatre heures sans nous arrêter, et la pluie sur le corps, sans cesser un instant.

Après avoir fait de nouvelles provisions, et fait réparer et changer nos canots, nous sommes repartis de Cayenne avec trois canots, dix nègres, et pour onze jours de vivres, le 6 avril 1777, à dix heures du soir.

Le 7, nous avons été rendus dans les savanes à une demi-lieue des palétuviers, où nous avons couché. Cette fois nos nègres sont mieux couchés, en ce que les canots sont tentés d'un *prélart* (a) pendant la nuit ; qu'on les a habillés d'une casaque de drap, chaussés de guêtres, de souliers, et, par-dessus, d'une grande culotte, afin qu'ils pussent marcher dans les herbes coupantes sans se blesser. Quant à nous, nous sommes toujours suspendus à nos *takaris;* mais nous avons aussi une tente, qui nous garantit au moins du plus gros de la pluie. Le temps est toujours pluvieux.

Le 8, nous avons campé à une demi-lieue de l'endroit où nous avons terminé le précédent voyage.

Le 9, à dix heures du matin, nous sommes arrivés vers le *bâche* qui est au bout du *percé* précédemment fait. Nous avons été forcés de recommencer ici à faire un nouveau chemin, et sommes venus camper à une demi-lieue du *bâche*, et avons passé alternativement dans les *moucous* et les herbes coupantes. Les terres sont recouvertes d'environ *trois pieds et demi de terreau*. On voit qu'il s'en trouve toujours plus à mesure que

(a) Morceau de grosse toile goudronnée.

nous avançons; et, d'après l'attention que nous y donnons, il nous paraît aussi plus *fait* et plus vieux. La vase est la même, et il y a deux pieds d'eau sur le terrain.

Le 10, nous sommes arrivés à une crique qui a un courant vers la mer. Nous la visiterons à notre retour. Ensuite nous avons rencontré un petit lac qui occupe environ l'espace d'un carré; il est rempli de caïmans; nous en avons tué un *petit de huit pieds* de long; mais il y en avait un de la longueur de nos canots, duquel nous nous sommes approchés à la distance de deux toises, et lui avons déchargé *cinq coups de fusil sur la tête,* avant qu'il se soit *réveillé;* au cinquième coup, il a *remué sa queue énorme,* et est sorti tranquillement du lac pour entrer dans les halliers.

Tout l'espace que nous avons parcouru aujourd'hui est recouvert d'environ cinq pieds de terreau, et souvent plus. Le sol paraît un peu mouvant sous les pieds; cela arrive toujours lorsqu'il y a beaucoup de terreau dans les parties noyées; parce qu'étant léger de sa nature, et l'eau lui faisant perdre une partie de sa pesanteur spécifique, il ne peut pas assez s'affermir sur la vase pour résister à l'ébranlement que lui imprime le pied en marchant. Dès que les terres sont desséchées, elles cessent d'être mouvantes. Au reste nous avons rencontré quelques trous où les nègres enfoncent.

Le 11, nous avons passé le pied d'un grand bâche (*a*), et sommes venus coucher au bord d'un endroit très-boisé de pruniers-coton.

Après être montés sur une échelle de seize pieds, dont nous

(*a*) Un second arbre isolé.

nous étions pourvus, et que nous avons établie sur un canot, nous avons vu que tout est boisé à droite et à gauche, et que nous n'avons pas de route à choisir; il est même impossible de voir si ce boisé s'étend fort loin.

Dans l'étendue que nous avons traversée jusqu'ici, nous n'avons pas marché directement au sud-est, mais nous avons changé la route de fois à autre de quelques degrés au sud ou à l'est, afin d'éviter les parties boisées ou embarrassées que nous pouvions voir devant nous au moyen de notre échelle; mais on a relevé exactement les aires de vents, et tout ce qui pouvait aider à faire une carte. Le sol est le même, mais moins mouvant.

Le 12, nous sommes entrés dans les pruniers; ils sont plus gros et plus fourrés que tous ceux déjà rencontrés. On ne peut s'ouvrir un chemin qu'à la hache; nous avons fait environ 200 toises. Le temps est fort pluvieux. Nous n'avons plus guère de vivres; nous commençons à nous retrancher.

Nous faisons route au sud-est, 15 degrés est-sud-est. Nous trouvons ici le même terreau, mais il paraît plus vieux; la même quantité d'eau, la même vase; mais le sol n'est pas mouvant.

Le 13, nous sommes toujours dans les pruniers, et voyons de notre échelle qu'ils s'étendent jusqu'au Kaw (7 lieues du point de départ).

Nos nègres commencent à perdre leurs forces. Nous avons laissé ce matin un de nos canots que nous ne pouvions plus traîner. Le temps est fort pluvieux; les vivres nous manquent, et nos nègres sont découragés. Toujours le même sol; il est noyé de deux pieds d'eau. Les 14 et 15, toujours les pruniers. La pluie est continuelle. Le sol est le même; même eau, même vase et même terreau. Nous avons mis la route au sud-est.

Le 16, toujours dans les pruniers ; nous n'avons plus de vivres qu'un peu de biscuit et quelques tablettes de chocolat, Le sol est le même et d'une grande uniformité. Il a fait quelques heures de beau temps.

Le 17, toujours les pruniers. Il pleut sans cesse. La faim nous presse. Nos nègres sont excédés de fatigue et découragés. Le sol est recouvert de *quatre pieds de terreau*, noyé de deux pieds d'eau ; au fond, de la vase marine. Depuis midi, nous faisons route à l'est.

Le 18, les mêmes pruniers, avec une pluie continuelle ; les nuits sont cruelles pour nous, n'ayant rien à changer et étant forcés de nous coucher en sortant de l'eau, tout mouillés comme nous le sommes. Nos nègres n'en peuvent plus ; trois ont la fièvre, et doivent cependant travailler. Le sol est toujours de la même uniformité : même vase, même terreau et même quantité d'eau qu'hier.

Le 19, toujours les mêmes pruniers ; souffrant beaucoup de maux : la faim, la fatigue, l'insomnie et l'inquiétude pour nos nègres, qui font des invocations au ciel toute la nuit, au lieu de dormir. Environ quatre pieds de terreau, deux pieds d'eau et la même vase. Les pruniers sont ici plus fourrés et plus gros.

Le 20, nous avons été dans les pruniers jusqu'à midi, où nous sommes entrés dans les pinotières (*a*) ; nous les avons traversées, et sommes campés derrière les palétuviers qui bor-

(*a*) Terrain noyé couvert d'une espèce de palmier appelé *pinot*.

dent la rivière de Kaw (terme de la plaine si laborieusement traversée). Nous allons passer une triste nuit; nos mains ne suffisent plus pour ôter les maringouins de notre visage seulement. Il y a peu de terreau dans les pinotières. Il y en a au plus un à deux pieds dans des endroits, et dans d'autres, six pouces, et il y a six pouces d'eau de plus.

Le 21, nous étions si affaiblis, que nous avons été sept heures de temps à traverser les palétuviers, et à venir à la rivière. Enfin les nègres se voyant arrivés ont repris vigueur, et ont encore *pagayé* (a) pour nous mener chez M. Boutin, où nous sommes arrivés à trois heures et demie du soir.

Nous nous sommes reposés jusqu'au 23, où nous sommes repartis après avoir fait de nouvelles provisions (b). Comme nous laissions deux nègres malades, M. Boutin nous en a prêté quatre pour nous aider à traîner nos canots jusqu'au delà des premiers pruniers, qui est le plus mauvais chemin.

Nous sommes venus coucher dans une goëlette, qui était à l'ancre à l'embouchure de la crique. Nous avons mesuré l'abaissement des marées, et il se trouve être de cinq pieds; c'était le temps des grands *doucins* du 23 au 24 avril, qui est le premier jour des rapports de marée (c).

(a) Nagé (ramé à Paris).

(b) M. Guysan, qui sans doute le premier a traversé cette plaine, qui offre tous les éléments d'une incroyable fertilité, va la traverser de nouveau, et se trouvera sur la rive droite du Mahuri.

Nous avons fait le même trajet en 1833, mais sur la crête de la montagne qui borne cette plaine au sud.

(c) On nomme *doucins* les torrents d'eau qui, pendant la saison des

Le 24, nous sommes rentrés dans notre ligne, à huit heures et demie du matin, et avons couché à l'entrée des pruniers, derrière les pinotières.

Le 25, nous avons marché tout le jour dans les pruniers, et avons campé près du canot que nous avions laissé. Nous le reprenons.

Le 26, sortis des pruniers, à midi. Nous avons chaîné, en venant, l'espace de la rivière ici. Après midi, nous avons renvoyé les nègres de M. Boutin, et nous sommes venus coucher à quelque distance de là dans les savanes.

Le 27, après avoir fait quelques opérations trigonométriques, nous avons couché entre le petit lac Caïman et la crique dont nous avons parlé.

Le 28, nous sommes arrivés à dix heures à la crique Angélique, connue par ce nom, au bord de la mer ; nous l'avons remontée jusque près de la montagne de la Gabrielle (*a*), du côté de l'est, où elle prend sa source dans différents filets d'eau qui viennent des montagnes, à travers les savanes. Cette crique *est considérable, et a un courant très-bien établi à sa source même.* Nous avons eu quelque peine à la remonter, en ce que nous avons dû ouvrir le passage dans les endroits où le terrain de ses bords est boisé. Après quelques relevés à la boussole,

---

pluies, descendent des terres hautes pour se jeter dans les fleuves ou à la mer, après avoir inondé les savanes.

La salure de la mer, sur les côtes, en diminue au point d'en éloigner les requins.

(*a*) Monsieur, depuis roi, a fait les frais d'une magnifique habitation sur cette haute montagne. Après avoir été à M. de la Fayette, elle est revenue au domaine par suite d'échange.

nous sommes redescendus en la relevant, et avons couché dans un îlot de terre ferme, dont le fond est sablonneux ; c'est le seul îlot que nous ayons rencontré dans ces savanes; il est un peu mouvant, et recouvert de huit à neuf pieds de terreau. Souvent une sonde de fer de *dix pieds et demi* prenait à peine un peu de vase avec le bout de sa cuiller; cependant ce sol n'est pas plus noyé que le reste des savanes que nous avons parcourues, quoiqu'à plus de 5 lieues de la mer ; ce qui indique absolument, d'après d'autres remarques faites en différents endroits, que cette *plaine immense présente* un plan *incliné, à partir des montagnes qui la bordent au sud dans toute sa longueur* (6 à 7 lieues) jusqu'à l'Océan. Quant à la position locale des parties qui sont boisées, dans tout ce que nous avons visité, nous renvoyons à la carte qui sera dressée incessamment du présent voyage (*a*). Au reste cette crique est remplie de caïmans énormes.

Le 29, nous sommes descendus en relevant la crique, et avons été rendus à notre percée à une heure après midi. Nos nègres étaient si fatigués, que nous avons dû laisser ici le plus mauvais de nos canots, pendant qu'un canot continuait la route par notre percée. Nous nous sommes séparés et détachés avec l'autre, pour reconnaître les lieux et la partie de la crique qui va d'ici à la mer, et nous avons trouvé *qu'elle est bouchée* et se répand en divers filets d'eau sur la surface de la terre, à environ 400 toises des palétuviers (*b*).

(*a*) La carte dont il est question doit être au dépôt des archives à Cayenne. J'ai fait dresser en 1835 une carte des montagnes qui bornent cette plaine; elle y figure même, mais sans détail topographique.

(*b*) En débouchant cette crique, on aurait un canal de desséchement tout fait.

Ici le sol est moins noyé, et il y a beaucoup de *moucous* et de buissons de pruniers-coton ; on y voit une espèce de large marécage derrière les palétuviers (du bord de la mer); on y remarque des pruniers.

Le 30, on a ouvert une ligne, tiré une base, et fait quelques opérations auprès du grand bâche dont nous avons parlé.

Le 1er mai (1777), nous nous sommes rejoints près des pruniers, et nous avons continué notre marche jusqu'aux palétuviers du Mahuri. Nous avons bien fait du chemin aujourd'hui ; mais nous avons jeté tout le reste de notre bagage et de nos provisions, pour alléger nos canots.

Le 2, nous avons visité le banc de sable que nous avons rencontré à notre première entrée dans ces savanes; nous voyons qu'il ne s'étend pas loin, qu'il se divise et forme plusieurs points par derrière les palétuviers.

Dans l'état où nous sommes, il n'est pas possible que nous restions ici pour relever sa figure et la chercher sous cinq pieds de vase; mais, comme il n'est pas contigu, on trouvera peut-être une passe pour en affranchir le canal futur. Au reste, s'il doit passer par-dessus, il n'en coûtera qu'un revêtement en bois de peu de hauteur sur la longueur de ce banc.

Nous sommes arrivés le même jour à Cayenne, à neuf heures du soir.

CONCLUSION.

Il résulte donc de la visite que nous avons faite de cette plaine noyée, qu'elle présente un plan *incliné* vers la mer; que cependant le grand pourtour des palétuviers qui la bordent (a) est *plus élevé*, et forme tout à l'entour une digue naturelle qui ne laisse échapper que les eaux qui surpassent cette élévation; ou les têtes des criques; que l'endroit le plus noyé est vers la route que nous avons tenue pour aller au Kaw; qu'elle est recouverte de beaucoup de terreau, qui a été dégradé et brûlé récemment, plus dans des endroits que dans d'autres, et que la nature commence à réparer grandement le ravage de ces incendies; qu'elle est *dessèchable*, moyennant un large canal du Mahuri au Kaw (7 lieues environ), et un autre qui, partant de celui-ci, ira dégorger à la mer; que ces canaux, par suite de l'existence de la crique dont nous avons parlé (la crique Angélique), auront communication jusqu'au pied des montagnes.

Le 3 mai, nous avons eu l'honneur de rendre compte à MM. Fiedmond et Malouet du résultat de notre voyage.

Cette pièce est d'autant plus précieuse à consulter, que tôt ou tard on aura le bon esprit de faire, à la plaine dont elle relate l'exploration, l'attention qu'elle mérite.

En effet, pour en faire une *Surinam* deux fois plus grande que le modèle hollandais, les Français trouveront *plus de la moitié* des grands travaux de dessèchement à exécuter déjà faits par la nature.

(a) Au nord; elle est bornée au sud par une ligne continue de montagnes boisées; à l'est, par la rive gauche du Kaw; à l'ouest, par la rive droite du Mahuri.

1° Il faut, outre le grand canal à creuser au pied des montagnes, deux autres canaux latéraux, et un troisième au centre, qui puissent communiquer du premier à la mer; *les voici :* à l'est, c'est la rivière de Kaw; à l'ouest, la rivière de Mahuri; et au centre, la *crique Angélique*, qui ne demande qu'à être prolongée jusqu'à la mer.

La digue destinée à contenir les hautes marées est déjà construite en partie par les palétuviers et les terres d'alluvion que les eaux douces y portent et qui s'y arrêtent. Il ne faut que perfectionner cette digue naturelle.

Les sept grandes lieues de montagnes boisées, qui bornent cette immense plaine de *terreau*, offrent le bois et la pierre, que les Hollandais allaient chercher à *quinze lieues* de leurs constructions; elles offrent en même temps un terrain propre à la culture des vivres, pendant toute la durée des travaux de desséchement de la plaine; plus, des habitations salubres, ayant leur horizon borné par la pleine mer, position admirable qui donne le nécessaire et offre à la vue, pendant le repos, la terre à travailler, qui doit donner le superflu.

Cette plaine a *une pente*, à partir du pied des montagnes jusqu'à la mer, point de nivellement à faire, par conséquent.

Ses *deux à huit pieds* de terreau recouvrent un fond de vase, ce qui forme le meilleur terrain de terre basse qu'on puisse désirer.

Les eaux douces des montagnes éviteront les citernes en briques qui ont coûté tant de soins et d'or à la Hollande. Et enfin les goëlettes pourront venir enlever les produits des cultures, en remontant la crique et les deux fleuves latéraux pour se rendre dans le canal parallèle aux montagnes et à la mer.

Et Cayenne ne sera séparée de cette plaine que par la *largeur* de l'un de ces deux canaux naturels : le Mahuri.

On a vu les matériaux hollandais qui ont servi à construire la riche Surinam; que sont-ils auprès des nôtres?

Avant de chercher à utiliser les déserts de l'intérieur de notre Guyane, ne conviendrait-il pas de sortir de l'eau cette plaine fertile de 60 à 70 kilomètres carrées de surface? d'en faire avant tout une magnifique avant-garde de ce qui pourra se faire plus avant dans le pays? car elle serait vue de la mer par les cultivateurs européens venant en Amérique chercher ce qui leur manque dans la mère patrie, et cette immense culture leur servirait d'encouragement dès l'*abord* de la côte, en attendant qu'elle leur servît de modèle.

On se récreira sur les moyens d'exécution et sur la pénurie des noirs; mais les machines à vapeur y suppléeront.

On vient de voir quelles tribulations ont assailli la commission envoyée par le gouvernement de Cayenne pour explorer la plus belle des plaines de notre Guyane, peut-être. On dirait d'un voyage de découvertes vers les terres australes; et cependant, tout s'est passé sur une plaine unie, qui n'est éloignée de la capitale que de *trois lieues et demie!* Pouvait-il en être autrement avec les moyens insuffisants fournis à cette intrépide commission?

Dix à douze nègres, obligés de traîner leurs moyens de transport et leurs vivres! des ingénieurs forcés de les *aider* dans leurs durs travaux, tout en exécutant ceux qu'exigent le relèvement des lieux et le sondage! Et le manque de vivres, la fatigue, le manque de tout abri, ayant nécessité un second voyage, quel supplément dérisoire leur accorde-t-on? Un ou deux nègres!

A la même époque où cette mission se remplissait si déplorablement à Cayenne, quant aux moyens matériels, M. Malouet était à Surinam. Au moment de quitter cette colonie, sa femme, qui l'accompagnait, craint d'être capturée par un brick anglais, mouillé sur un certain point de la côte. Le gouverneur hollandais apprend cette répugnance de madame Malouet pour la voie maritime, qui, à raison des marécages, était la seule praticable, et il entreprend par galanterie un travail qui dura huit jours; et ce travail, bien entendu, bien dirigé, exécuté par *deux cents nègres*, aurait suffi dans la plaine de Kaw pour la dégager des obstacles qui en cachent encore les richesses à la France.

Copions cet incident.

« ..... Ce corsaire anglais était un brigantin de 18 canons, monté par 200 hommes d'équipage, qui avait toujours le boutefeu à la main. Me voilà donc très-incertain de l'événement, et décidé cependant à m'en aller, parce que nous n'avions pas plus à Cayenne qu'à Surinam les moyens d'en imposer à un brigantin de 18 canons. Je fis alors cette réflexion-ci : « Le corsaire, » dis-je au gouverneur de Surinam, est mouillé à 2 lieues et » demie de terre, et tire onze à douze pieds d'eau ; ma goëlette » n'en tire que sept; ainsi je peux raser la terre une lieue plus » près que lui. Je n'ai donc à craindre ses 18 canons et ses » 200 hommes. S'il veut m'enlever, ce sera avec ses chalou- » pes ; or nous pouvons, par votre secours, nous défendre très- » bien contre des chaloupes. » Cela fut ainsi arrangé, et un bateau, armé de 10 pierriers et de 50 fusiliers, fut disposé ; mais madame Malouet avait quelque répugnance à voir un combat de mer ; et, quoiqu'il y eût tout à parier que les chaloupes du corsaire ne nous approcheraient pas quand elles nous verraient si bien armés, néanmoins le gouverneur et toute la ville ne voulaient point laisser embarquer madame Malouet et sa fille, et il n'y avait pas sur toute la côte jusqu'à Maroni de lieu propre à un embarquement, point d'autre rivière débouchant dans la mer ; le rivage dans toute cette partie est inabordable par terre à cause des marais et des *savanes noyées*.

» Mais rien n'est impossible aux Hollandais, et, dans cette occasion surtout, je ne saurais parler avec trop de reconnaissance de ce que leur ont suggéré leur industrie et leur honnêteté. »

« Vous vous embarquerez, me dit le gouverneur, *à vingt* » *lieues d'ici*, au poste d'Orange : *on va nettoyer* un *marais* et » un *canal* pour vous porter en canot de la rivière de *Collica* » (on ne pouvait y aborder que dans de petites pirogues plates » conduites par un seul homme) à ce poste ; et, quoique la mer » découvre là à une lieue au large, je ferai transporter par terre » et à dos de nègres *des canots légers* pour vous pousser sur la » vase jusqu'à l'endroit où votre chaloupe flottera ; alors vous » vous y embarquerez, et vous joindrez votre goëlette, qui ira » vous attendre à la hauteur d'un poste. »

» Tout cela s'exécute *en huit jours*. Deux cents nègres et vingt canots sont commandés ; et, pendant que nous visitons le cordon de Collica et les plus belles habitations de cette rivière, on *ouvre* et on *nettoie* un canal *d'une lieue ;* on dispose sur la vase les pirogues nécessaires ; on voiture nos effets ; on prépare des logements au poste ; et, le 27, un courrier nous annonce que la goëlette a passé sans accident, et nous attend à la hauteur d'Orange. »

Que l'on compare ces moyens employés pour tranquilliser une dame, épouse d'un étranger, et ceux donnés à Cayenne pour l'exploration de la plaine de Kaw, cette plaine près du double plus grande que le *marais boueux* sur lequel est bâtie la colonie de Surinam.

Suite de la note 20.

RENSEIGNEMENTS SUR LA COLONIE DE SURINAM.

1777.

Nous donnons ces anciennes observations sur la Guyane hollandaise, faites en 1777 sur les lieux par des Français, pour plusieurs raisons.

Les principales sont celles-ci : des matières qui en font le sujet, plusieurs sont naturellement immuables, et celles que les hommes peuvent changer varient si peu aux colonies, qu'elles peuvent encore aujourd'hui servir de renseignements, et même d'exemples.

Les hommes qui nous ont laissé ces renseignements devaient être préoccupés par l'esprit national et par l'amour-propre colonial; et cependant ils n'ont trouvé que des louanges à donner à des rivaux, à des voisins! Cette circonstance doit nous convaincre qu'elles étaient méritées.

« A Surinam, l'acre de terre planté en cannes s'estime à raison du produit pendant une année, lorsqu'elles commencent à mûrir; mais si elles sont jeunes, elles n'ont que la moitié de cette valeur : par exemple, si l'on sait par expérience que l'acre de terre rend deux milliers de sucre, on réduit en somme cette récolte, et elle devient la valeur de cet acre.

» Quand la plantation est en café, coton ou cacao, on évalue les arbres à raison de leur beauté. Les plus vivaces s'estiment deux et trois florins, les médiocres un florin seulement. L'acre de terre, outre les arbres qui y sont plantés, a sa valeur intrinsèque : c'est ordinairement 40 florins quand le terrain est reconnu pour excellent. L'acre de terre non cultivé est plus prisé que celui qui est défriché. Les pinotières ont un prix plus élevé que celui des palétuviers. Il y a tels acres de pinotières qui s'estiment jusqu'à 150 florins. La Guyane française a des centaines de lieues carrées de pinotières à vendre ou à concéder depuis 1777, et qui sont placées cependant dans des positions en général plus favorables que celles de Surinam. »

Dispositions hollandaises adoptées (en partie) actuellement dans la Guyane française.

Il n'y a point à Surinam d'habitant qui n'ait dans son atelier plus ou moins de nègres à talents : ce sont ces ouvriers esclaves qui font tous leurs travaux de menuiserie, charpente, etc.

Si l'on a recours à un blanc, celui-ci se charge de l'ouvrage en entier, et fournit tous les manœuvres.

Les appointements des économes sont de 600 florins à 1,500, selon la capacité des sujets. On leur donne en abondance des provisions (1854). C'est dans cette classe d'agents, que les grands habitants ne cessent d'observer avec soin, que l'on choisit les défricheurs de nouveaux terrains. Le gouvernement leur donne des capitaux suffisants, et n'en exige qu'un intérêt très-modéré ; enfin toutes les facilités imaginables leur sont noblement prodiguées jusqu'au moment où leurs succès les rend inutiles. Nouvelle preuve de l'efficacité d'une agglomération qui permet non-seulement l'émulation, la mutualité des secours matériels et des idées, mais qui de plus est favorable à une tutelle inaperçue, bienveillante et généreuse, dont le résultat est d'augmenter le nombre des planteurs acclimatés, expérimentés et prudents, au lieu de ces aventuriers de culture tropicale, pupilles, ou plutôt agents inconnus de rêveurs ou d'intrigants de la métropole, qui ont, eux, tiré tout le fruit d'une colonisation avant même que les vrais travailleurs soient trouvés et mis à l'œuvre.

L'entretien des bâtiments de toute espèce, celui des écluses, la fourniture des outils et ustensiles d'agriculture, prélèvent un produit de deux et demi pour cent sur les revenus annuels de l'habitation. La bonne gestion des économes, la fixation *à vie* des colons dans le pays qui a changé leur misère européenne en aisance, et souvent en somptuosité américaine, peuvent avoir amené à ce taux modéré les frais d'entretien ; mais dans nos colonies, où les habitants semblent camper, et souvent bivouaquer depuis cent ans, on a tant de hâte de s'enrichir pour venir en France éparpiller sa fortune, qu'en général on néglige les plus sûrs moyens de s'en faire une ; et l'un de ces moyens, selon nous, est de ne pas reculer devant la plus légère comme devant la plus coûteuse réparation, quand elle est jugée opportune. Tout retard, en telle matière, conduit à un remplacement complet. Il en est de même pour renouveler ou créer des plantations d'arbres, dont les produits se font attendre un certain nombre d'années. On craint de perdre quelques journées de manœuvres, de défricher quelques carreaux pour n'obtenir que des espérances, et le capital actuel, qu'on sacrifie au présent, s'use et meurt quelquefois avant ceux qui n'ont pas su l'entretenir. Nous en sommes là en Guyane.

Entretien des nègres.

L'objet le plus dispendieux à l'égard du nègre, c'est sa nourriture. Ils sont *presque* nus. C'est beaucoup si, pour leurs vêtements, le maître fait une dépense de six aunes de grosse toile par an pour chaque esclave. La loi ordonne d'avoir un acre de terre planté en bananiers pour la nourriture de chaque dizaine de nègres.

Tous les frais d'exploitation et de culture sont à la charge du maître. Il leur donne aussi du sel, du poisson salé. Ils n'ont de jour entier de repos que le dimanche, demi-heure pour déjeûner et une heure et demie pour le dîner, journellement.

Au reste tous les travaux se font à la tâche. Cette façon d'opérer laisse aux nègres quelques heures de récréation ; ils les emploient, ainsi que le dimanche, à cultiver leurs jardins. C'est une petite portion de terre toute défrichée que le maître affecte à chaque esclave. Comme toutes les habitations sont situées sur les bords des criques et des rivières, il est facile au nègre de se procurer du poisson frais et des crabes. On les autorise aussi à élever de la volaille.

A Cayenne, les nègres sont à peu près traités de cette manière. Cependant l'extrême fertilité de la plus mauvaise terre permet au maître de n'accorder à son esclave qu'*un jour sur quinze* pour cultiver les vivres qui sont nécessaires à sa famille ; et ce jour suffit !

La morue salée et une espèce de capot en laine sont données par le maître.

Les cases à nègres forment un village. Une case ne loge guère qu'une famille.

On ne fait point usage de la charrue à Surinam. Quant au fumage des terres, on le remplace par ce qui suit : Lorsque les terres anciennement cultivées se détériorent, on intercepte la circulation des eaux dans les fossés, en y rapportant des terres de distances en distances un peu éloignées : cela forme autant de petites digues. Par ce moyen le terrain se trouve inondé, surtout dans la saison des pluies, et reste ainsi sous l'eau douce pendant six ou sept ans. Quelques habitants ont soin de couper au sabre, pendant l'été, les halliers et les arbrisseaux, dont on laisse les débris pour former un fumier sur le sol. Après ce laps de temps, on reprend la terre abandonnée, et on ouvre de nouveaux fossés dans un sens contraire au cours des anciens. On remue la terre à la houe, et l'on plante. Au reste ces terres se reposent selon le plus ou moins de temps qu'elles ont travaillé, et à raison de leur qualité.

Je n'ai jamais vu fumer les terres à Cayenne, même dans les plus anciennes habitations; on y remarquait même des monceaux de *détritus* qui gênaient le terrain, et pouvaient être nuisibles à la santé.

Un habitant très-expérimenté, qui avait une magnifique et ancienne habitation sur la rive droite du Mahuri, a préféré au fumage, que les terres allaient bientôt exiger, exécuter un déménagement complet. Il lui a donc fallu transporter son matériel et ses nègres sur la rive droite de l'Approuague, à 15 ou 20 lieues plus loin, et défricher et dessécher une terre nouvelle qui a exigé près d'une lieue de canaux. Ce changement a nécessité près de quinze mois de travail.

Dans les plaines noyées, que les grandes entreprises ont toujours négligées, il se trouve une si bonne terre, recouverte de tant de terreau, que nous pensons qu'il faudrait *un siècle* de culture pour l'épuiser.

CONTINUATION DES CULTURES DE SURINAM.

Café.

A l'âge de trois ans, on étête les cafiers; à mesure que la sommité produit de nouveaux jets, on les coupe, et on les arrête à la hauteur de 5 pieds. L'arbre gagne en rondeur ce qu'il perd en hauteur. D'autres au contraire les laissent croître naturellement : ils prétendent qu'ils en retirent plus de fruits; néanmoins ils sont obligés de leur couper la tête, lorsque le cafier, trop vieux, donne des bois morts à la sommité, et forme ce qu'ils appellent le parasol; pour lors l'arbre prend une nouvelle vigueur. Sa durée commune est de 25 à 30 ans. Son rapport est d'une livre et demie par pied.

Bétail.

Presque tous les habitants ont un petit troupeau chez eux en gros et menu bétail. Le mouton y réussit très-bien. Ils ont des savanes environnées d'un large canal, où il y a toujours de l'eau. Les bestiaux y sont contenus, et se retirent le soir dans des étables où ils sont à l'abri. On peut compter environ 15 à 16 mille têtes de gros bétail dans la colonie.

Qualités des terres.

Les terres que les Hollandais de Surinam cultivent sont les *pinotières*, les *vases* qui produisent les *palétuviers*, et les *pris-pris*, ou savanes noyées.

On reconnaît que les terres sont bonnes; savoir : les vases, lorsque les palétuviers y sont de belle venue, que la vase est profonde et qu'elle n'est pas mêlée de sable ; on les laisse ordinairement longtemps sous l'eau douce, pour qu'elles se défassent des sels, du soufre et du salpêtre qu'elles contiennent. Lorsqu'on est pressé d'en tirer parti, il suffit de les laisser bien exactement sous l'eau douce pendant un an, et de les cultiver ensuite un an ou dix-huit mois en *manioc*, point en bananiers, qui viendraient mal.

Les pinotières.

Lorsque la terre est brune, grasse, homogène, ayant de la profondeur, et n'étant pas mêlée de sable; les *pinots,* les *manis,* et autres arbres y sont ordinairement beaux et vigoureux.

Les prispris ou savanes noyées.

Le dessus de ces terres est noir, et à six, douze ou dix-huit pouces. Au-dessous on trouve la glaise bleue, ou gris d'ardoise.

On reconnaît, dans les trois espèces de terre ci-dessus, les mauvaises aux indices suivants; savoir :

Les vases.

Lorsqu'au lieu de vase on n'y trouve qu'une glaise jaunâtre ou blanchâtre, ou des bancs de sable fin, de celui qu'on appelle le *sable tapé.*

Les pinotières.

Les indices ci-dessus désignent aussi les mauvaises pinotières; à quoi on doit ajouter l'indice de la tourbe, résidu de végétaux pourris, qui ne sont pas encore réduits en fumier, et qui n'ont alors ni tenue, ni consistance.

Les prispris.

Lorsque la terre ne produit que l'herbe nommée, à Cayenne, *queue de biche.*

Lorsque les pinotières et les prispris ont été brûlés, et que la terre en est tout à fait détériorée, il n'y croît plus rien. On refait ces terres en les entourant de digues, et en les laissant sous l'eau douce pendant plusieurs années, et jusqu'à ce que l'on juge qu'elles sont suffisamment refaites.

Lorsque les terres ne sont pas trop détériorées par le feu, on en tire encore partie, en y plantant du coton.

Des travaux de dessèchement.

Après avoir abattu le bois, on *chapuse* et on dessouche fort exactement le terrain qui doit être occupé, dans les digues, et par les fossés d'entourage; c'est-à-dire, sur les côtés et sur le devant des terrains.

On peut faire plus négligemment les digues qui bornent le terrain par derrière, parce qu'ayant occasion d'agrandir sa culture de ce côté, la digue, qui était alors d'entourage, devient une chaussée intérieure.

On commence par fouiller, jusqu'à profondeur de la basse mer, la partie du canal d'écoulement qui va depuis l'endroit où doit être l'écluse ou le coffre jusqu'à la rivière ou crique, où doit se dégorger le canal; on pose ensuite le coffre, ou bien on construit l'écluse. Si c'est un coffre, il doit être bien exactement calfaté avant de le poser; ce qui prouve qu'il les faut moins lourds qu'on ne les a faits à Cayenne, et qu'ils ne doivent point faire masse avec la charpente considérable auxquels on les a liés.

Les écluses en bois sont faites avec le meilleur bois du pays. Les coffres sont aussi faits avec de bon bois, s'ils sont destinés à durer longtemps; mais quelquefois on en fait de très-grossiers pour un besoin passager.

La porte d'un coffre doit faire, avec la ligne horizontale, un angle un peu plus grand que 45°. Plus le terrain est petit plus on doit apporter de soin pour que le coffre ferme exactement, parce que le peu d'eau qui entrerait ferait plus d'effet dans des fossés qui n'ont guère d'étendue que dans d'autres qui en auraient beaucoup.

En fouillant les fossés on doit toujours jeter les deux premières pelles sur le terrain que l'on propose de cultiver; on fouille d'abord le fossé à pic, et on lui donne après le talus nécessaire; outre le talus, on pratique dans les grands canaux des espèces de marches d'environ trois pieds de largeur.

On ne met pas toujours un certain nombre de nègres à l'entretien des fossés; mais, de temps en temps, on les fait nettoyer par un grand nombre d'hommes à la fois; la tâche moyenne du nègre de pelle est de cinq cents pieds de longueur, car il y en a qui, dans les terres aisées à fossoyer, en font jusqu'à sept cents pieds.

On ne change point la tâche lorsque le fossé devient profond, parcequ'alors l'ouvrier se dédommage de la peine qu'il a à jeter la terre plus difficilement, en fouillant moins profondément. On compte qu'il faut *huit pelles* de profondeur pour faire celle de six pieds.

Lorsqu'on a de très-grands canaux à ouvrir, comme de cinquante à quatre-vingts pieds de large, on commence toujours par en ouvrir un d'une moyenne grandeur, comme de huit à dix pieds, auquel on donne toute la profondeur que doit avoir le grand canal ; cela donne l'écoulement à une grande partie des eaux, et rend le terrain plus praticable.

En finissant d'ouvrir le grand canal, on en recule les terres en les jetant à la pelle, et en les remuant au moyen de la houe.

En réservant le long d'un canal une *berme* qui doit servir à marcher, on a soin de l'élever au-dessus des plus hautes eaux observées. Avant de former une digue, on doit toujours ôter le dessus du terrain sur lequel on veut l'établir, la première et la seconde pelle, parce que le fumier et les bois qui s'y trouvent causeraient des crevasses. On fait un fossé de deux ou trois pieds sur le terrain où doit être la digue ; on remplit ce fossé de terre glaise bien battue, que l'on met alternativement par couches d'un pied. Ce fossé de fondation se nomme, à Surinam, *tranche aveugle*.

Après avoir rempli exactement la *tranche aveugle*, on forme la digue avec la terre que l'on a tirée des fossés ; car on en fait deux, un de chaque côté de la digue qui termine le travail sur le derrière.

Si le terrain entouré de digues est assez près de la mer pour que le mouvement des eaux puisse attaquer et détruire la digue qui est sur le devant, on couvre le talus de cette digue de roches-grison, que l'on y jette constamment pendant assez de temps pour que le tout ne s'enfonce pas dans la vase.

Lorsque l'on fait la fouille pour construire une grande écluse, on y installe une ou plusieurs pompes de navire.

Dans les bas des rivières, où les bois courraient risque d'être attaqués par les vers, toutes les écluses sont en maçonnerie.

Dans le haut des rivières, où l'on n'a pas les mêmes risques, les personnes économes font leurs écluses en bois.

Dans les sucreries, le canal qui fournit l'eau au moulin (*a*) a ordinairement soixante pieds de largeur auprès du moulin, et trente pieds à son autre extrémité ; les branches de ce canal ont trente pieds.

Les canaux de desséchement, pratiqués des deux côtés de l'habitation, ont environ seize ou dix-huit pieds, et leurs branches, qui pénètrent dans les pièces de cannes, ont environ quatre pieds. Les fossés de desséchement dans les terrains plantés de cafiers, cacaoyers ou cotonniers, ont, savoir : ceux des côtés de seize à dix-huit pieds de largeur, et ceux qui sont dans l'intérieur ont huit pieds, et ils sont deux à deux de chaque côté d'une chaussée de vingt pieds de largeur, formée par les terres de ces fossés. Outre ces fossés d'écoulement il y a des habitants qui, pour soulager leurs nègres en leur évitant des charrois considérables, font pratiquer dans la longueur de leur terrain, un canal de navigation qui n'a d'issue à la rivière qu'autant qu'on lui en donne en coupant une digue, ou en ouvrant un coffre, qui d'ailleurs reste toujours fermé;

(*a*) C'est une admirable industrie que celle qui fait écouler les eaux d'un terrain quand la marée baisse, et de recevoir dans le même terrain, quand elle monte, l'eau suffisante pour faire tourner un moulin. L'emploi des machines à vapeur a diminué ce moyen ingénieux, mais il est encore et sera longtemps employé par les habitants peu aisés.

on ne donne cette issue aux eaux de ce canal que pour les renouveler, en y introduisant l'eau que l'on tire des marécages qui sont derrière l'habitation.

Pour introduire les eaux du marécage dans ce canal, on coupe aussi la ligne qui est à l'extrémité du terrain, ou bien on ouvre le coffre que l'on y a placé pour cet usage. Ce canal aboutit toujours auprès de la sécherie du café. La profondeur des fossés d'écoulement se règle sur la quantité dont les eaux de la mer baisse.

Nous nous sommes étendu sur ces travaux hollandais, parce qu'ils ont été suivis avec succès à Cayenne depuis l'année 1777, et qu'ils peuvent donner une idée des localités, et servir à guider des colons nouveaux qui pourront n'avoir pas sous les yeux des préceptes et des exemples.

Toutefois, pour que ces colons ne soient pas trop effrayés de cette grande quantité de canaux et de digues, qui doivent précéder la grande culture des terres basses, il convient de leur dire que ces terres basses sont très-*meubles,* et par conséquent très-faciles à remuer, que les digues se forment avec les terres du fossé, et qu'enfin les plantes qui couvrent ordinairement ces terres sont (le prunier-coton excepté) très-faciles à extraire, au moins comparativement aux grands arbres de bois dur qui couvrent les terres hautes encore non défrichées.

Pour exemple, nous citerons l'habitation de M. La....., du quartier d'Approuague. Cet habile colon n'a guère mis qu'un an à quinze mois pour creuser *une lieue* de canaux, et cultiver ses carreaux de cannes, etc. Son atelier lui était fourni par une population de cent soixante à cent quatre-vingts esclaves, ce qui ne donne guère qu'un nombre de cinquante à soixante pionniers.

Note 21, page 73.

LES JUIFS COLONS.

Sous le règne du roi Henri II, les juifs avaient demandé à peupler nos colonies, ce qui leur fut accordé.

Toutefois, au moment de profiter de l'autorisation royale, leur religion parut un obstacle insurmontable, et ils ne partirent point.

Dans les commencements des Antilles, et à Surinam, beaucoup de juifs se trouvèrent au nombre des colons cultivateurs, et réussirent.

Note 22, page 74.

VILLE DE PARAMARIBO, SURINAM (*a*).

« La ville de Paramaribo est située sur la rivière de Suri-

(*a*) La ville de Paramaribo était anciennement un village indien, elle en a conservé le nom.

Elle est située en partie sur le bord de la rivière de Surinam, à environ six lieues de la mer; dès l'année 1769, elle comptait déjà

nam, à 16 lieues de son embouchure. Elle est bâtie sur une espèce de gravier de roche; de niveau avec les environs, et forme un carré long d'un mille et demi d'étendue, sur un demi-mille de largeur.

» Toutes ses rues sont parfaitement alignées et bordées d'orangers, de palmiers, de tamarins et de citronniers, toujours en fleurs, et qui se courbent sous le poids de leurs groupes de fruits.

» On n'a pas eu besoin de paver les rues, le gravier suffit; il n'est pas inférieur au plus beau sable de nos jardins d'Europe; et l'on en relève encore l'agrément en le jonchant de coquilles de mer.

» Les maisons, qui, la plupart, ont de deux à cinq étages, sont en partie bâties en très-beau bois. Ces maisons sont au nombre de 1,406 (en 1790).

---

800 maisons très-régulièrement bâties, presque toutes sans fenêtres; elles ne sont guère qu'en bois, à l'exception des fondations, qui sont en briques. Elles ont chacune leur jardin particulier.

Ces maisons-habitations sont agglomérées sur les bords des rivières de Surinam et de Comwisme, ainsi que sur ceux de tous les bras et criques de ces rivières.

Toutefois on remarque que beaucoup d'habitations, contiguës partout, dépassent l'extrémité même des criques; mais elles y communiquent par des canaux.

Entre les bras de la rivière de Comwisme, Cotica et Comwisnini, tout l'espace est occupé par des habitations qui se touchent. Des grandes routes, tracées en lignes droites comme des chemins de fer et qui ont été pratiquées dans des savanes et des marais, communiquent entre les rivières peuplées et celle de Saraméca, qui, en 1769, ne l'était pas encore.

» Il y a presque toujours sur la superbe rade de Surinam une centaine de bâtiments marchands, mouillés à portée de pistolet du rivage. »

L'auteur qui nous donne ces détails était officier dans la garnison anglaise qui pour lors occupait, par suite de la conquête, la colonie de Surinam. Son ouvrage, en trois volumes, est d'autant plus curieux, que l'auteur était spécialement employé à la guerre continuelle que les nègres marrons faisaient aux Hollandais, leurs anciens maîtres. Ce marronnage en grand de Surinam a toujours été inconnu dans nos colonies. La différence de traitement, si remarquable, que les deux nations mettent dans leur gouvernement intérieur, en est une cause bien honorable pour nos colons (*a*). Il est superflu d'énumérer et de décrire les effroyables supplices et les tortures infligés aux esclaves de Surinam, souvent pour des motifs qui, chez nous, ne sont punis que du fouet.

(*a*) A la Guyane française les nègres sont conduits plus doucement que dans toute autre colonie : tous leurs travaux ont été déterminés à la tâche. Les plus diligents la finissent à midi, et une fois achevée, ils se retirent dans leurs cabanes, et y font ce qu'il leur plaît le reste du jour.

Chaque famille a son jardin ou abatis, où elle plante les végétaux dont elle se nourrit ; elle élève aussi de la volaille, des cochons ; elle ramasse des crabes et n'est point à charge au maître, qui ne fournit à ces nègres que du sel, un peu de morue ou du poisson frais lorsqu'il y en a.

Chaque année il leur donne des vêtements au moins pour 24 fr. Il y a sur chaque habitation un hôpital, où les malades sont bien soignés.

Note 23, page 78.

« La plupart des colonies se sont fondées comme d'elles-mêmes, par aventure, lentement, sans que le gouvernement en eût conçu le dessein; les boucaniers, les flibustiers, les hommes persécutés en Europe pour leurs opinions religieuses ou politiques, ont fondé celles que nous voyons les plus nombreuses et les plus riches.

» La Guyane a été négligée par les flibustiers, à raison de sa position géographique, qui en éloignait les navires passagers.

» Il eût fallu, pour qu'elle prospérât, qu'on l'eût tirée du néant d'un *seul coup*, c'est-à-dire bâtie en *ville agricole,* comme une seule maison ; et elle le pouvait plus facilement et à moins de frais que Surinam, comme on a pu le voir dans ce qui concerne la topographie des deux colonies. »

Note 24, page 80.

Lescalier, dès l'année 1764, avait été employé à Saint-Domingue; il y fit différents voyages d'explorations, qu'il évalue à plus de 200 lieues par terre. On lui confia ensuite le Môle Saint-Thomas, où l'on avait commencé une colonisation blanche, qu'on avait fort mal commencée. M. le comte d'Estaing arrêta le mal, en y envoyant Lescalier.

Il n'y resta que deux ans. Il y avait trouvé un marécage infect, et quelques moribonds, reste des blancs entassés d'abord sur ce point; il y laissa une ville, où chaque famille était logée à part, sainement, et munie de tout ce qui pouvait satisfaire à ses besoins. De plus un grand nombre de bâtiments civils et d'établissements militaires, des logements, des plantations de vivres pour les nègres de l'Etat, plusieurs genres d'industries établies, et une population de trois à quatre mille blancs, qui commençaient à surmonter les difficultés du climat. Il y avait aussi dans l'intérieur du pays des cultures, du bétail, des communications, et deux petites peuplades en train de prospérer, et qui ont réussi.

En 1780, Lescalier retourne aux colonies, reste deux ans à l'île de la Grenade, où il admire l'industrie anglaise, qui, entée sur la nôtre, avait déjà réuni dans cette île trente mille nègres, exploitant cent trente sucreries, sur une surface de neuf lieues de long, sur trois de large.

En 1782, M. de Kersaint ayant repris, sans coup férir, aux Anglais Démérari, Berbice, Esséquébo, qu'ils avaient enlevés l'année dernière aux Hollandais, Lescalier fut envoyé dans ces deux parties de la Guyane.

Il y séjourna deux ans, et pendant ce temps les Français y fondèrent des établissements considérables de défense, un commencement de ville, un gouvernement, un hôpital, des casernes et autres bâtiments. Les Hollandais, en reprenant possession de leur colonie, conservèrent avec soin tous nos beaux établissements; car notre empressement à embellir et à fortifier toutes nos conquêtes égale la coupable légèreté que nous mettons à les restituer, au premier traité de paix.

A cette époque, une de ces colonies faisait pour seize millions de revenus, et n'avait encore aucun établissement public de défense, ou de souveraineté; et Cayenne avait une ville fortifiée, un état-major nombreux; le trésor royal dépensait pour elle des millions, et n'en tirait pas un sou; pourquoi? Lescalier nous le dit: les Hollandais sont tous cultivateurs et habitent leurs terres; le plus grand nombre des habitants de Cayenne étaient à la solde du roi, et résidaient en ville.

Pendant que le Hollandais tient ses livres, écrit ses comptes, ses connaissements, sa correspondance, l'autre compose des satires, suscite des procès, ou écrit contre le gouvernement (a).

En 1788, Lescalier quitte Cayenne, emportant les matériaux de la Notice qu'il publia dans le *Moniteur*, je crois, vers 1795.

Note 25, *page* 91.

Nous ne pouvons nous empêcher de reproduire cet épisode intéressant d'un voyage dans les grands bois, entrepris par M. Malouet, en 1777, pendant son intendance. Le fait est connu, mais il peut être oublié.

« .... A six lieues de l'Oyapock, je trouvai sur un îlot, placé au milieu du fleuve, qui forme dans cette partie une ma-

---

(a) Ceci se passait vers 1788. M. Malouet s'était plaint des mêmes abus en 1777. Depuis longtemps la ville est abandonnée par les chefs d'habitation la plus grande partie de l'année, et ils ont l'esprit trop occupé de ce qu'on écrit contre eux, pour l'employer à écrire contre le gouvernement.

gnifique cascade, un soldat de Louis XIV, qui avait été blessé à la bataille de Malplaquet, et obtenu alors les Invalides. Il avait cent dix ans (en 1777) et vivait depuis quarante ans dans ce désert. Il était aveugle, et entièrement nu, assez droit, très-ridé; la décrépitude était sur sa figure, mais point dans ses mouvements; sa démarche, le son de sa voix, étaient d'un homme robuste; une longue barbe blanche le couvrait jusqu'à la ceinture. Deux vieilles négresses composaient sa société, et le nourrissaient du produit de leur pêche, et d'un petit jardin qu'elles cultivaient sur les bords du fleuve.

» C'est tout ce qui lui restait d'une habitation assez considérable, et de plusieurs esclaves qui l'avaient abandonné successivement. Les gens qui l'accompagnaient l'avaient prévenu de ma visite, qui le rendit très-heureux; car il m'était facile de pourvoir à ce que ce bon vieillard ne manquât plus de rien, et terminât dans une sorte d'aisance sa longue carrière. Il y avait vingt-cinq ans qu'il n'avait mangé de pain ni bu de vin : il éprouva une sensation délicieuse du bon repas que je lui fis faire. Il me parla de la perruque noire de Louis XIV, qu'il appelait un beau grand prince; de l'air martial du maréchal de Villars, de la contenance modeste du maréchal de Catinat, de la bonté de Fénelon, à la porte duquel il avait été en sentinelle, à Cambrai.

» Il était venu à Cayenne en 1730, et avait été économe chez les jésuites, qui étaient alors les seuls propriétaires opulents de la Guyane française; et il était lui-même un homme aisé, lorsqu'il s'établit à l'Oyapock. Je passais deux heures dans sa cabane, étonné, attendri du spectacle de cette ruine vivante; la pitié, le respect, imposaient à ma curiosité; je n'étais affecté que de cette prolongation des misères de la vie humaine, dans l'abandon, la solitude, et la privation de tous les secours de la société. Je voulus le faire transporter au fort; il refusa, et me dit que le bruit des eaux dans leur chute était pour lui une jouissance, et l'abondance de la pêche une ressource; que, puisque je lui assurais une ration de pain, de vin, et de viande salée, il n'avait plus rien à désirer. Il m'avait d'abord reçu avec de grandes démonstrations de joie; mais lorsque je fus près de le quitter, son visage vénérable se couvrit de larmes; il me retint par mon habit; et, prenant un ton de dignité qui sied si bien à la vieillesse, s'appercevant, malgré sa cécité, de ma grande émotion, il me dit : Attendez !... puis, il se mit à genoux, pria Dieu, et m'imposant ses mains sur la tête, me donna sa bénédiction. »

Note 26, *page* 92.

ARRIVÉE A CAYENNE DES DÉPORTÉS DU 18 FRUCTIDOR.

La corvette *la Vaillante* en portait seize; les principaux étaient : Pichegru (*a*), Murinois, Ramel, généraux; Barbé-

(*a*) Dans l'exploitation d'une partie de la montagne du fortin de Cayenne, nous fîmes tomber une casemate nommée le Cachot de Pichegru. L'un de mes sergents qui se trouvait faire partie de la garnison de Cayenne à l'arrivée de ce général, m'a assuré qu'il n'avait jamais été renfermé dans cette casemate. En débarquant, il entra à l'hôpital; le gouverneur lui ayant proposé des vivres de sa table, il les refusa en disant ces mots : Je suis soldat, je ne veux que la ration du soldat.

Marbois, Villot, Larue, Dossonville, Bourdon de l'Oise, Rovère, Lafond, Trocon-Ducoudrai, Barthélemy, Brathier, Lavilleheurnois, Letellier.

On donna un hamac à chacun, une ration de biscuit, une livre de viande salée, et un verre de tafia.

Ces proscrits royalistes, ou réputés tels, avaient trouvé quelques terroristes, restes d'une précédente fournée; entre autre Collot-d'Herbois, mort à l'hôpital de Cayenne.

Beaucoup de ces proscrits parvinrent à s'échapper, aidés par les Anglais. Le général de Murinois mourut à Sinnamari. Les écrits publiés par quelques-uns de ces déportés, à leur retour en France, achevèrent de perdre la Guyane dans l'esprit des hommes qui, par leur position ou leur fortune, pouvaient tenter d'en défricher quelques parties.

Note 27, *page* 92.

Tous les bâtiments de l'escadrille, qui portaient le personnel et le matériel de l'administration coloniale, essuyèrent un violent coup de vent en rade de Brest, où les vents contraires les retenaient depuis plus d'un mois; plusieurs de ces bâtiments échouèrent sur la côte, et les équipages se sauvèrent à la nage.

D'autres avaries, plus graves encore, les attendaient pendant la traversée. Assaillis par une violente tempête, plusieurs bâtiments furent démâtés, et désemparés; deux sombrèrent en pleine mer.

Note 28, page 93.

TRANSPORT DES CHINOIS A CAYENNE.

« En 1818, le ministre de la marine se détermina à envoyer deux vaisseaux aux Philippines pour y chercher deux ou trois cents Chinois, et les transporter à Cayenne. Dire dans quel but et pourquoi faire, cela n'est pas facile.

» On parlait de thé; mais on ignorait si les terres et le climat de la Guyane convenaient à cette plante.

» Quoi qu'il en soit, on envoya *le Rhône* et *la Durance;* ces deux bâtiments partirent de Rochefort le 1er janvier 1819; touchèrent à Cayenne, où ils déposèrent les instruments pour cultiver le thé; se dirigèrent vers les Philippines; et, au bout de quinze mois, revinrent débarquer à Cayenne (le 10 août 1820) avec vingt-sept Chinois, dont deux seuls étaient laboureurs (*a*); cette échauffourée coloniale s'appelait, dit un contemporain, *Expédition d'Asie*. Tant la France aime à couvrir la pauvreté de ses mesures coloniales de la pompe des titres! ajoute notre auteur.

» Avant l'arrivée de ces vingt-sept Chinois, on avait acheté une maison, et plusieurs cases pour les loger : elles coûtèrent trente-six mille francs!

» Ils n'y logèrent jamais. D'abord, en débarquant, ils tombèrent tous malades, des suites de leur longue et pénible tra-

---

(*a*) Tout comme chez nous, en 1777.

versée, de nostalgie, et de leurs mauvais antécédents; car il ne faut pas oublier qu'ils avaient été *pressés* par l'autorité municipale de Manille, dans une seule nuit. Qu'on se figure le produit policier d'une nuit de Paris, passant de la préfecture sur un vaisseau; puis débarquant, après quarante ou cinquante jours de mer, d'oisiveté maladive et de malpropreté, sur une terre primitive qu'il faut travailler; on aura une idée de ces vingt-sept ou trente Chinois vagabonds, dont la possession onéreuse, pendant quinze ans, n'en coûta pas moins près de deux millions à l'Etat.

» En 1834, nous ramenâmes à Brest les trois derniers cultivateurs; les deux plus âgés, ruinés de corps et d'esprit par l'usage de l'opium, étaient complétement abrutis; le plus jeune, étant encore enfant en arrivant à Cayenne, avait pris les allures françaises; il se portait bien. »

Note 29, *page* 102.

Ce qui fait le sujet de cette sortie contre les colons blancs, ou plutôt contre leur façon d'agir, peut être justifié à raison de leur position dangereuse et toute exceptionnelle. A la Guyane, plus que partout ailleurs, les blancs sont en minorité; et les forces répressives, réunies sur un seul point dans l'île de Cayenne, sont plus ou moins éloignées des habitations du continent.

La discipline morale a dû en conséquence venir en aide, ou plutôt tenir lieu de la force armée, qui maintient l'ordre dans les masses désarmées.

Il est résulté de cette nécessité l'anomalie dont se plaint le chevalier de la Rue, auteur du passage que nous avons cité; anomalie qui disparaîtra peu à peu avec le motif qui l'a fait naître.

Toutefois, comme l'esclavage existe encore, il est bon de se rappeler un écueil sur lequel plusieurs colonisations blanches ont échoué.

Il est donc tacitement reconnu que le travail de la terre, et même d'autres travaux encore, ceux surtout de la domesticité, ne peuvent être, à la Guyane, le partage des blancs sans danger; et dès qu'on enfreint cette règle de l'aristocratie de couleur, les anciens colons s'en inquiètent, et font tout leur possible pour l'empêcher. Ainsi, pour citer des faits, faisant partie d'une commission chargée d'inspecter les domaines du roi, une calèche me fut accordée pour le voyage; arrivé à la première habitation que la commission devait visiter, nous y trouvâmes l'*inspecté* et les inspecteurs réunis, ainsi qu'un dîner officiel, digne des sommités coloniales et gouvernementales qui devaient y prendre part.

Arrivés à Cayenne, depuis quelques jours seulement, l'ignorance des usages nous causa une surprise (qu'augmentait une traversée de quarante-neuf jours, passés en étiquette maritime); en voici le sujet: le cocher de la calèche et un soldat de planton qui m'accompagnait vinrent se placer à table avec la commission, non sans s'être gravement laissé donner *à laver* par des négresses en grande tenue orientale, et armées de bassins et d'aiguières en argent. L'un et l'autre, soldat et cocher, étaient blancs; ils ne pouvaient manger qu'avec des blancs: cet usage sauve bien des maux aux nègres mêmes.

Les nègres esclaves, pour qui ce spectacle est donné, en tirent des conséquences assez plaisantes, bien qu'elles soient, au fond, d'une justesse rigoureuse.

Ils pensent (avec raison, car cela est exact) que ce n'est pas la couleur qui cause la distinction, mais l'oisiveté, ou plutôt l'exemption du travail de la terre, ou de la domesticité; ainsi, en rentrant chez vous, si vous demandez quelles personnes sont venues pendant votre absence, vos nègres vous répondent: *personne*, s'il n'est venu que des simples soldats, des ouvriers, ou des domestiques noirs ou blancs. Chaque visiteur au-dessus des *visites sans nom*, dans le vocabulaire noir, s'appelle un monde, et un enfant, un petit monde; quant aux travailleurs, li pas monde, voilà la classification des individus, d'après les noirs de la Guyane: elle retranche du monde tout ce qui travaille.

Note 30, page 104.

Il y a, dans tout ce qui concerne la Guyane, tant de contradictions entre les rapports et les faits, qu'on ne peut guère se faire une opinion arrêtée sans la voir; car la plupart des personnes qui ont écrit sur la Guyane n'ont vu que Cayenne, où il ne se fait rien, et d'autres n'en ont jamais approché; or cette Guyane se cache, se dérobe à ceux mêmes qui la parcourent.

M. Malouet, qui avait visité la colonie en détail, en est cependant sorti sans conclure positivement sur les contradictions, bien réelles, qui l'avaient frappé à son arrivée. Il disait en 1777, que la pêche du lamentin, de la tortue et d'autres poissons, était abondante à la Guyane, et qu'on pouvait en exporter les produits aux Antilles, etc. Il demandait au gouvernement trois caboteurs, huit pêcheurs de Granville, des saleurs, quatre bateaux pontés de 20 à 30 tonneaux, avec les agrès et ustensiles. Il espérait, avec ces moyens, arrêter à la Guyane l'importation du poisson salé et rance, et de plus, abondamment fournir la colonie de poisson frais.

Mais il oubliait que cette colonie, Cayenne exceptée, est éparpillée sur un espace immense sans autres communications que la mer et les fleuves, et que chaque habitation trouve son poisson frais, soit de mer, soit d'eau douce, à sa porte, entre ses champs de cannes, sur *la route* même qu'il aurait à parcourir pour aller s'approvisionner à Cayenne. Nous le répétons, l'abondance de toutes les choses nécessaires à la vie est une cause de la pénurie générale : chacun pêche, plante, chasse, ou nourrit des bestiaux pour soi, dans les habitations; d'après cela pas d'échange possible. Et la seule ville du pays n'ayant que 2,841 consommateurs libres, cette faible population ne suffit point pour faire naître des industries purement nourricières; il en résulte rareté, et par conséquent cherté dans les marchés, quelquefois disette d'une denrée.

Les plus riches colons vendent des légumes verts et de la salade; les dames sont laitières, font des fromages par les mains de leurs nègres et négresses, bien entendu; ces denrées sont aussi vendues par eux.

Il en est de même pour les fruits, le mouton, la parfumerie, les modes, etc.; tout cela s'achète des grandes dames, qui les font colporter; tous les objets portant leur prix écrit de la main du maître ou de la maîtresse d'un jardin, d'un troupeau, etc. Il y a un seul personnage à Cayenne qui s'occupe de la pêche, encore est-ce un maître charpentier.

Quant au poisson salé qui ne consiste guère qu'en morue, les Américains le livrent à un prix si bas, qu'il est impossible de lutter contre eux. On peut assurer que ces étrangers nourrissent la colonie à peu près; leurs denrées sont en général meilleures que les nôtres ; elles sont à des prix plus bas, et leurs navires, tous partant à peu près du même port, arrivent très-régulièrement à Cayenne.

Ces fournisseurs enlèvent la plus grande partie du numéraire que la France verse dans la colonie ; car ils n'achètent à Cayenne qu'un peu de mélasse, et c'est tout.

De ce qui précède il résulte qu'il faut à la Guyane une population de cultivateurs agglomérés, qui produisent au delà de leur consommation pour échanger leur superflu contre les produits des industries particulières, qui ne manqueront pas de s'établir quand ce superflu sera évident. Ce sera aux douanes à protéger les commencements de ce commerce intérieur.

Note 31, page 113.

Cette dépopulation est incontestable, si nous en croyons la statistique officielle de la Guyane française ; en voici un tableau pour l'année 1836 :

Population.

	AU-DESSOUS de 14 ans.	DE 14 à 60.	AU-DESSUS de 60 ans.	TOTAL.	RÉPARTITION. EN VILLE.	CAMPAGNE.	TOTAL.
Libres	1,518	3,160	378	5,056	2,841	2,215	5,056
Esclav.	3,635	12,054	903	16,592	2,379	14,213	16,592
	5,153	15,214	1,281	21,648	5,220	16,428	21,648

Mouvement pendant l'année 1836.

	LIBRES.	ESCLAVES.	TOTAL.	OBSERVATIONS.
Mariages. . . .	48	43	91	Dans les esclaves on comprend les nègres du domaine.
Naissances. .	157	363	520	
Décès.	188	523	711	
Excédant des décès.	31	160	191	

Cet excédant de décès, dans un pays où la mortalité est au-dessous de celle de France, n'est ici qu'apparente, et provient d'une fausse opération dans la confection des tableaux. En effet nous trouvons à la suite de celui-ci l'observation suivante :

« Non compris la garnison, et les fonctionnaires propriétaires. » Et dans les considérations générales, celle qui suit : « L'excédant des décès sur les naissances qui se fait remarquer ici, tient surtout, quant aux esclaves, à la disproportion du nombre des hommes avec celui des femmes. »

En ce qui concerne la population libre, cet excédant est dû à des causes indépendantes du climat. En effet les naissances portent exclusivement sur cette population permanente et sédentaire de la colonie, tandis que les décès portent non-seulement sur cette population, mais encore sur la population flottante, laquelle n'offre aucune naissance en compensation de ses décès, et de plus se compose en grande partie de militaires, de marins, d'ouvriers, et de nouveaux affranchis non recensés, et qui n'ont pas généralement les habitudes d'ordre, surtout de sobriété, qu'exigerait le soin de leur conservation.

Deux autres causes concourent encore à grossir le chiffre des décès; c'est, d'une part, l'isolement des habitations, qui souvent ne permet pas de donner à temps aux malades les secours que réclame leur état, et, de l'autre, le mode de communication, qui, ayant lieu généralement par eau, occasionne chaque année un certain nombre d'accidents funestes.

En général il meurt dans nos colonies :

1 sur 24 blancs.
1 sur 28 hommes de couleur libres.
1 sur 32 esclaves.

On sait que la Guyane française fournit le plus petit chiffre de cette moyenne. Toutefois nous l'offrons aux blancs des colonies, comme la meilleure leçon d'hygiène que puisse leur offrir la statistique coloniale.

En effet elle nous présente un résultat inattendu qui peut donner matière à d'utiles réflexions.

On remarque donc, quand on a vécu aux colonies, que la mortalité n'est plus en raison des forts travaux, de la mauvaise nourriture, et des privations, mais qu'elle augmente avec l'oisiveté, la bonne chère, et les aises de la vie.

Les blancs dans les colonies travaillent peu ou point; ils jouissent généralement des avantages qui constituent ce qu'on désigne en Europe par le mot aisance, et cependant il en *meurt* *1 sur 24*.

Les hommes de couleur, les nègres libres, qui suivent de tout leur pouvoir le genre de vie des blancs, sans cependant y parvenir, donnent à la mortalité... 1 *sur* 28.

Et les esclaves qui travaillent journellement à la terre (le plus dur de tous les labeurs), qui sont à peine abrités et vêtus, mais dont la nourriture ne consiste guère qu'en végétaux, ou en crabes et morue salée, dont la boisson est de l'eau pure, les esclaves ; disons-nous, ne comptent *qu'un sur* 32 !...

On dira qu'ils sont plus habitués à la chaleur que les blancs; mais les nègres de traite avaient à s'acclimater à la Guyane. La chaleur seule ne tue pas. Les femmes vivent à Cayenne plus longtemps que les hommes, parce qu'elles vivent frugalement et paisiblement. Les bons dîners, les longues courses, etc., tuent plus vite que la chaleur.

Cependant, malgré les pertes que doit éprouver la population de la Guyane, la culture s'est étendue depuis 1818 d'une façon très-remarquable, ce qui implique plus d'activité qu'autrefois, ou de meilleures méthodes, peut-être les deux à la fois.

Quoi qu'il en soit, voici l'état comparatif pour 1818 et 1856 :

Nombre d'hectares cultivés.

DATES.	SUCRE.	CAFÉ.	COTON.	CACAO.	GIROFLE.	ÉPICES.	ROCOU.	VIVRES.	TOTAL.
1818	567	171	1,863	360	732	175	655	700	5,223
1836	1,571	188	2,746	197	829	284	1,760	4,251	11,826
Augmentation..	1,004	17	883	»	97	109	1,103	3,551	6,603
Diminution...	»	»	»	263	»	»	»	»	»

A propos de cette augmentation de culture, comparons-la avec celle d'une colonie étrangère qui a commencé par être, et est encore, en partie cultivée par des blancs.

Il s'agit de la Barbade, qui n'a cependant que 20 à 21 lieues carrées de superficie, tandis que notre Guyane en compte au moins 16 mille! (les anciens comptent 36 mille lieues carrées.)

Voici leur population respective :

	SUPERFICIE en lieues carrées.	POPULATION.			POPULATION de la capitale.
		LIBRES.	ESCLAV.	TOTAL.	
	lieues.				habit.
La Barbade.	21	37,000	80,000	117,000	25,000
La Guyane française. .	16,000	5,056	16,592	21,648	5,220
Différence en plus pour la Barbade.	»	31,944	63,408	95,352	19,780
Différence en plus pour la Guyane.	15,979	»	»	»	»

La Trinité, autre île anglaise, offre une progression plus remarquable. En 1787, la Peyrouse y établit la première plantation de cannes à sucre; dix ans après, elle en comptait 159! Voici l'état comparatif de 1797 et 1821, pour quatre articles.

ARTICLES.	EN 1797.	EN 1821.	DIFFÉRENCE en plus pour 1821.	DIFFÉRENCE en moins.
	livres.	livres.	livres.	
Sucre. . .	8,190,000	39,240,960	31,050,960	»
Café. . . .	330,000	999,000	669,000	»
Cacao. . .	96,000	1,479,560	1,383,560	»
Coton. . .	224,000	1,000,000	776,000	»

Progression de la population de l'île de la Trinité.

	EN 1783.	EN 1798.	EN 1831.	AUGMENTATION.	DIMINUTION.
Blancs.	126	2,151	3,319	3,193	»
Hommes de coul.	293	4,474	16,285	15,992	»
Noirs.	310	10,009	21,302	20,992	»
Indiens.	2,032	1,078	762	»	1,270
Totaux.	2,763	17,712	41,668	40,117	1,270

Cette île de la Trinité a pour capitale la ville la plus imposante et la plus belle des Indes occidentales ; les rues en sont régulières et bordées de maisons bien bâties ; ses places sont belles, et ses édifices publics ont un air de magnificence qui ne déparerait pas les plus belles capitales de l'ancien monde.

Toutefois il faut s'empresser de faire l'état comparatif d'une autre île anglaise qui, au contraire de toutes les autres, n'a fait que décroître depuis 1776 : c'est l'île de Tabago.

	1776.	1786.	1831.	AUGMENTATION.	DIMINUTION.
Blancs.	2,397	1,198	450	»	1,947
Noirs.	1,050	525	1,163	113	»
	3,447	1,723	1,613	113	1,947

On attribue cette diminution de 1834 individus, depuis 1776, à la difficulté de ses côtes hérissées de bancs de roches et de courants très-dangereux, qui offrent de grandes difficultés aux navires pour venir chercher à Tabago des denrées qu'ils trouvent, sans danger de se perdre, dans les autres Antilles anglaises.

Il est probable que, à Cayenne, la difficulté que les navires d'un fort tonnage éprouvent pour mouiller près de la ville, le fort et invariable courant qui règne sur les côtes, et son éloignement des Antilles françaises, sont des obstacles qui ont pu nuire aux progrès de notre colonie; mais on peut vaincre le premier, et les îles du Salut en donnent le moyen.

La multiplication des bateaux à vapeur peut diminuer le second obstacle.

Quand on réfléchit qu'un voyage de Cayenne à la Martinique peut s'effectuer en cinq ou huit jours, et que pour le retour

de la Martinique à Cayenne le plus court chemin est de passer par la France, on ne conçoit pas pourquoi le premier pyroscaphe construit par les Français n'a pas été donné à la Guyane française.

Note 32, *page* 115.

L'île de Cayenne, la partie de la Guyane la première défrichée, qui se trouve presque entourée par des quartiers du continent riches en cultures, n'en renferme pas moins des parties *désertes*, sinon encore tout à fait inconnues.

Dans les quartiers, les habitations sont souvent séparées par des déserts dans lesquels une colonie pourrait s'implanter et croître inconnue à ses plus proches voisins.

Ainsi une petite colonie de nègres marrons a existé pendant près de dix ans, sans être découverte par les détachements qui battaient le pays pour dépister les nègres marrons. Les chefs de ce village noir furent enfin pris et mis aux fers à perpétuité.

J'ai vu l'un de ces chefs (qui était une négresse) traîner sa chaîne de forçat, et travailler avec ses compagnons d'infortune avec un courage viril. Elle n'avait conservé de son long règne qu'une fierté de souvenirs qui la faisait respecter des autres condamnés; elle était même considérée par ses gardiens nègres.

Son mari, qui s'appelait César, s'était montré intrépide dans les combats qu'il eut à soutenir; mais au bagne il était redevenu soumis et paisible.

Cette bande de marrons, introuvable pendant dix ans, n'avait pas quitté un fourré de bois entouré des quartiers qui avoisinent l'île de Cayenne.

Cette circonstance vient à l'appui de ce que nous disons de la facilité qu'aura toute colonie nouvelle de cultivateurs blancs à garder l'incognito, sans s'éloigner trop des grandes habitations.

Note 33, page 116.

Les Hollandais excellent à travailler les terrains noyés, leurs terres de l'Inde et de la Guyane en sont d'admirables preuves. Chez eux la passion qui les porte à maîtriser les eaux est si grande, que non-seulement ils canalisent et endiguent toutes celles qui les gênent ou dont ils ont besoin, mais encore ils entreprennent d'immenses travaux hydrauliques dont l'utilité peut être contestée. On a pu s'en convaincre en lisant le travail entrepris dans un marais, pour éviter une crainte à madame Malouet.

Les Hollandais ont un autre avantage qui les fera réussir partout dans leurs colonisations. Les émigrants en arrivant sur la terre nouvelle s'y cramponnent comme une liane et y prennent racine; mais comme on oublie difficilement le sol natal, les Hollandais se hâtent d'en reproduire l'image partout, quels que soient le climat et les difficultés : ils canalisent les eaux, ils cultivent les terres comme en Hollande, ils la continuent en un mot soit dans l'Inde, soit en Amérique, car leurs usages, leurs habitudes d'enfance font partie de leur pacotille coloniale. Les gouvernements sont à vie ou à peu près. En 1777 on a vu notre Nepveu le Parisien, après un règne à la Louis XIV, se maintenir au pouvoir malgré son opposition ouverte contre le stathouder et toute sa garnison. Il avait marié sa fille à un habitant, il était planté et acclimaté depuis peut-être un demi-siècle; en 1832 il s'y trouvait encore un gouverneur du même âge et aussi ancien dans son gouvernement.

Comment une colonie ne prospérerait-elle pas avec de semblables dispositions? Les projets, les idées de la métropole peuvent être appréciés par des hommes appelés à tout connaître, et qui en ont tout le temps. Leurs observations ont une heureuse influence en Europe par l'expérience locale qu'on leur suppose avec raison, et les habitants, contempteurs intéressés peut-être, ne l'emportent pas sur le chef suprême de la colonie. Quant à l'exécution de ces plans, de ces mesures, elle marche invariablement et avec suite au but, parce qu'un seul homme s'en charge, et qu'il sait bien qu'on lui donnera tout le temps d'accomplir une œuvre dont il aura l'honneur et la jouissance pour sa part.

Les Hollandais connaissent peu notre nostalgie. Les riches capitalistes d'Amsterdam, le gouverneur lui-même, vivent tout de suite et continuent de vivre des produits du pays. Nos Français, au lieu d'emporter avec eux, comme les premiers, leur culture, n'en emportent que les fruits, et en continuent l'usage à grand prix, en présence de produits analogues qui peuvent les remplacer. En 1832, une commission française fut envoyée à Surinam; les personnes qui la composaient furent reçues admirablement par le gouverneur. A table, leur étonnement fut grand de voir le vénérable général, qui les traitait avec un luxe de table inouï, ne manger que des bananes grillées en guise de pain, tandis que nos soldats ne vivent guère que de pommes de terre, de viande salée, de lard d'Europe, mêlé, il est vrai, avec de la viande fraîche du pays. Avec de telles dispositions, nos colons futurs vivront toujours au milieu des contrées les plus belles et les plus fertiles, comme s'ils étaient sur un navire en mer, faisant route pour cette France, où ils ont laissé tant de misères. Ce n'est pas en continuant ainsi leur traversée sur un sol en friche qu'on se dispose à s'en faire une nouvelle patrie. Entre une salle à manger à la Guyane et une cuisine qui fonctionne à Nantes ou au Mans, il se trouve mille causes qui peuvent faire mourir de faim.

Note 34, page 120.

Tout favorise l'emploi des machines à vapeur dans la plaine de Kaw. On a pu voir dans le procès-verbal de son exploration qu'une baguette qui servait à sonder le sol y pénétrait sans effort jusqu'à une profondeur de dix à treize pieds.

Or, qu'on applique à un semblable terrain la machine la plus grossière, un *cure-môle* de nos ports de mer mû par un véhicule à vapeur, et les tranchées se creuseront comme par enchantement.

Les Anglais emploient dans ce moment, pour des terrains durs et rocailleux, des machines à creuser qui fonctionnent avec le plus grand succès. Ils s'en servent dans les travaux du génie militaire pour creuser les fossés de remparts d'une grande profondeur. Qu'on juge des résultats d'une machine semblable dans le terreau des plaines de la Guyane, où j'ai vu cent et quelques noirs creuser dans l'espace d'une année, pendant les intervalles de leurs travaux de culture, une lieue de canaux avec une grande étendue de digues.

Les Américains ne peuvent manquer d'avoir de semblables machines, eux dont un voyageur disait en 1839 : « J'ai vu aux Etats-Unis, dans l'Etat d'Ohio, une auberge où tout, jusqu'à l'hôte, est mis en mouvement par la vapeur. Dans l'Etat d'Ohio c'est la vapeur qui porte les effets des voyageurs aux chambres qui leur sont destinées ; c'est la vapeur qui brosse leurs habits et cire leurs bottes, nettoie les couteaux et la vaisselle, fait les appartements, sert à table, cuit les mets, allume le feu, sonne pour le repas, fend le bois ; et encore beaucoup d'autres fonctions réputées purement et simplement humaines jusqu'à ce jour. »

Pour dessécher et cultiver une plaine capable de fournir seule à la consommation du sucre de la France, nous demandons moins d'esprit à la vapeur qu'elle n'en consomme dans l'auberge américaine de l'Etat d'Ohio ; qu'elle creuse, qu'elle laboure et traîne des vagons, l'étude d'un chemin de fer dans la plaine de Kaw et qui lie le Mahuri à la rivière de Kaw sera bientôt faite ; pas un obstacle : une mer unie de terreau. Il est vrai que le sarclage de cette plaine n'est pas facile ; il pourrait se faire cependant avec des chars armés de faux conduits par une machine.

Note 35, *page* 126.

Les concessions doivent être basées sur les forces dont on pourra disposer pour les mettre en rapport ; car un grand espace de terres sans moyens pour les travailler, est une propriété nulle, qui de plus a l'inconvénient d'isoler les habitations par des friches immenses, qui, à la Guyane, sont impraticables.

Rien n'a été plus préjudiciable à la Guyane que l'inconsidération avec laquelle on a distribué des concessions.

Dans l'origine chaque colon s'est établi où bon lui a semblé, souvent à de grandes distances des lieux déjà habités, et anciennement cultivés. Isolés les uns des autres, ils n'ont pu se procurer mutuellement les secours de l'expérience et de la sociabilité ; des propriétés indéfinies, légèrement recherchées, facilement abandonnées, n'ont pu acquérir la stabilité et l'importance qui attachent le propriétaire au sol.

Pour ne pas tomber dans cette faute, on peut établir une demande de terres sur cette base :

« Pour chaque cultivateur, cinq carrés.

» Pour chaque tête de gros bétail, quatre carrés.

» Sans compter une réserve pour les bois.

En principe, il faut éviter, dans les commencements d'une colonie ou d'une entreprise particulière, de trop grandes propriétés ; car c'est tout à la fois créer et détruire. En 1777 la compagnie de l'Oyapock avait trente lieues carrées de terrain. Cette concession démesurée ne lui imposa pas l'obligation impossible de la défricher; mais elle empêcha tous défrichements de la part de tout autre entrepreneur. Cette concession équivalait à ceci : Vous avez trois mille laboureurs ; il vous faut, pour les occuper, une lieue de terrain ; je vous donne le droit de conserver vingt-neuf lieues de friches. — Ce n'est pas là le moyen de peupler des déserts.

Veut-on à la Guyane opérer un grand défrichement? toutes les terres qu'on pourra successivement exploiter seront concédées (*a*); mais commencez par un premier carré, ne vous aveuglez pas sur l'immensité d'une inutile possession, et calculez tout d'abord votre entreprise sur les fonds que vous lui destinez. Autant que possible, concertez-vous avec le gouvernement pour le choix des terres, de manière qu'il puisse y avoir des travaux communs pour les desséchements.

Pour les concessions on pourra consulter les arrêts du 15 mai 1711, les ordonnances du roi de 1717, 1743, 1747.

Note 36, *page* 127.

Comme ces jardins doivent servir de modèles à tous ceux qui seront défrichés et plantés par les nouveaux colons, on aura soin d'y réunir l'utile à l'agréable, même le superflu au nécessaire. Dans les pays à saisons tranchées, où les gelées succèdent à l'ardeur d'un soleil de printemps et *brûlent* les fleurs des arbres et les nouveaux plants; dans notre climat de serres chaudes, où le fumier est indispensable, notre prescription, faite à de pauvres laboureurs chassés de leur pays natal par la misère, paraîtra une mauvaise plaisanterie : rien n'est plus sérieux cependant. Sous le ciel des tropiques, à la

---

(*a*) Il n'y a pas à craindre que de nouveaux venus viennent se placer entre votre première concession et les subséquentes; ordinairement les concessions sont étroites et doivent l'être pour avoir des voisins; mais la profondeur est indéfinie.

Guyane surtout, où la température est pour ainsi dire invariable, la terre toujours *fumée* et la production incessante ; où enfin *un jour* sur *quinze* de travail (et de nègre encore !) suffit à procurer les vivres nécessaires à toute une famille ; il faut dans un tel pays, inspirer aux habitants des idées de superflu et même de luxe, sous peine de les voir périr de faim.

Les nègres marrons de la Guyane hollandaise qui se sont constitués en république depuis quatre-vingts ans ne font rien pour le superflu, et sont tout aussi avancés en civilisation qu'ils l'étaient en désertant leurs ateliers. Les noirs anglais récemment émancipés n'ont travaillé, pendant les premières années de leur liberté, que pour le strict nécessaire, et la misère est venue redoubler leur paresse. Depuis, l'ambition de faire comme les blancs est venue les réveiller de leur torpeur *tropicale;* les négresses ont essayé des modes d'Europe, les nègres les ont tout naturellement suivies dans leur luxe : et le travail devenu nécessaire à la vanité, a fini par leur fournir aussi une meilleure nourriture. Il convient donc de faire tout de suite, dans un nouvel établissement, ce qu'ils n'ont fait, eux, qu'après avoir passé par la paresse et par la misère.

Il faut toutefois dire ce que nous entendons par luxe et superflu.

Nous voulons que les jardins à vivres de chaque famille aient des plantes potagères et des arbres fruitiers, qu'il faudra semer et planter aussitôt le défrichement opéré. Nous savons bien que certains arbres à fruits seront longtemps à en donner aux planteurs ; mais à la Guyane, plus que partout ailleurs, le proverbe ou dicton nègre est exact : « Li qu'a planté, li qu'a veni ; » car de certains arbres à fruits peuvent produire après quelques années. D'ailleurs le bananier, qui fournit sans culture la cuisine et l'office, de pain, de confiture, de légumes, de fruits, etc., peut faire prendre patience au planteur d'arbres à fruits.

Il est inutile d'ajouter que les plantes qui donnent le superflu d'Europe doivent être comprises dans le *nécessaire* colonial, en attendant que les récoltes deviennent assez abondantes pour donner aux colons des moyens d'échange contre les articles de luxe venant d'Europe.

On voit que le luxe à la Guyane est nécessaire à la prospérité du pays, parce que c'est le travail de la terre qui en fournit seul les moyens, et que les premiers besoins de la vie sont obtenus si facilement et en telle abondance, que la main-d'œuvre qu'ils exigent ne suffirait pas à entretenir le cultivateur dans l'habitude du travail. Or se reposer quatorze jours sur quinze, c'est s'acheminer au repos continu, c'est-à-dire à la misère, à l'atonie, à l'extinction finale des individus composant l'établissement colonial.

M. Malouet, en 1777, blâmait le luxe princier des planteurs hollandais, et les menaçait d'une ruine prochaine ; les Hollandais, qui ont le bon esprit de se faire du confortable et du luxe partout, n'ont par réalisé cette prédiction, et Surinam est toujours une splendide colonie malgré son marronnage à la Spartacus. J'attribue ce succès continu à ce luxe qui les force à se vêtir et à se nourrir de choses qu'il faut acheter en Europe, et dont ils pourraient se passer.

Note 37, page 128.

RENSEIGNEMENTS DIVERS FOURNIS PAR DIVERS AUTEURS SUR LA CULTURE ET SUR LES CULTIVATEURS BLANCS DE LA GUYANE.

Leblond (*a*), qui pendant onze ans parcourut la Guyane française pour y chercher le quinquina, à son retour en France, conseillait très-sérieusement, d'y établir une colonie de blancs dans le haut de l'Oyapock et du Camopi. Ils cultiveraient, disait-il, les plantes coloniales.

Lorsqu'on considère que les nouveaux colons ne seraient soumis qu'à l'obligation assez douce de vivre dans un climat qui jouit d'un printemps perpétuel (*b*), où tous les besoins et même les agréments de la vie sont le prix d'un travail simple et peu pénible, il est permis de croire que, attachés à leur nouvelle patrie, une famille et un établissement perdraient bientôt le désir de revoir la France.

De toutes les colonies de l'Amérique, dit le chevalier Delarue, déporté, la Guyane serait certainement celle dont le climat nuirait le moins aux Européens. Le thermomètre s'y soutient entre 19-25°, et cette chaleur, très-supportable, est encore tempérée par la fraîcheur que répandent les rivières et

---

(*a*) *Description de la Guyane*, par Leblond. In-8°, Paris, 1824.

(*b*) Leblond est trop modeste; c'est un été perpétuel qu'il faut dire : quant au printemps, il a lieu tous les jours de cinq à sept heures du matin.

les vents alizés ; cette chaleur diminue même à mesure que l'on s'enfonce dans les terres ; et si les Européens savaient s'y garantir des excès auxquels expose la facilité des jouissances ils auraient beaucoup moins à redouter les effets du climat.

Pour s'épargner des maladies à la Guyane, il suffirait que les émigrants évitassent, dans les premiers temps, surtout de s'exposer aux rayons du soleil aux époques du jour où il est dans sa plus grande force ; il faudrait qu'ils eussent l'instinct qu'ont tous les habitants du midi de l'Europe, l'instinct des animaux mêmes, qui, dans les régions tropicales viennent d'eux-mêmes, vers l'heure de midi, s'abriter dans les bois ; enfin si des obstacles s'opposent au succès d'une colonie nouvelle, ces obstacles ne sont pas dans le sol ni dans le climat, mais ils sont dans le personnel ou plutôt dans ceux qui doivent le diriger.

Le défrichement en usage dans le sud des Etats-Unis consiste non pas à abattre les arbres, mais à les priver de sève en les *ceinturant;* on pourrait essayer ce procédé à la Guyane et éviter les incendies de forêt qui brûlent le terreau et la terre végétale. On devrait aussi, dans les abatis, laisser quelques-uns des beaux arbres pour en former au moins une allée ou des limites. Nous savons qu'à la Guyane l'ombrage est redouté à raison des insectes qui s'y réfugient; mais ce n'est pas une raison constamment déterminante : dans la saison sèche, et dans quelques circonstances, l'ombrage des arbres n'attire pas les moustics et les maringouins, cette plaie véritable des terres tropicales.

Les premiers colons de la Guyane française, effrayés de l'énorme abondance des pluies et de l'état des terres basses, toujours très-humides, et quelquefois entièrement noyées, se décidèrent tous à aller chercher, sur les montagnes ou terres hautes, un abri contre cette espèce de déluge périodique. La beauté des arbres dont elles étaient revêtues leur parut un indice certain de la vigueur de la végétation et des récoltes abondantes dont la nature récompenserait leurs travaux, et, sans autre examen, on porta le fer et le feu dans ces forêts, ornement qui semble inutile, parce qu'il couvre toute la terre et même quelquefois les eaux, et que leur bois, au lieu d'être nécessaire comme en Europe, est toujours un obstacle qu'il faut vaincre pour obtenir quelque produit de la terre.

On essaya successivement de tous les divers genres de productions, et le succès ne trompa jamais les espérances que pour les surpasser. Les premières récoltes offrirent une perspective assurée d'une fortune brillante et rapide. Mais bientôt la diminution prompte et constante de ces récoltes vint apporter la certitude désolante que tant de belles espérances n'étaient qu'un rêve. Ces terres étaient sans doute fertiles, lorsque, engraissées depuis des siècles par les feuilles des arbres, elles étaient en outre retenues par leurs racines; mais, dès qu'on les eut dépouillées de leurs forêts, qui en faisaient le soutien, et qu'on en eut effleuré la surface, les pluies les entraînèrent rapidement dans la plaine, et il ne resta plus qu'un sol usé et appauvri, qui continua bien de suffire aux besoins les plus pressants de ses propriétaires, mais qui ne leur permit plus de se bercer des chimères qu'ils avaient trop légèrement conçues. Cependant, attachés à leurs établissements de toute la force de leurs travaux pénibles et de leurs habitudes, ils ne songeaient qu'avec peine à les abandonner. Lorsqu'une partie de terrain était entièrement épuisée, ils se contentaient d'en défricher de nouveau dans le voisinage. C'est ainsi que la Guyane française a végété pendant un temps infini dans un état de misère dont elle sembla vouloir sortir en 1777.

A cette époque, Surinam fut montré par M. Malouet à ses administrés de Cayenne ; il en rapportait le mode de défrichement hollandais, lui emprunta un ingénieur, Suisse d'origine. Les terres basses furent alors appréciées, et il fut reconnu que les habitants s'y portaient mieux qu'en aucune autre partie de la Guyane : et toutes les productions y prospérèrent. Mais le manque de capitaux retint les cultivateurs de terres hautes, et l'essor de la grande culture fut arrêté.

Toutefois, comme ces terres hautes peuvent être propices au défrichement des terres basses, comme nous l'avons indiqué à propos de la plaine de Kaw; qu'il existe dans les montagnes de certains plateaux constamment fertiles, par la raison que les eaux pluviales y séjournent assez pour y laisser des principes de fécondité, nous allons donner quelques renseignements sur la méthode ordinaire de préparer ces forêts pour une culture particulière, soit en terre haute, soit en terre basse.

On a ordinairement soin de demander une concession sur les bords d'une rivière, autant parce que ces bords sont presque toujours les meilleurs, que pour les facilités inappréciables qu'ils procurent pour le transport des denrées. En accordant la concession avec précision, la longueur de celles des parties (ou faces) qui sont baignées par la rivière, de même que la profondeur du terrain en s'éloignant des bords et cette étendue totale, entièrement couverte de bois, est toujours plus considérable que celle qu'on est en état de mettre en valeur.

On commence par choisir une certaine quantité de terrain bordé par la rivière, et on creuse tout autour, sur les autres faces, un large fossé ou canal qui vient aboutir aux deux extrémités. Cette première opération suffit pour dessécher l'espace compris dans cette enceinte, et pouvoir procéder à l'abatis, qui consiste tout simplement à abattre tous les arbres dont le terrain est couvert. On choisit ordinairement pour cette opération les premiers beaux jours, vers le déclin de la saison des pluies. On coupe à différentes hauteurs ces arbres immenses, qui seraient d'un prix inestimable en Europe, dont on soustrait à peine les plus beaux bois de marqueterie. Puis, trois ou quatre mois après, lorsque la sécheresse et l'ardeur du soleil ont suffisamment desséché tous ces arbres, on n'attend plus qu'une brise un peu forte; on met le feu à une des extrémités, et bientôt la flamme s'étend de toutes parts, débarrasse le terrain en même temps qu'elle procure en abondance l'engrais le plus précieux. Il ne reste plus alors qu'une dernière opération assez pénible, mais que l'on ne fait jamais que très-imparfaitement: celle d'extirper les racines avant que de confier à la terre la semence des produits qu'on lui destine.

Bientôt l'extrême fertilité du sol, jointe à l'action de l'humidité et du soleil, forcera les plantes à un développement si prompt, qu'il faut dans le pays combattre la fertilité comme ailleurs on cherche à la favoriser, et tromper le climat par des moyens contraires à ceux qu'on emploie dans nos serres d'Europe.

Produits.

La canne à sucre de la Guyane est d'une belle et bonne espèce et donne beaucoup; et si une ou deux plaines à dessécher en étaient convenablement et exclusivement plantées, nous croyons que leurs produits suffiraient à la consommation de la France entière.

Les fruits de l'Amérique, ceux des Indes orientales et de la Chine qu'on a transplantés à la Guyane sont les meilleurs du monde.

Les épices viennent bien, et trop bien : car depuis la cessation du monopole et l'extension de cette culture, le bas prix de ses produits la rend peu productive; cependant la Guyane conservera ses girofliers.

Le café, qui vaut mieux que sa réputation, n'est pas assez répandu; on l'abandonne même pour le sucre. Les Hollandais sont plus sages; ils lui consacrent dans leurs habitations quelques carreaux de terre. Enfin toutes les plantes, les fruits, le gibier et le poisson de la Guyane sont d'une qualité supérieure et seront abondants sur les marchés, comme ils le sont sur les terres cultivées, dans les bois, dans les eaux de la mer et des fleuves, quand il y aura une population pour les consommer.

M. Malouet disait à ce sujet aux notables de Cayenne : « Il est impraticable de provoquer la culture en grand des vivres, l'exploitation des bois, dans un pays où il n'y a ni consommation ni acheteurs. Tout producteur exige la certitude du débouché ; tout acheteur étranger n'arrive que dans un marché ouvert, aucun ne veut courir les risques de le trouver fermé ou dégarni ; il faut donc que vos agents lèvent cette difficulté et disent aux cultivateurs : Travaillez, produisez, voilà un débouché assuré. Alors, la première fourniture accomplie, les caboteurs seront appelés.

L'Etat, quant au choix des cultures, a un intérêt présent et futur à préparer, à prévenir, à diriger à son profit les révolutions du temps, les caprices de l'industrie, l'avantage ou la défaveur des accidents physiques et politiques ; et tandis que, par la loi de la nature, chaque individu tend à s'occuper exclusivement de soi, l'autorité, ou, pour mieux dire, la raison publique ne doit avoir en vue que l'intérêt de tous.

On ne recueille rien sans semer. Il n'y aura à la Guyane nulle exportation intéressante de bois, d'animaux vivants et de poissons salés avant qu'on n'ait établi dans le continent cinquante moulins à scie, cent mille souches de bestiaux, et sur les côtes quinze ou vingt bateaux pêcheurs. Alors il arrivera annuellement à Cayenne deux cents bâtiments de France, destinés aux îles du Vent, qui y feront escale et prendront leur chargement de bois, grains, bestiaux, répandront l'abondance dans la colonie. Alors les anciennes et les nouvelles cultures en indigo et coton, cacao, vanille, etc., prospéreront rapidement, et à mesure que les terres de la Martinique et de la Guadeloupe s'useront par leur vieillesse, celles de la Guyane les remplaceront.

Le dessèchement des pinotières et des terres moyennes donnerait de vastes et d'excellentes terres, dont plusieurs seraient mises en prairies pour les bestiaux.

Le système de canaux qu'impliquerait ce dessèchement servirait à la circulation.

Tout cela est dit et répété depuis quatre-vingts ans; bien des encouragements ont été donnés par le gouvernement, et aucun n'a produit de résultats remarquables.

Ainsi, pour ne parler que des bestiaux, M. Malouet disait en 1777 : « En 1776, on manquait journellement de viande à Cayenne, chaque particulier faisait tuer et débiter à son gré bœufs, vaches, veaux, malgré les règlements faits pour empêcher la dégradation des ménageries. On fit le recensement des bestiaux, et on s'assura que la colonie pouvait commencer à jouir sûrement et pour sa propre subsistance de l'avantage de la multiplication des bestiaux; qu'avant d'en fournir aux Antilles il était juste d'assurer la consommation intérieure; qu'il fallait seulement empêcher la destruction des souches, en réduisant au plus bas prix la viande de vache et de veau. » Et malgré cette mesure, cinquante-cinq ans plus tard cette industrie, malgré l'augmentation des pâturages produite par les défrichements, nous avons vu, pendant cinq années, des bestiaux du Para et du Sénégal importés dans Cayenne, et dont la viande est d'une qualité bien inférieure à celle des bestiaux nourris dans la Guyane.

Et une circonstance merveilleuse, c'est que nos caboteurs, en allant chercher des bœufs au Para, côtoyaient une quarantaine de lieues d'excellents pâturages qui nous appartiennent, et dans lesquels nous ne voulons ou n'osons jeter quelques têtes de bétail.

Ainsi les Portugais, plus industrieux que nous en ceci, nous vendent des bestiaux nourris dans des pacages qui touchent à ceux que nous laissons déserts (le pays contesté).

Toutes ces contradictions entre les moyens et les produits; cette fertilité fabuleuse qui engendre la misère; ces côtes, ces lacs, ces fleuves nombreux qui abondent en poisson, qu'on dédaigne de pêcher pour consommer du mauvais poisson salé du Nord; tout enfin plonge dans la stupéfaction quiconque a vécu en présence de cette magnifique énigme qui a déjà tant dévoré d'OEdipes!

En vérité, on est forcé de convenir que si c'est une grande affaire que d'établir une nouvelle colonie, il est encore plus difficile d'en vivifier une qui est demeurée longtemps languissante. Il faut pour celle-ci, disait un administrateur de la Guyane, contrarié par un collègue, un homme sage et instruit, mais il n'en faut pas deux.

Et cependant cette Guyane (qu'on se plaît à toujours nommer Cayenne) a-t-elle plus de fléaux à infliger aux Européens que Batavia, les Antilles, la Havane et tant d'autres colonies qui prospèrent, s'enrichissent, se peuplent progressivement malgré les fléaux périodiques qui viennent bouleverser le sol, ou décimer les populations qui le couvrent?

La Guyane, que nous sachions, n'a jamais eu d'ouragans, de tremblements de terre, d'inondation *exceptionnelle*. La fièvre jaune n'y est point endémique: si on l'y apporte elle y meurt isolée; le choléra, si capricieux dans ses allures mortelles, a passé par-dessus la Guyane sans la toucher, et enfin sa mortalité est au plus bas degré du thermomètre sanitaire des colonies.

Voyons ses avantages éternels. La brise rafraîchissante, qu'on attend ailleurs à heure fixe, et qui manque souvent à sa mission, est incessante à la Guyane; la température, de 23 à 25° le jour, de 14 à 16° la nuit, est par conséquent moins élevée que celle de nos départements méridionaux (pendant l'été). Ses fleuves nombreux, ses autres cours d'eau qui sont innombrables, ses forêts sans limites, ses plaines de terreau, ses prairies couvertes d'eau temporairement ou à demeure, sont des *inconvénients* sans doute; mais que la population s'en empare et les plie à ses besoins, elle en construira un royaume en bien moins de temps qu'il en fallut aux plus puissantes nations de l'Europe pour devenir ce que nous les voyons. Pour ne parler que de la France, n'a-t-elle pas commencé par des terres noyées, des forêts d'où sortaient des épidémies? et de plus n'avait-elle pas des hivers entravant chaque année les premiers travaux?

L'Europe, une fois débarrassée de ses eaux stagnantes, de ses forêts superflues, a été quelques siècles à améliorer ses terres cultivées, à métamorphoser ses détestables fruits sauvages en bons fruits; tandis que la Guyane, aussitôt son dessèchement et son déboisement effectués, offre des terres fumées pour un siècle, des substances tellement nutritives, que le plus petit jardin peut nourrir des fruits sauvages, admirables de goût et d'aspect, que la greffe améliorerait encore.

A la Guyane, les voies de communication, si coûteuses en Europe, se trouvent en partie faites quand le dessèchement agricole est terminé. Le cours de la plupart de ses beaux fleuves, qui ne sont séparés que par de petites distances, se dirige de l'intérieur des terres à la mer.

D'autres cours d'eau coupent ces fleuves à angle droit, et forment des canaux naturels qu'on dirait tracés et creusés par la main de l'homme.

En un mot, la Guyane est un vaste jardin potager, auquel on renonce parce qu'il faudrait en sarcler les plantes, en nettoyer les allées, en tailler et greffer les arbres.

On y est découragé de la fertilité comme ailleurs on se décourage d'une terre stérile. On y a vu des hommes armés de fusils, munis de filets et d'outils aratoires, y mourir de faim entre une chasse royale, une pêche miraculeuse, et sur une terre qui fabrique *à la vapeur* ses produits plus qu'elle ne les fait croître par la culture.

Toutefois, s'il en doit être ainsi de toute terre naturellement fertile, si l'homme veut lui-même créer à force d'années et de sueurs la fécondité de ses champs, il faudra bien en prendre son parti et renvoyer le trop plein de nos travailleurs sur les plages du Nord, en friche comme celles de la Guyane, mais qui n'auront que des terres rocheuses, sans sucs, dépouillées de forêts et de leurs détritus fécondants... mais aussi, c'est que d'autres nations que nous ont sur cette même Guyane, et malgré ses puissants principes de richesses territoriales, deux colonies populeuses, riches et puissantes!

C'était là une bonne occasion pour nous d'apprendre à lire dans l'alphabet colonial... et nous n'en sommes qu'à l'alpha!

Nous dépensons en prisons philanthropiques plus d'argent qu'il n'en faudrait pour donner des terres coloniales en propriété aux futurs locataires de ces prisons.

Nous avançons en civilisation matérielle sur le chemin de fer de l'industrie à toute vapeur comme si tout déraillement était impossible.

Le superflu passe avant le nécessaire; on travaille plus pour s'adorner que pour se nourrir; et il s'ensuit que l'homme des champs quitte le labour pour les fabriques.

Les salaires y sont, il est vrai, plus forts qu'au village, et procurent des aises de la vie inconnues autrefois; si cela durait toujours, ce serait un bon résultat; mais quand vient l'âge où les bras, les yeux s'affaiblissent, s'éteignent, l'ouvrier invalide, qui n'a conservé de ses gains de jeunesse que des habitudes de dépenses, s'aperçoit qu'il a escompté follement le pain de ses vieux jours pendant sa jeunesse; et en quelle monnaie!

Note 38, *page* 143.

Les esclaves de la Guyane n'ont pas tous ces quatre jours pour travailler à leur jardin : beaucoup de maîtres n'accordent que deux *samedis* par mois.

Il est d'usage, dans les habitations, de rassembler les noirs de l'atelier en village, mais dans l'enceinte même de l'habitation sous les yeux du maître et à portée des travaux d'exploitation.

Chaque famille a sa case et sa petite basse-cour; mais les vivres se cultivent ailleurs.

A une distance plus ou moins grande de l'habitation, un terrain, ordinairement situé sur une élévation, est réparti entre les chefs de famille pour être planté en légumes, racines, fruits, que l'on désigne sous le mot générique de vivres. Deux, quelquefois quatre *samedis* par mois sont accordés par le maître à chaque famille pour vaquer aux travaux qu'exigent ces diverses productions. Ces deux ou quatre jours suffisent et au delà pour donner plus que le nécessaire; et cependant le travail des familles se réduit à bien peu de chose.

Le trajet, qui pour des esclaves devient une promenade agréable, parce qu'il se fait en liberté, prend la moitié du temps, et le reste est employé par un *travail de nègre*, c'est-à-dire exécuté avec lenteur et mollesse, et sans goût.

Or, si un tel travail, exécuté seulement pendant une faible partie de quatre jours par mois, fait vivre une famille, on doit penser que des hommes libres, travaillant sur leur propriété pendant le même espace de temps, obtiendront plus de produits.

Que de jours alors pourront être consacrés au desséchement, puis à la culture des produits que les terres desséchées doivent donner! Dans un temps peu éloigné les colons doivent en avoir à livrer au commerce en échange des objets que la colonie ne peut fournir.

Note 39, page 150.

Cayenne n'avait, quand je m'y trouvais, aucun ouvrier cordonnier, tailleur, etc.; il vint un ébéniste, un cordonnier, une marchande de modes même. De ces trois apparitions industrielles, les seules que j'ai vues débarquer à Cayenne pendant près de cinq ans, deux ont travaillé à faire des meubles et des souliers, la troisième n'a fait aucun chapeau, mais a fait un roman, dont la conclusion a été un retour en France. Le menuisier a disparu, le cordonnier s'est fait économe d'habitation: personne ne s'est aperçu de leur absence; et cependant les bals, les soirées réunissent une société qui, tombant dans un salon de Paris par le plafond, ne serait dans la bonne société qu'un ornement de plus. Ce qu'il faut de talents, d'argent, de soins, de complaisances réciproques, pour en venir là sans secours mercenaires, est prodigieux. Les dames composent leur toilette, se coiffent, se cèdent entre elles les objets venus de France, de sorte qu'en sortant de leurs mains *seules* elles se trouvent toutes aussi bien parées des tissus légers que le climat permet, d'élégance exquise, et de bon ton parisien que peut l'être la plus jolie femme de la métropole sortant des mains inquisitoriales de la femme de chambre et du coiffeur en réputation.

Quant à une foule de petites choses, de petits travaux que nos intempéries de France nécessitent, on s'en passe à la Guyane sans s'en apercevoir. Quand on supporte le bain froid en décembre et toute l'année dans son jardin, comment s'apercevoir de l'absence d'un gilet et de pièces encore plus essentielles. En France une vitre fêlée, une porte mal jointe donnent un rhume ; dans la Guyane il n'existe que deux fenêtres vitrées; et encore, si nous en croyons une anecdote qui court la garnison, cette innovation n'est pas fort ancienne.

Il y a bien longtemps de cela : Cayenne avait un gouverneur fort aimé de ses administrés, mais cependant redouté des soldats de la garnison à raison d'une habitude gouvernementale dont ils se croyaient la victime ou plutôt la dupe.

Ce bon gouverneur, se croyant en Europe, avait besoin de bien des choses, et n'avait pas plus d'ouvriers à sa disposition qu'on en trouve à présent dans Cayenne, pour lui confectionner ou réparer les objets qu'il croyait devoir lui être utiles. Pour remédier à cet état de choses voici ce qu'il faisait: chaque fois qu'il rentrait à l'hôtel du gouvernement, et que la sentinelle lui présentait les armes, il s'arrêtait, répondait au salut avec grâce et en souriant; puis regardant la sentinelle avec une attention marquée (quand il ne la reconnaissait pas pour lui avoir déjà parlé), il lui demandait des nouvelles de sa santé, l'époque de son arrivée dans la colonie, enfin quel était son état. La sentinelle répondait à ces questions; mais quand, pour satisfaire à la dernière, le soldat disait son métier (et dans ce temps-là le recrutement volontaire donnait beaucoup d'ouvriers aux troupes coloniales), le gouverneur se trouvait avoir précisément quelque chose à faire ressortissant de la profession de la sentinelle, et la priait de venir le trouver à la descente de la garde pour prendre ses ordres. Le soldat n'avait garde d'y faillir; il s'y rendait, recevait la commande, l'exécutait, reportait l'ouvrage, et en recevait le prix... en remercîments gracieux, mais d'argent, point. Entre un soldat et le représentant du gouvernement de France, la réclamation n'était pas facile, refuser l'ouvrage l'était encore moins; et les hommes de métier se plaignaient en chœur dans la caserne de se voir mis ainsi en coupe réglée de travail gratis.

Or il advint qu'un Parisien des faubourgs fut lancé du quai de la Ferraille sur la plage du débarcadère de Cayenne. Les nouveaux camarades, après avoir reçu à bout portant l'histoire et l'odyssée du Parisien, ayant remarqué que le nouveau débarqué s'était dit ferblantier, le prévinrent comment il trouverait de l'ouvrage et de quelle monnaie la pratique le payait. Le Parisien ne dit mot. Son tour venu, il monte sa première garde, tomba en sentinelle à la porte de l'hôtel. Le gouverneur passe, il lui présente les armes; réponse du chapeau au salut militaire; puis la question ordinaire : Quel état avez-vous ?...

Les Parisiens sont curieux; le nôtre avait regardé avec attention toutes les choses inouïes qui l'entouraient : c'étaient des bananiers, des palmiers; c'était le mât de signaux du fort, puis enfin le palais du gouvernement, admirant, s'étonnant de tout ce qu'il y voyait, et même de ce qu'il n'y voyait pas : car il avait remarqué une absence absolue de vitres à son poste d'honneur, à un palais !... Cette surprise lui dicta sa réponse : Je suis *vitrier*, mon gouverneur. Le bon gouverneur fit une grimace, et passa outre.

Le Parisien, sorti vainqueur de la redevance, dit le fait. Il se communiqua comme l'éclair dans le bataillon; et pendant trente jours, trente fois la même question adressée par le gouverneur à la sentinelle, reçut cette unique réponse : *Vitrier !...*

Note 40, page 151.

En effet les provinces de France les plus méridionales, celles dont les terres, des plus médiocres, sont comme de raison, les mieux cultivées et qui exigent des travaux incessants exécutés à l'ardeur d'un soleil presque tropical, sont, pour ainsi dire, des pépinières naturelles d'acclimatement pour les terres de la zone torride. On doit au moins le présumer quand on a fait la guerre en Espagne, en Afrique, etc.

Dans ces pays, les conscrits du midi de la France ou les montagnards résistaient mieux aux influences du climat que les jeunes soldats des provinces du nord; en général ils *se faisaient* plus vite au pays. En Espagne, les Provençaux, les Languedociens se conformaient si promptement aux usages espagnols, et apprenaient si facilement la langue, que les habitants prenaient nos soldats méridionaux pour des transfuges.

On est dans l'usage en France de prendre les futurs cultivateurs des terres de la Guyane là où la population est exubérante, en Alsace, par exemple, et c'est à tort, quand on en peut prendre dans le midi.

Note 41, page 152.

Pour cette préparation morale, qui nous semble un puissant moyen de succès, on donnera aux familles et aux individus choisis une instruction *simple* et *vraie* : ces deux mots disent tout ce qu'on n'a pas fait dans les programmes et les prospectus des anciennes entreprises. . . .

Ces écrits étaient des espèces de poëmes qui chantaient la Guyane, et ne la racontaient pas; il en résultait que les imaginations cherchaient avec ardeur à connaître l'avenir, se montaient au surnaturel, et rêvaient la fortune, et par conséquent les aises de la vie sans travail. Il est inutile de redire les déceptions du réveil et l'amertume des regrets; leur imagination, imprudemment surexcitée, s'éteignait, et leur corps robuste, affaibli par le découragement, l'oisiveté, qui en était la suite, ne lui survivait que bien peu.

Et cependant le fond de ces promesses décevantes était vrai; mais on évitait d'en dire les correctifs : là était la faute meurtrière.

Que tout programme, tout appel à de nouveaux colons se préserve à l'avenir des moitiés de vérité. Soyez exact; et si vous avez à cacher quelque chose, que ce soient plutôt des avantages réels que les obstacles.

Décolorez un peu les faits prodigieux d'une nature constamment et uniformément puissante et magnifique.

Car cette vérité agirait sur les imaginations des hommes de la campagne, qui sont très-prompts à poétiser leurs rêves de fortune, si toutefois ils ne la prennent pour un pompeux mensonge.

Dites-leur que les magnificences de la végétation forment le plus grand obstacle qu'ils auront à vaincre; mais ajoutez qu'une fois vaincus ils s'en serviront comme moyens.

Que la première vue des campagnes de la Guyane cause une admiration écrasante, car l'œuvre de Dieu pèse sur sa faible créature de tout son soleil, de sa végétation colossale, incessamment en travail de reproduction.

Tout ce travail de la nature, si lent, si souvent interrompu dans notre Europe, est là visible, bruyant, pour ainsi dire ; il décourage le travail humain.

Toutefois l'habitude ramène au positif de la situation. C'est le moment de professer, la bêche ou la hache à la main, les principes de la nouvelle culture ; de faire remarquer à l'auditoire, après quelques arbres abattus sur la montagne, qu'il résulte de leur chute de l'emplacement pour se mouvoir, de la terre cultivable, de la pierre pour bâtir, et du bois de charpente.

Si le défrichement se fait en plaine, il procure des canaux et du fumier, du terreau sur place pour un siècle.

FIN DES NOTES ET ÉCLAIRCISSEMENTS.

www.ingramcontent.com/pod-product-compliance
Ingram Content Group UK Ltd.
Pitfield, Milton Keynes, MK11 3LW, UK
UKHW022050260726
13993UKWH00001B/22